该书受湖北省社科基金重大项目"我国社会保障城乡一体化制度创新研究"(14ZD09)、湖北省重点马克思主义学院建设项目(20ZDMY02)、中国地质大学（武汉）马克思主义研究工程项目"新时代改革开放的动力机制研究"资助出版。

我国社会保障城乡一体化制度创新研究

汪宗田◎著

人民出版社

目　　录

导　　论

人类文明的发展和进步表明,在物质文明发展的同时必须解决社会进步问题。由于社会问题的存在可能成为生产力本身发展的制约,限制经济效率的进一步提高。因此,社会问题的有效解决不仅是人类文明发展的需要,而且也是经济发展本身的需要。在与经济效率相关的社会问题中,社会保障是极其重要的关键问题之一。社会保障已经同人权保障、人性尊严、人道等联系起来,是衡量一个社会文明进步的标志之一。社会保障作为一项基本社会制度,不仅是经济社会发展的"推进器"、社会公平的"调节器",而且是社会安定的"稳定器",也是民生"安全网",对于化解社会矛盾,保证国家长治久安,促进经济持续、健康发展,具有极为重要的作用。

一、研究背景与研究意义

(一)研究背景

改革开放以来,随着市场经济体制改革不断推进,工业化、城镇化深入发展,我国社会保障事业经历了从恢复性改革、探索性改革、试点改革到建立覆盖城乡居民的社会保障体系的新时期,人民养老、健康和医疗卫生保健水平大幅提高。在城镇,绝大部分国家机关人员、企业职工、城镇居民等被纳入城镇社会保障体系,较完善的社会保障体系已经建立;在农村,社会保障制度建设和改革起步较晚,新农保、新农合、最低生活保障已经深入推进,农村社会保障的覆盖范围和待遇水平取得显著成效。

然而,由于传统计划经济体制形成城乡二元经济结构、城乡分治的户籍制度,导致社会保障城乡分设和分治,城乡社会保障之间存在显著的差距。工业化、城镇化深入发展,加速了人口流动,大量农民到城市就业,成为经济发展的主要力量,可是却没有享受到与城镇居民同样的社会保障待遇,社会群体之间的差距不断扩大,社会不公越加明显。这种城乡分割的社会保障制度有悖公平正义,导致经济效率低下,阻碍了城乡融合发展,也是全面建成小康社会的严重障碍,还衍生出新的社会问题或矛盾,亟须变革。党的十八大报告明确提出:"要坚持全覆盖、保基本、多层次、可持续方针,以增强公平性、适应流动性、保证可持续性为重点,全面建成覆盖城乡居民的社会保障体系。"[1]党的十九大报告提出:"全面建成覆盖全民、城乡统筹、权责清晰、保障适度、可持续的多层次社会保障体系。"[2]党和政府提出全面建成小康社会,坚持以人民为中心,让改革发展成果惠及城乡全体人民,不断满足人民日益增长的美好生活需要,不断促进社会公平正义,消除社会保障城乡分割的局面和"碎片化"现象,实现优化整合,推进社会保障城乡一体化。为了响应党的号召,服务国家战略决策,《我国社会保障城乡一体化制度创新研究》一书具有学术意义。

(二)研究意义

推进社会保障城乡一体化,是统筹城乡经济社会协调发展、实现发展

---

① 胡锦涛:《坚定不移沿着中国特色社会主义道路前进 为全面建成小康社会而奋斗》,《人民日报》2012年11月9日。

② 习近平:《决胜全面建成小康社会 夺取新时代中国特色社会主义伟大胜利——在中国共产党第十九次全国代表大会上的报告》,人民出版社2017年版,第47页。

成果由人民共享的必然要求,是坚持以人民为中心的具体体现,是维护社会稳定、促进社会和谐的重要工作,也是正确处理改革发展稳定三者关系、保持国家长治久安的重要条件。

第一,推进社会保障城乡一体化,消除贫困人口,缩小收入差距,保障弱势群体基本生活,协调不同区域和群体、阶层之间的利益关系,是坚持以人民为中心的具体体现,是推动科学发展、促进社会和谐稳定的重要工作,也是正确处理改革发展稳定三者关系、保持国家长治久安的重要条件。

第二,推进社会保障城乡一体化,是发展中国特色社会主义经济的必然要求。传统二元经济结构和城乡分割的社会保障模式,使得城乡居民社会保障水平差距明显,不能公平享受公共产品,从而制约社会生产力的发展。因此,改革城乡分割分治的政策框架和制度安排,建立城乡一体化社会保障体系,能有效改变城乡二元经济结构,促进经济稳定快速发展。

第三,推进社会保障城乡一体化,是实现全体人民共享改革发展成果的重要途径。构建城乡一体化社会保障制度是社会主义的本质要求,是社会主义制度优越性的集中体现,也是党为人民谋幸福的必然选择。实现社会保障城乡一体化,让城乡居民同等享受到"幼有所育、学有所教、劳有所得、病有所医、老有所养、住有所居、弱有所扶"①的公共政策,解决农民关心的民生问题,实现社会的公平正义,是贯彻落实共享发展理念,实现全体城乡居民共享改革发展成果的重要途径。

第四,通过研究社会保障城乡一体化的基本理论和构建原则,分析典型发达国家、中高等收入国家、转型国家和发展中国家社会保障城乡一体化制度建设的得失,借鉴其有益思想和经验,针对我国社会保障城乡一体化制度建设存在的问题,提出制度创新的对策措施。这对推进"富强湖

---

① 胡锦涛:《坚定不移沿着中国特色社会主义道路前进　为全面建成小康社会而奋斗》,《人民日报》2012 年 11 月 9 日。

北、创新湖北、法治湖北、文明湖北、幸福湖北"建设,提供决策咨询,具有特别的价值。

二、国内外研究现状述评

国内外社会保障城乡一体化的研究和实践,既有国际共识,也结合各国经济社会发展、社会保障历史沿革以及文化传统实际,有针对性地探讨和进行。

(一)国内研究现状述评

关于社会保障城乡一体化制度建设的障碍。一是经济原因。多数学者认为,地区间经济发展不平衡、国家和集体财力有限、城乡二元经济结构等,阻碍了社会保障城乡一体化建设。二是土地制度原因。有学者认为,我国农村社会保障体系应建立在土地保障、家庭保障基础上,他们以农民拥有土地保障为由,反对建立全民福利制度;也有专家认为,随着生产力的发展,农民的土地效用增长缓慢、土地外收益逐步增加,因此,以土地作为农民社会保障的权宜之计将难以为继,既不利于土地资源利用效率的提高、土地承包经营制度的稳定,也无助于农村剩余劳动力的转移,进而阻碍工业化、城镇化和农业现代化进程。三是结构原因。如徐晓军认为,我国社会阶层是一种金字塔结构,这种不合理的城乡人口比例,难以实现社会保障城乡一体化,即使勉强实现,保障水平也不可能很高。因此,要加快城镇化进程,减少农民数量和农村人口。

关于社会保障城乡一体化制度建设的方案。有以下几种:一是胡荣提出"扩大社会保险对象,将所有社会成员纳入社会保障网"。二是景天魁提出"基础保险整合和底线公平",城乡统揽的思路①。三是王国军提

---

① 景天魁:《底线公平与社会保障的柔性调节》,《社会学研究》2004 年第 6 期。

出的从"二元到三维"的三维保障模式。① 四是邓大松等认为处理好"八个关系",构建覆盖城乡居民社会保障体系的目标模式。②

　　关于社会保障城乡一体化制度建设的原则。郭金丰认为,应重点加强农村社会保障制度建设,一是做"加法",逐步增加农村社会保障的财政投入;二是做"减法",将有条件的农民工纳入城镇社会保障体系,减轻农村社会保障压力,建立一个比较完整的农村社会保障制度,然后实现城乡社会保障的统筹和统一。

　　关于社会保障城乡一体化制度建设的步骤。一是两步论。林闽钢认为,中期建立"一个制度、两个标准、覆盖全体",长期建立"多个层次、统一管理、协调发展"③。郑功成认为"在优先推进基本保障制度城乡一体化的基础上,再循序渐进地完善其他社会保障制度安排,再实现我国社会保障体系城乡一体化目标"④。二是从解决农民基本养老保险问题入手,逐步推进其他基本社会保障一体化,最终再逐步实现社会保障城乡一体化。三是从解决农民工的社会保障问题入手。林毓铭提出了"相机抉择"的观点,即以社会保险为中心,将农民工纳入城镇职工养老保险,再分步推进其他社会保险与城镇职工并轨整合。四是从农村最低生活保障问题入手。邓大松等认为,城乡社会保障制度要有机衔接,首先"构建城乡统一的最低生活保障制度,建立保障水平和保障项目有别于城镇的农村社会保险制度",最终实现社会保障城乡一体化。⑤ 五是从完善城镇基本养老保险制度入

---

①　王国军:《社会保障:从二元到三维》,《科技导报》1998 年第 8 期。

②　邓大松、胡宏伟:《统筹发展城乡社会保障制度　构建覆盖全民的社会保障体系》,《武汉大学社会保障研究中心会议论文集》2007 年 11 月。

③　林闽钢:《我国进入社会保障城乡一体化推进时期》,《中国社会保障》2011年第 1 期。

④　郑功成:《从城乡分割走向城乡一体化:中国社会保障制度变革取向》(下),《人民论坛》2014 年第 6 期。

⑤　参见邓大松等:《农村社会保障制度改革中的政策建议》,《中国软科学》2002年第 7 期。

手。刘昌平认为首先进一步完善城镇基本养老保险制度以接纳"乡—城"迁移人口,创建以"非缴费型最低养老金加个人账户养老金"为基本模式的新型农村社会养老保险,然后在实现城乡养老保险制度衔接的基础上,通过合并相关制度形成覆盖城乡居民的养老社会保障体系。①

(二)国外研究现状述评

在工业化的推进下,西方国家农村劳动力向城市大量转移、城市化进程迅猛发展,就业结构从过去的以农业为主转向以工商业为主,社会结构逐步走向城乡一体化。随着西方国家工业化、城市化完成,社会结构以工商业为主,二战后,英国、法国、联邦德国、意大利、日本等国家先后建成了覆盖城乡一体的社会保障体系。

国家福利理念也促进了西方国家社会保障城乡一体化进程。20 世纪 20 年代,霍布斯和庇古提出福利经济学理论。20 世纪 30 年代,西方国家普遍遭受经济危机,国家经济萧条,人民生活困难,社会消费动力不足。为了整治经济危机,这些西方国家逐步接受了庇古的福利经济学理论,增加人民福利,建设"福利国家",刺激社会消费,加快了社会保障事业的发展,也使社会保障逐渐社会化、制度化。

英国的工业化创造了巨大物质财富,资本家的财富爆炸性增长,而普通百姓生活水平没有得到什么改善,反而遭受失业、疾病、工伤和贫困等问题的困扰,人们开始思考这种社会制度的不合理。1942 年,英国的贝弗里奇提出了英国应该建立"覆盖全体国民、统筹城乡的社会保障体系"。随后瑞典、挪威、瑞士、意大利等国家也纷纷仿照英国模式建立了覆盖城乡的社会保障体系。虽然这些国家社会保障的方式不同,但是有一个共同特点,就是社会保障项目由面向特定阶层、特定行业逐渐过渡到

---

① 参见刘昌平:《建立覆盖城乡居民的养老社会保障体系的战略思考》,《西北大学学报》(哲学社会科学版)2008 年第 4 期。

覆盖农村居民在内的全体国民。

进入 21 世纪前后,大部分发达国家和部分发展中国家人口出生率下降,人口老龄化趋势明显,经济发展水平和保障水平不断提高,对传统的社会保障体制提出了严峻挑战。近年来,西方发达国家社会保障研究主要围绕公平与效率问题展开,以增收节支、控制成本过快上涨为主要目标,社会保障的增长要与经济增长相适应。但在多样化改革发展中,维护社会公平的基本价值取向并没有动摇,依然强调普遍性和全民化原则。日本作为高龄化最严重的国家之一,虽然也采取了诸如控制医疗服务项目、抑制社会福利过快增长、合理确定自付比例等措施,但在社会保险改革中依然明确提出"国民皆保险"的原则。

新兴市场国家很多是转型国家,受发展水平所限,社会保障制度建立较晚、保障水平较低,多处在建立和完善阶段。但他们也注重社会保障制度的发展。一是把多层次保障相结合作为社会保障,特别是养老保障的发展导向。2002 年俄罗斯开始实行由国家养老保障、强制养老保险以及补充养老保险三部分组成的"三支柱"养老保障体系。二是扩大社会保障覆盖范围。韩国国民年金制度是覆盖除去特殊职业以外的广大国民的基础性年金制度。"国民年金以 18—60 岁的一般国民为对象,包括私人雇员、城市自雇者和农渔民,上述人员的无收入配偶可自愿加入。"[1]国民年金加入者可划分为单位(企业)加入者、地区加入者、自愿加入者和自愿继续加入者。单位(企业)加入者即加入国民年金的单位(企业)年龄在 18—60 岁的雇主和职工。从最初的雇佣 10 人以上的单位扩大到 1995 年的雇佣 5 人以上的单位,此为强制实施。而在地区内 18—60 岁的居民中非单位(企业)参保者即为地区加入者,并在 1995 年扩大到农村,1999 年扩大到城市自营业者。自愿加入者为非单位(企业)加入者和地区加

① 　林闽钢主编:《社会保障国际比较》(第二版),科学出版社 2015 年版,第165 页。

入者的人,可在 60 岁之前申请参保成为自愿加入者。自愿继续加入者为参保人参保不到 20 年,但年龄超过 60 岁的人,可到 65 岁为止自愿申请继续参保。

三、研究的思路、内容与方法

(一)研究思路

围绕"构建我国社会保障城乡一体化制度体系"这一主题,坚持实事求是地了解、唯物辩证地评价、超越地批判借鉴的原则,采取历史分析、比较分析、规范研究与实证分析相结合的方法,遵循"理论梳理、比较借鉴、实证调查、综合分析、对策研究"的基本思路和框架展开研究工作。

(二)研究内容

研究的主要内容包括五个部分:1. 理论基础研究。重点研究马克思主义经典作家社会保障城乡一体化思想以及西方社会保障城乡一体化理论,为我国社会保障城乡一体化制度创新提供理论指导。2. 比较借鉴研究。重点研究典型发达国家德国、新兴市场国家韩国、转型国家俄罗斯的社会保障城乡一体化制度建设概况、改革及对我国的启示。3. 调查研究。调查研究我国社会保障城乡一体化制度创新的几个案例,分析社会保障城乡一体化成功的经验和存在的问题,为对策制定提供一手材料。先后到上海、广东东莞、陕西神木地区深入实地调研社会保障城乡一体化制度建设,重点调研了湖北省的五峰县、大悟县、巴东县、洪湖市、鄂州市等五个样本县市。4. 综合研究。运用梳理分析了我国社会保障城乡一体化制度建设和改革历程以及存在的问题,借鉴国外社会保障城乡一体化制度的经验,提出我国社会保障城乡一体化制度创新的总体构想(理念、原则、目标和路径)。5. 对策研究。针对现行城乡社会保障制度中存在的重点、难点和突出问题,提出建立城乡一体化社会保险制度体系、社会救助制度体系和社会福利制度体系的对策措施。

（三）研究方法

规范分析与调查研究相结合。坚持理论分析和实证调查研究相结合。不论是经济社会转型的研究,还是具体社会保障制度的探讨,都以相关理论为指导,结合实际状况,选取了湖北省五峰县、大悟县、巴东县、洪湖市、鄂州市等五个样本县市,对农村社会保障的三项重点项目即农村社会养老保险、新型农村合作医疗、农村社会救助进行了实地调查研究,探讨农村社会保障政策建议,将理论的发展和实际的演进有机结合,将规范研究和实证分析有机结合。

整体研究与局部研究相结合。我国社会保障城乡一体化制度创新是一个系统工程,既要从全局考虑社会保障城乡一体化制度设计问题,又要考虑社会保障城乡一体化与经济体制改革、经济发展和社会进步相协调;既要考虑城乡社会保障制度体系整体设计,又要考虑不同社会保障项目制度设计;既要考虑社会保障城乡一体化制度发展的可持续性、适度性、普遍性原则,又要考虑不同群体、不同地域、不同经济水平的社会保障制度设计。

历史研究与比较研究相结合。从纵向历史分析我国城乡社会保障制度建设和改革历程,总结我国城乡社会保障建设成功经验,找出存在的主要问题;从横向比较西方发达国家、新兴市场经济国家和转型国家社会保障的理论与实践,借鉴成功的经验,吸取失败的教训,从而为我国社会保障城乡一体化制度创新提供有益借鉴。

四、研究特色与创新

本课题研究特色与创新主要体现在以下三个方面。

（一）学术思想、理论观点

在学术思想观点上,提出我国社会保障城乡一体化制度创新三大理念:以人为本、公平正义、共建共享。制度创新五个原则:政府主导原则、普遍性原则、统一性原则、兼顾公平与效率原则、可持续发展原则。制度创新三阶段战略目标:近期目标为逐步提高,覆盖城乡;中期目标为缩小差距,制度并轨;远期目标为城乡一体,全国统一。在理论观点上,深入挖掘了马克思主义社会保障城乡一体化思想基础,提出"四论"说;深入挖掘了西方社会保障城乡一体化的理论基础;提出借鉴典型发达国家德国、新兴国家韩国、转型国家俄罗斯社会保障的经验教训。

（二）对策措施

在解决实际问题的对策措施上,提出养老保险、医疗保险、失业保险、工伤保险、生育保险等社会保险城乡一体化制度创新的对策措施;提出城乡低保、城乡医疗救助、灾害救助等社会救助城乡一体化制度创新的对策措施;提出老年人社会福利、残疾人社会福利、儿童社会福利城乡一体化制度创新的对策措施。

（三）研究方法

运用比较研究方法,从横向比较西方发达国家、新兴市场经济国家和转型国家社会保障的理论与实践,借鉴成功的经验,吸取失败的教训,从而为我国社会保障城乡一体化制度创新提供有益借鉴。运用调查研究方法,在理论分析的基础上,结合湖北省实际情况,选取五个样本县市,对农村社会保障进行了实地调查研究,探讨农村社会保障政策建议。

第一章　社会保障城乡一体化的理论基础

推进社会保障城乡一体化,建立覆盖城乡的社会保障体系,是全面建成小康社会、实现伟大中国梦的必然要求,也是党和政府必须着手解决的重大民生问题。我们应深入研究马克思主义社会保障城乡一体化思想,借鉴西方社会保障城乡一体化理论,为推进我国社会保障城乡一体化制度建设提供理论指导。

一、社会保障城乡一体化制度创新的基本内涵

(一)社会保障的基本内涵

首先要厘清社会保障的含义。"保障",《辞海》释义为:"1.保护(生命、财产、权利等),使不受侵犯和破坏;保障人身安全,保障公民权利。2.起保障作用的事物:安全是生产的保障。""社会保障"一词是从英语"social security"翻译而来,也被称为"社会安全"。1935年美国颁布的《社会保障法》是最早使用这一词的法律文献。在此之后,"社会保障"逐渐被广泛运用于大多数国家以及国际组织涉及为社会成员提供社会帮助和经济福利性政策措施的制度安排中。一般来说,社会保障是工业化的产物,是社会文明和进步的重要标志,在维护社会稳定和促进经济可持续性健康发展方面占据极其重要的地位。社会保障的内容涉及经济学、社

11

会学、伦理学、政治学等,从不同角度对其下定义,其内涵表述可能有差异。作为国家的一种公共政策,社会保障必然会带有鲜明的阶级性,因此在不同时代、不同国家,社会保障的内涵、目的以及宗旨会有不同程度的差别。

德国是最早建立现代社会保障制度的国家,以社会市场经济体制为思想基础。它认为社会保障是"对竞争中不幸失败的那些失去竞争能力的人,提供基本的社会保障,是维护社会公平和社会安全的保障制度"①。瑞典是"北欧福利国家"的橱窗,其社会保障的价值核心是坚持普遍主义和社会平等,把社会保障定义为:为因年老、失业、疾病、工伤以及子女教育等社会风险而造成家庭收入锐减,生活质量下降,甚至难以维持基本生活的成员提供生活保障和服务型帮助,进而达到消除贫困和经济波动的目标的法律措施。1942 年,国际劳工组织将社会保障定义为:"通过一定的组织对这个组织的成员所面临的某种风险提供保障,为公民提供保险金,预防或者治疗疾病,失业时给予资助并帮助其找工作。"②1982 年出版的《大英百科全书》认为社会保障作为一种公共计划,其目的就是通过公共服务以及为家庭生活提供经济补助,以保护个人及家庭不因失业、年老、疾病或死亡以致收入受到损失。③

我国是社会主义国家,与发达资本主义国家不同,我国的社会保障建设是以国家利益和人民福祉为基础,以社会公平正义为基本原则,以促进共同富裕,实现人人自由而全面发展为根本宗旨。根据我国基本国情以及借鉴学术界的一些研究成果将社会保障定义为:国家为了维护社会安全和稳定以及保持国民经济健康、可持续发展,面向全体国民,采用立法

---

① 胡晓义主编:《社会保障概论》,中国劳动社会保障出版社 2012 年版,第 2 页。

② 黄昌保:《建立和完善中国的社会保障制度》,《地方政府管理》2001 年第 10 期。

③ 参见宋承先:《现代西方经济学(宏观经济学)》,复旦大学出版社 1997 年版,第 56 页。

手段,通过一系列具有经济福利性的制度安排,对国民收入进行分配和再分配,在社会成员因年老、疾病、工伤、失业、生育等各种社会风险而基本生活发生困难时向其提供物质帮助和服务,以保障其基本生活需要,进而逐渐消除贫困,实现社会公平正义,促进人民福祉,实现国民共享发展成果,最终达到共同富裕的基本制度。

社会保障的内容十分广泛,涉及社会成员的养老、医疗、失业、工伤、灾害、妇女权益、生育、基础教育等系列问题。一般而言,社会保障主要内容包括社会保险、社会救助、社会福利、社会优抚以及其他各项补充保障。社会保险。作为社会保障体系的核心部分,社会保险是国家以建立社会保险基金的形式,对劳动者在因年老、患病、失业、工伤、生育而致个人及家庭收入受损时提供经济福利性的帮助和补偿,使他们能够享有基本生活保障的一项社会保障制度。社会保险制度的对象主要是劳动者,遵循"大数法则",并且实行权利与义务相结合的原则,在平等享有社会保障权利的前提下,参保人必须履行缴纳保险费用的义务,然后才能享有收入补偿的权利。社会保险的资金筹集主要来源于用人单位和劳动者个人共同负担,同时,政府给予财政补贴。社会保险主要包括基本养老保险、基本医疗保险、失业保险、工伤保险以及生育保险五大项目。

社会救助。社会救助是国家和社会对因各种因素陷入无法维持最低生活水平的社会成员给予满足最低生活需求的资金和实物援助的一项社会保障政策。社会救助的对象主要有三类人群:第一类是孤苦无依、没有任何生活来源的人,包括孤寡老人、孤儿、残疾人等;第二类是虽有劳动能力、有生活来源,但是其收入水平低于法定最低标准而难以维持个人及其家庭成员的基本生活的人;第三类是有谋生能力、有收入来源,但是因为一些不可抗力的自然灾害或者社会事故遭受巨大的经济损失,一时无法维持最低生活水平的人。① 社会救助属于非缴费型的保障形式,救助经

① 参见胡晓义:《社会保障概论》,中国劳动社会保障出版社 2012 年版,第 54 页。

费主要依靠政府的公共财政以及个人或社会团体的无偿捐赠,基金支付标准一般低于社会保险。社会救助主要包括自然灾害救助、失业救助、孤寡病残救助和城乡困难户救助等。

社会福利。社会福利是国家(通过政府)和社会为了提高人民的生活水平,不断增进国民福祉,对一般的社会成员以及特殊群体(老人、残疾人、妇女、儿童以及其他具有特殊需要的人群)提供必要的生活保障和一系列的公共福利措施。这种福利性质的保障制度不仅满足社会成员的物质生活需要,而且对精神、文化方面的需要也给予一定程度的保障,旨在提高全体国民的整体福利水平。我国社会福利制度包括公共福利形式以及特殊福利形式两大类。公共福利是国家和社会为满足全体社会成员的物质及精神生活基本需要而兴办的公益性设施和提供的相关服务。其内容十分广泛,具体包括教育福利、卫生福利、文化娱乐福利以及住房福利。特殊福利,顾名思义就是为特殊对象所提供的特殊福利待遇。特殊福利的对象人群有三种:第一种是无生活来源、无劳动能力、无法定赡养人或抚养人的孤寡老人;第二种是暂时或完全失去劳动力的残疾人;第三种是需要国家重点关心的妇女儿童。

社会优抚。社会优抚是"国家和社会对现役和退役军人、为国为公牺牲的烈士和他们的亲属,以优待、抚恤和妥善安置的方式,为他们提供的以满足基本生活需求为目的的物质帮助和服务,并带有褒扬性的一种制度"①。社会优抚安置是专属于军人及其亲属的社会保障,根据军人对国家的贡献大小实施不同层次的保障标准。由于社会优抚的对象相对于一般社会成员来说对国家的贡献和牺牲较大,所以对军人的优惠政策以及保障程度要优于一般社会群体。目的是要稳定军心,维护社会稳定和保证国家安全。

---

① 宋士云主编:《中国农村社会保障制度结构与变迁》,人民出版社 2006 年版,第 10 页。

（二）社会保障城乡一体化制度创新的界定

城乡一体化是国家对城乡统筹发展战略形式上和内容上的深化,城乡统筹理念的提出,标志着我国进入改革转型期的新阶段。经过十多年的理论深化和实践探索,城乡统筹协调发展在我国取得了显著的成就,但是由于统筹城乡是一个复杂的系统工程,必然会在发展的过程中衍生出新问题和新挑战。当前,我国已经进入全面建设社会主义现代国家时期和全面深化改革的攻坚阶段,对于城乡协调发展的要求也越来越高。党的十八大报告从农业农村农民问题日益突出的现实情况出发,提出"城乡发展一体化是解决'三农'问题的根本途径"。

从党的十六大到十七大再到十九大,在每一个阶段,我党对统筹城乡发展的执政理念都有进一步的认识、对城乡协调的发展路径都进行更加明确的部署。社会保障城乡一体化是城乡一体化的重要内容,是我国社会保障制度改革的必然趋势。经四十多年的改革开放,我国社会保障制度日益完善,但是农村社会保障制度发展仍然滞后,农村人口与城市居民的保障待遇水平相差很大,这种不公平的存在必然会制约城市化的进程以及城乡基本公共服务的均等化,最后加剧社会贫困,导致社会动荡,破坏国家稳定。因此,在全面统筹城乡发展进程中,破除碎片化的制度框架,建立城乡统一的社会保障制度至关重要。

社会保障城乡一体化制度创新就是打破城乡二元分割体制,改革农村社会保障制度,基于全体国民享有平等的社会保障权利的前提,秉持以人为本、公平正义、共建共享的价值理念,在制度设计、资金筹集、管理模式、运行监督以及基金计发等方面对城乡的社会保障制度进行整合,实现接轨并续,建立合理分享、公平普惠的全国统一的社会保障制度体系。

（三）社会保障城乡一体化制度创新的基本特征

改革开放四十多年来,我国经济持续增长,综合国力显著提升,但是我国还处于社会主义初级阶段的基本国情没有根本改变,由此决定了社会保障城乡一体化必然呈现以下特征。

普惠公平的一体化。在现代社会,社会保障发展的根本宗旨在于:公平正义,人人共享,普遍受益。公平正义,是我党的一贯主张,是中国特色社会主义的内在要求。我们党领导人民干革命、抓建设、搞改革,就是为了建设真正公平正义的社会,让人民共同富裕,过上美好幸福的生活。新中国的成立和社会主义基本制度的建立,为实现公平正义奠定了根本的政治前提。改革开放以来,我国经济实力和综合国力大幅提升,为构建覆盖城乡居民、普惠公平的社会保障体系提供了物质基础。构建覆盖城乡居民、普惠公平的社会保障体系,必须持续不断地完成几项基本任务:首先,加快弥补制度缺失,构建无漏洞的、覆盖城乡居民的社会保障体系,实现基本社会保障制度普惠目标。政府要承担起基本养老、基本医疗和基本生活保障的主要责任,让所有人不同程度的享有基本社会保障,这是第一个目标,然后在有差别的基础下逐渐缩小差别,走向公平的普惠。其次,切实提高社会保障制度的公平性,最终促使其真正公平地覆盖全体国民,实行国民待遇。"在健全无漏洞的社会保障体系基础上,国家需要从不断缩小这一制度在城乡之间、地区之间、群体之间的差距与不公平性入手,用是否公平和是否有利于缩小不公平作为评估现行制度及其发展的标尺,逐渐消除制度安排中的歧视与排斥现象,最终确立全体国民的平等福利权。"[①]

互助互济的一体化。互助互济是社会保障的内在要求,而实现城乡之间大范围的互助互济是社会保障城乡一体化的鲜明特征。一般来说,社会保障制度的统筹层次越高,覆盖范围越大,其互助互济的功能就越能得到充分发挥。目前,我国实行的是城乡分设的两套社会保障体系,绝大部分

---

① 伍欣:《构建覆盖城乡公平、普惠、可持续的社会保障体系》,《中国社会报》2011 年 4 月 13 日。

是以县或市为统筹单位,因此,在较低的统筹层级的条件下,社会保障基金只能实现在县级或市级范围内的城市和农村分别进行调配使用,互济性较差。较弱的互助互济性必然会弱化社会保障制度功能的有效发挥,破坏其可持续性发展,而社会保障城乡一体化破除了城乡二元分割结构,将统筹范围扩展到省级,实现城乡社会保障在制度安排、资金筹集、运行管理以及基金计发的整合和并轨,逐渐建立全国大一统的社会保障体系,这样一来,社会保障的互助互济就不会单纯局限在城乡居民之间以及农村人口之间,而是打破限制,实现城乡居民各类参保人员之间的互助互济。

渐进式的一体化。"社会保障城乡一体化作为社会保障制度改革的主要内容,作为民生需求满足的重要手段,受制于民生建设的递进式规律。"[1]因此,社会保障城乡一体化是有一个循序渐进的过程。由于我国城乡二元分割体制的影响,各地经济发展水平千差万别,城乡社会保障存在很大的差异,无法在很短的时间内实现完全意义的社会保障城乡一体化模式。我们必须采取分步推进的方式,逐步实现农村社会保障向城镇社会保障的过渡。首先,我们应该着力弥补制度缺失,将遗落在社会保障"安全网"之外的农村居民(尤其是流动人员)尽快纳入社会保障体系,由制度全覆盖走向人人全覆盖。其次,对城乡基本养老保险、医疗保险、最低生活保障制度进行初步并轨整合。最后,待时机成熟,进行全面整合,实现全国社会保障制度统一。

差别的一体化。社会保障城乡一体化并不是完全同一,而是有差别的一体化。我国城市相对于广大农村地区来说,经济发展较快,居民收入较多,而且各个城市、各个农村之间经济基础、条件也存在较大的差异,所以,在城市社会保障制度与农村社会保障制度整合并轨的过程中,社会保障的具体项目和待遇水平在一定时期内允许存在适度差别。

---

① 郑功成主编:《中国社会保障改革与发展战略》(总论卷),人民出版社 2011年版,第 97 页。

二、马克思主义社会保障城乡一体化思想

随着我国工业化、城镇化的快速发展,城乡二元结构已经成为中国经济社会发展的主要障碍,统筹城乡经济社会协调发展,建立城乡一体化社会保障制度,是当前贯彻落实共享发展理念、全面建设社会主义现代化国家迫切需要研究和解决的重大课题。尽管马克思、恩格斯没有明确使用过社会保障城乡一体化概念,但是在其著作中蕴涵深刻和富有科学预见性的社会保障城乡一体化思想。这些思想具有很高的学术价值,对于我们科学地认识和推进社会保障城乡一体化也具有重要的现实指导意义。

(一)马克思主义社会保障城乡一体化动因论

任何思想都不可能是无源之水,无本之木。马克思、恩格斯社会保障城乡一体化思想的产生有其深刻历史背景和社会原因。马克思、恩格斯社会保障城乡一体化思想是针对资本主义社会城乡分离与对立、城乡畸形发展和城乡差距等问题提出来的。在人类社会初期,社会生产力极其低下,社会分工不明确,人类主要是以石器和弓箭作为生产工具,以采集、狩猎为主要生产方式,畜牧业、农业已开始发展,手工业也已经出现,畜牧业与农业、手工业直接结合在一起,城市还没有产生,整个社会没有城市乡村之分,社会浑然一体。总体说来,生产力极低,人类完全受大自然的支配,人们必须依靠集体的力量,相互依赖,才能维持生存。那时,人们共同拥有生产资料,共同劳动,平等互助,氏族内部按性别和年龄分工,男女老少都参加生产劳动,人们共同分享劳动果实,共同承担社会风险,因而社会保障浑然一体。

随着社会生产力的发展,社会分工日益深化,城市和乡村逐渐产生和发展起来。第一次社会大分工即"游牧部落从其余的野蛮人群中分离出来"①,

① 《马克思恩格斯文集》第4卷,人民出版社2009年版,第179页。

游牧部落生产比野蛮人更多的生活资料,人类才得以氏族部落的形式在固定的地点聚居,逐步形成了以畜牧生产为生存基础的乡村。随着第二、三次社会大分工,手工业和农业的分离、商人的出现,使主要从事工业、商业的人口聚居起来,形成了以人口、财产、需求相对集中和以工商业生产为特征的城市。随着城市和乡村的出现,又进一步引起工业生产、商业活动和农业劳动的分离,从而引起城市乡村之间的分离和城乡居民利益的分裂和对立。在资本主义时代,工业革命加快了城乡分离和对立,造成了乡村愚昧落后、"城市病态"和城乡差距等社会问题。针对资本主义社会这些社会问题,马克思、恩格斯设想,未来的社会主义社会将结合城市和乡村生活方式的优点而避免两者的缺点,实现城乡逐渐统筹和融合发展,使城乡居民享有同样的社会生活条件。

首先是消灭城乡分离对立的需要。在资本主义时代,城市迅速崛起,整个社会的经济、政治、文化、教育、医疗卫生、福利等资源都向城市集中,农村日益衰落贫困,导致城市与农村尖锐对立。马克思、恩格斯指出:"一个民族内部的分工,首先引起工商业劳动同农业劳动的分离,从而也引起城乡的分离和城乡利益的对立。"[①]由于社会分工导致城乡分离与对立,个人屈从于分工,迫使人们不得不从事某种活动,"这种屈从把一部分人变为受局限的城市动物,把另一部分人变为受局限的乡村动物,并且每天都重新产生二者利益之间的对立"[②]。马克思在资本主义社会分工和城乡分离时指出,"一切发达的、以商品交换为中介的分工的基础,都是城乡的分离。可以说,社会的全部经济史,都概括为这种对立的运动"[③]。"城市已经表明了人口、生产工具、资本、享受和需求的集中这个事实;而在乡村则是完全相反的情况:隔绝和分散。"[④]城市经济的快速增

---

① 《马克思恩格斯选集》第1卷,人民出版社1995年版,第68页。
② 《马克思恩格斯选集》第1卷,人民出版社1995年版,第104页。
③ 《马克思恩格斯全集》第42卷,人民出版社2016年版,第361页。
④ 《马克思恩格斯选集》第1卷,人民出版社1995年版,第104页。

长和人口的不断增加,造成土地、水力、能源短缺,环境压力日益增大,已经成为可持续发展的瓶颈。因此,实现城乡逐渐融合,推进城乡一体化,建立覆盖城乡的社会保障体系,既是解决城乡分离对立带来种种弊端的需要,也是大工业、城市自身发展的必然要求。恩格斯明确指出,"城市和乡村的对立的消灭不仅是可能的。它已经成为工业生产本身的直接需要,正如它已经成为农业生产和公共卫生事业的需要一样"①。

其次是消除乡村愚昧落后的需要。资本主义社会的发展使城市集中了大量生产资料、人口、财富、教育和医疗等社会资源,城市成为区域的政治经济文化中心,成为人口、资本、教育、医疗等公共产品和其他资源的聚集地,而乡村则人口凋敝、愚昧落后、孤立分散,被排除在社会化体系之外。"资本主义生产使它汇集在各大中心的城市人口越来越占优势,这样一来,它一方面聚集着社会的历史动力,另一方面又破坏着人和土地之间的物质变换,也就是使人以衣食形式消费掉的土地的组成部分不能回归土地,从而破坏土地持久肥力的永恒的自然条件。"②"由于农业和工业的分离,由于大的生产中心的形成,而农村反而相对孤立化。"③居住在城市的剥削者和统治阶级,利用其掌握的权力统治乡村,剥夺乡村劳动人民,导致乡村陷于贫穷落后和愚昧,使城市和乡村发展处于严重的畸形发展状态。城乡分离"使农村人口陷入数千年的愚昧状态,使城市居民受到各自专门手艺的奴役。他破坏了农村居民的精神发展的基础和城市居民的体力发展的基础",造就了"劳动活动本身的畸形发展"④。因此,实现城乡融合发展,推进城乡一体化,建立覆盖城乡的养老、医疗、教育等社会保障体系,既是消除乡村愚昧落后的需要,也是消除城乡分离对立的必然要求。

---

① 《马克思恩格斯选集》第3卷,人民出版社1995年版,第646页。
② 《马克思恩格斯全集》第44卷,人民出版社2001年版,第579页。
③ 《马克思恩格斯选集》第2卷,人民出版社1995年版,第556页。
④ 《马克思恩格斯文集》第9卷,人民出版社2009年版,第309页。

再次是消除"城市病态"的需要。城市和乡村各有其结构和功能,城乡分离与对立的状态使二者的结构和功能都得不到有效发挥,导致各种"城市病态"。工业革命和科技革命使资本主义生产完成了从工场手工业向机器大工业过渡,社会财富爆发性增长,加快了人口向城市集中,城市人口的集中规模和速度远远超出社会资源和环境的承受力,造成一系列"城市病",诸如人口拥挤、交通拥堵、住房紧张、环境污染、卫生状况恶化、流行病蔓延等问题。当时伦敦的"城市病"在世界首屈一指。"工人的恶劣住房条件因人口突然涌进大城市而特别恶化;房租大幅度提高,有些人根本找不到栖身之处。"①"所以,在这种社会中,最污秽的猪圈也经常能找到租赁者。"②"现代自然科学已经证明,挤满了工人的所谓的'恶劣的街区',是周期性光顾我们城市的一切流行病的发源地。"③当时的伦敦,由于在城市集中排放工业废气而导致空气污染,被称为"雾都"④。因此,实现城乡融合发展,推进城乡一体化,建立覆盖城乡的养老、医疗、住房等社会保障体系,既是消除"城市病态"的需要,也是消除城乡对立、乡村愚昧落后的必然要求。

最后是消除城乡差距的需要。随着生产力发展和社会分工,城市和乡村产生并逐步走向分离与对立,城乡差别现象随之产生。由于资本主义工业革命和科技革命,加快生产资料、人口、财富、教育和医疗等社会资源向城市集中,城市成为经济政治文化中心,城市统治剥削乡村,乡村的发展空间一再遭到挤压,城乡差距不断拉大。"由于农业和工业的分离,由于大的生产中心的形成,而农村反而相对孤立化。"⑤"城市已经表明了

---

① 《马克思恩格斯文集》第3卷,人民出版社2009年版,第250页。
② 《马克思恩格斯文集》第3卷,人民出版社2009年版,第276页。
③ 《马克思恩格斯选集》第3卷,人民出版社1995年版,第167页。
④ 参见石玉顶:《马克思恩格斯关于城乡统筹发展的思想及其启示》,《经济学家》2005年第6期。
⑤ 《马克思恩格斯选集》第2卷,人民出版社1995年版,第556页。

人口、生产工具、资本、享受和需求的集中这个事实;而在乡村则是完全相反的情况:隔绝和分散。"①马克思、恩格斯指出,在当时的欧洲,由于农村人口收入远远低于城市人口,所以在农村,"一部分农村人口经常准备着转入城市无产阶级或制造业无产阶级的队伍,经常等待着有利于这种转化的条件"。"农业工人的工资被降到最低限度。"②随着城乡居民收入差距的拉大,农村居民精神文化生活的匮乏,更加导致城乡发展的不平衡,城乡差距悬殊也就成为必然。③ 因此,实现城乡统筹和融合发展,推进城乡一体化,建立覆盖城乡的社会保障体系,是消除城乡差距的必然要求。

城乡分离与对立不是一开始就有的,而是社会生产力发展和社会分工的产物,具有历史合理性、必然性和进步性,也将随生产力的发展最终走向一体化发展。在资本主义社会,城乡尖锐对立、畸形发展和城乡差距悬殊等社会问题阻碍社会生产力的进一步发展,影响经济增长、政治稳定和社会和谐,已经成为社会整体协调发展的严重障碍。因此,未来社会主义社会,实现城乡逐渐融合,推进城乡一体化发展,建立覆盖城乡的社会保障体系,既是消除城乡对立,乡村愚昧落后、"城市病态"和城乡差距等社会问题的必然要求,也是推动经济增长,维护政治稳定和社会和谐的需要。

(二)马克思主义社会保障城乡一体化目标论

社会保障是国家保障社会成员的基本生活权利和调节国民财富分配格局的基本制度安排。在资本主义时代,工业革命加快了城乡分离和利益对立,造成了乡村衰落、城市病态、城乡差距悬殊等社会问题。虽然马

---

① 《马克思恩格斯文集》第 1 卷,人民出版社 2009 年版,第 556 页。
② 《马克思恩格斯文集》第 1 卷,人民出版社 2009 年版,第 154 页。
③ 参见蒋永穆等:《马克思恩格斯城乡经济关系思想刍论》,《政治经济学评论》2015 年第 4 期。

克思在其著作中没有设计出一套完整的社会主义社会的社会保障制度，但是，马克思在深刻剖析资本主义生产方式、揭示资本主义社会发展规律和构想未来社会的过程之中，阐述了未来社会主义社会保障城乡一体化的目标。这就是解决城乡分离和利益对立、乡村衰落、城市病态、城乡差距等社会问题，实现社会公平正义、人民共富共享和人的自由而全面发展的目标。

首先，公平正义是社会保障城乡一体化的核心价值目标。社会保障作为一切社会生产方式所共有的基础，其核心价值取向都是通过国民收入的分配和再分配，调节收入差距来实现和维护社会公平正义。公平正义既是社会主义社会保障的根本价值目标，也是社会主义社会保障的核心价值追求。马克思、恩格斯从现实的人和现实的社会关系出发，尤其是从现实的社会生产关系出发，深刻地批判了西方资本主义经济制度和社会保障的不合理、不平等和不公正，提出了社会主义公平正义观，并把公平正义作为社会主义社会保障制度运行的核心价值目标。在资本主义时代，整个社会的财富、文化、教育、医疗卫生等资源不断向城市集中，城市成为大生产中心，城乡差别更趋扩大，发展更为不平衡，城乡居民享有的社会资源更加不平等。"由于农业和工业的分离，由于大的生产中心的形成，而农村反而相对孤立化。"①"城市已经表明了人口、生产工具、资本、享受和需求的集中这个事实；而在乡村则是完全相反的情况：隔绝和分散。"②由于资本主义制度的不合理、不平等和不公正，导致城乡对立、乡村衰落、城市病态、城乡差距等社会问题，因此，实现城乡融合发展，消灭城乡对立、城乡畸形发展、城乡差距，建立覆盖城乡居民的社会保障制度，实现社会公平正义是社会保障城乡一体化的必然要求。

其次，共富共享是社会保障城乡一体化的根本价值目标。在资本主

---

① 《马克思恩格斯选集》第 2 卷，人民出版社 1995 年版，第 556 页。
② 《马克思恩格斯选集》第 1 卷，人民出版社 1995 年版，第 104 页。

义社会,城市统治剥削乡村,造成城乡对立、乡村衰落、城市病态,城乡劳动者没有最起码的生活保障,没有最基本的社会权利,更谈不上通过教育来提高自身的发展。在马克思、恩格斯看来,这些不公正、不合理现象根源于资本主义制度本身所具有的不平等、不公正以及人与人之间剥削与被剥削的关系,生产条件和发展成果都不能由人民共享。因此,马克思、恩格斯认为,只有通过无产阶级运动推翻资本主义制度,建立社会主义制度,才能实现共同富裕、人人共享的社会目标。因为"无产阶级的运动是绝大多数人的、为绝大多数人谋利益的独立的运动"①。社会主义能"保证一切社会成员的富足",能够"结束牺牲一些人的利益来满足另一些人的需要的状况;彻底消灭阶级和阶级对立;通过消除旧的分工,通过产业教育、变换工种、所有人共同享受大家创造出来的福利,通过城乡的融合,使社会全体成员的才能得到全面发展"②。在社会主义社会里,工人群众能占有自己的剩余劳动,"社会生产力的发展将如此迅速,以致尽管生产将以所有的人富裕为目的,所有的人的可以自由支配的时间还是会增加。因为真正的财富就是所有个人的发达的生产力"③。这里所说的"所有的人的富裕",就是城乡人民共富共享。城乡人民共富共享是社会主义奋斗目标,也是社会保障城乡一体化的根本价值诉求。

最后,人自由而全面发展是社会保障城乡一体化的终极价值目标。实现人的自由全面发展是人类社会发展的必然趋势,是马克思、恩格斯的最高社会理想,也是马克思恩格斯社会保障思想的终极价值目标。马克思主义从诞生之日起,就以推翻资本主义制度,建立共同富裕、人人共享的新社会为目标。正如马克思、恩格斯所指出的那样,未来的共产主义社会将"代替那存在着阶级和阶级对立的资产阶级旧社会的,将是这样一

---

① 《马克思恩格斯选集》第1卷,人民出版社1995年版,第283页。
② 《马克思恩格斯选集》第1卷,人民出版社1995年版,第243页。
③ 《马克思恩格斯全集》第46卷下,人民出版社1980年版,第221—222页。

个联合体,在那里,每个人的自由发展是一切人的自由发展的条件"①。马克思在《资本论》中进一步明确指出,未来的共产主义是"以每个人的全面而自由的发展为基本原则的社会形式"②。纵观人类文明发展史,可以发现人类社会是逐步由低级到高级、由简单到复杂、由片面畸形到自由全面发展的不断运动的过程,这是一个客观规律。社会主义社会保障制度的建立必须遵循和把握这一社会发展规律。社会主义社会在实现了公平正义、富裕富足等基本需求的基础上,应从各个方面来加强为实现人的全面自由发展而努力,而建立覆盖城乡社会保障体系是实现人的全面发展的必备条件。恩格斯认为,在资本主义造就的生产力的基础上,在实现生活资料归社会占有之后,"通过社会生产,不仅可能保证一切社会成员有富足的和一天比一天充裕的物质生活,而且还可能保证他们的体力和智力获得充分的自由发展和运用"③。这些目标的实现最终是人们通过社会生产来实现的,社会生产是需要社会条件为其服务,而建立覆盖城乡社会保障制度是社会生产的基本条件。未来社会是全体社会成员的全面发展的社会,"大工业及其所引起的生产无限扩大的可能性,使人们能够建立这样一种社会制度,在这种社会制度下,一切生活必需品都将生产得很多,使每一个社会成员都能够完全自由地发展和发挥他的全部力量和才能"④。生产力发展,社会财富能够完全满足社会成员的需要,这样一来,人们的生产生活方式发生了根本的改变,整个社会需要一种具备各种能力的全新的人,从而实现人的自由全面发展。⑤

---

① 《马克思恩格斯文集》第 10 卷,人民出版社 2009 年版,第 666 页。
② 《马克思恩格斯选集》第 2 卷,人民出版社 1995 年版,第 239 页。
③ 《马克思恩格斯选集》第 3 卷,人民出版社 1995 年版,第 633 页。
④ 《马克思恩格斯选集》第 1 卷,人民出版社 1995 年版,第 237 页。
⑤ 参见桑春红:《马克思恩格斯的社会保障理论及其启示》,《兰州学刊》2007年第 9 期。

(三)马克思主义社会保障城乡一体化条件论

马克思、恩格斯认为,消灭城乡分离对立,实现城乡逐渐融合,建立覆盖城乡居民的社会保障体系,最终实现城乡一体化发展,是社会历史发展的必然趋势。但要实现这一目标,需要经历一个长期的历史过程,既需要具备生产力高度发展的物质条件,又要具备消灭资本主义私有制、建立社会主义公有制的社会条件。

首先,高度发达的生产力。马克思、恩格斯认为,城乡的分离与对立是生产力发展水平不高的表现,要消除城乡的分离与对立,建立覆盖城乡的社会保障体系,实现城乡一体化发展,必须以高度发达的生产力为物质条件。马克思、恩格斯指出,"消灭城乡之间的对立,这个条件又取决于许多物质前提,而且任何人一看就知道,这个条件单靠意志是不能实现的(这些条件还须详加探讨)"①。根据历史唯物主义原理,在"许多物质前提"中,最根本的前提就是高度发达的生产力。生产力是人类社会发展的最终决定力量,它不仅生产着物质生活,而且生产着各种社会关系、社会制度和社会观念。高度发达的社会生产力是消灭城乡对立的物质基础,也是实现社会保障城乡一体化的必要条件。正如马克思所说,当生产力发展时,旧的生产关系就会成为生产力发展的障碍,会被新的生产关系所替代,生产力越发达,个人的生活方式越自由,城乡关系越和谐。

其次,消灭资本主义私有制。马克思、恩格斯认为,私有制是产生城乡对立的社会原因,只有消灭了私有制,才能消除城乡之间的对立,达到城乡融合发展的新阶段。资本主义生产资料私人占有制不仅不能消除城乡对立,反而成为生产力进一步发展的桎梏,也是变革城乡关系的障碍。消灭资本主义私有制成为消除城乡对立、实现城乡一体化的社会条件。只有通过城乡融合发展,建立覆盖城乡的社会保障体系,才能够消除掉工

---

① 《马克思恩格斯文集》第 1 卷,人民出版社 2009 年版,第 557 页。

人和农民之间的阶级对立,从而实现经济社会发展成果的全民共享和人的全面发展。"共产党人可以把自己的理论概括为一句话:消灭私有制。"①"废除私有制甚至是工业发展必然引起的改造整个社会制度的最简明扼要的概括。"②私有制是生产力发展不充分的产物,是阶级对立产生的经济基础,是造成少数人对多数人的剥削和压迫的不平等现象的根源所在。在私有制废除后,就可以"由社会全体成员组成的共同联合体来共同地和有计划地利用生产力;把生产发展到能够满足所有人的需要的规模;结束牺牲一些人的利益来满足另一些人的需要的状况;彻底消灭阶级和阶级对立;通过消除旧的分工,通过产业教育、变换工种、所有人共同享受大家创造出来的福利,通过城乡的融合,使社会全体成员的才能得到全面发展;——这就是废除私有制的最主要结果"③。因此,消灭资本主义私有制,建立社会主义公有制,是实现城乡一体化发展的根本社会条件,也是实现社会保障城乡一体化的根本社会条件。

(四)马克思主义社会保障城乡一体化路径论

如何消除城乡分离和利益对立、乡村衰落、城市病态、城乡差距等社会问题,实现城乡融合发展,推进城乡一体化,建立覆盖城乡的社会保障体系,马克思、恩格斯从生产力和生产关系两个方面提出了解决途径。

首先,大力发展生产力。人类要生存繁衍、创造美好生活和获得自身的解放和发展,首先必须解决衣食住行用等物质生活资料需要问题。要想使这些物质生活资料需要变成现实,唯一的办法就是生产物质产品,以满足人们对这些物质生活资料的需要。人类第一个历史活动就是生产满足这些物质生活资料需要的生产劳动,因此,生产力是人类社会生活和全部历史的基础。"历史过程中的决定性因素归根到底是现实生活的生产

---

① 《马克思恩格斯选集》第 1 卷,人民出版社 1995 年版,第 286 页。
② 《马克思恩格斯选集》第 1 卷,人民出版社 1995 年版,第 237 页。
③ 《马克思恩格斯选集》第 1 卷,人民出版社 1995 年版,第 243 页。

和再生产。"①马克思、恩格斯认为,城乡分离对立、城乡差别是生产力发展水平不高的表现,消除城乡分离对立,消灭城乡差别,必须大力发展生产力。只有大力发展生产力,不断增加社会物质财富,才能为建立覆盖城乡的社会保障体系奠定必要的物质条件。马克思、恩格斯最注重发展生产力,强调社会主义制度建立后的首要任务是大力发展生产力。"无产阶级将利用自己的政治统治,一步步地夺取资产阶级的全部资本,把一切生产工具集中在国家即组织成为统治阶级的无产阶级手里,并且尽可能快地增加生产力的总量。"②

大力发展生产力,首要的是合理布局生产力。马克思、恩格斯认为,"乡村农业人口的分散和大城市工业人口的集中,仅仅适应于工农业发展水平还不够高的阶段,这种状态是进一步发展的障碍"③。因此,在全国范围内统筹布局生产力,推动人口和工业在城乡尽可能更平衡地分布,对城乡一切儿童实行公共的和免费的基本卫生教育,是消灭城乡对立和差别,实现社会保障城乡一体化的基本途径。"大工业在全国的尽可能均衡的分布是消灭城市和乡村的分离的条件"④。工业并不是只能分布于城市,农村并不必然只能从事农业活动。恩格斯提出农民在农村就地办工业的设想,他在《马尔克》这篇著作中指出,经营大农业和大工业,必然使大部分小农的农业劳动力变为多余,要使这些人"不致没有工作,或不会被迫涌入城市,必须使他们就在农村中从事工业劳动"⑤。为了使大工业生产摆脱地方性的局限,协调城乡的统筹发展,必须"由社会全体成员组成的共同联合体来共同而有计划地尽量利用生产力","只有按照一个统一的大的计划协调地配置自己的生产力的社会,才能使工业在全国

---

① 《马克思恩格斯选集》第4卷,人民出版社1995年版,第695页。
② 《马克思恩格斯文集》第2卷,人民出版社2009年版,第52页。
③ 《马克思恩格斯选集》第1卷,人民出版社1995年版,第243页。
④ 《马克思恩格斯选集》第3卷,人民出版社1995年版,第647页。
⑤ 《马克思恩格斯全集》第25卷,人民出版社2001年版,第584页。

分布得最适合于它自身的发展和其他生产要素的保持或发展"①。

其次,推进城乡融合发展。马克思、恩格斯设想,未来的共产主义社会"只有通过城市和乡村的融合,现在的空气、水和土地的污染才能排除,只有通过这种融合,才能使目前城市中病弱群众的粪便不致引起疾病,而被用做植物的肥料"②。马克思、恩格斯强调,城乡融合的最高境界是,"将把城市和乡村生活方式的优点结合起来"③,实现城乡一体化发展,建立覆盖城乡的社会保障体系。一是促进农业和工业的结合,实现产业融合。只有工业生产和农业生产互相结合,实现城市和农村之间产业上的广泛融合和共同发展,才有可能消除城乡分离对立、农村过度依附于城市的状态。"在最先进的国家里采取的方法是:把农业和工业结合起来,促使城乡之间的差别逐步消灭。""把农业和工业结合起来,促使城乡之间的对立逐步消灭。对一切儿童实行公共的和免费的教育。"因为"只有使工业生产和农业生产发生紧密的联系,并适应这一要求使交通工具也扩充起来——同时这要以废除资本主义生产方式为前提,才能使农村人口从他们数千年来几乎一成不变地在其中受煎熬的那种与世隔绝的和愚昧无知的状态中挣脱出来"④。二是均衡分布全国人口,实现城乡人口融合。在全国范围内均衡分布人口,使农业人口和非农业人口融合起来,让农民在农村从事工业生产,打破农民只在农村从事农业生产和工人只在城市从事工业生产的对立局面,可以有效地解决"城市病态"问题。

最后,建立无产阶级专政。马克思认为,受到生产力发展水平的制约,生产关系的变革是一个自然而缓慢的过程。因此,为了"缩短和减轻分娩的痛苦",就必须建立无产阶级专政的国家政权。无产阶级夺取政权后,利用国家政权的力量变革资本主义生产关系,消灭资本主义私有

---

① 《马克思恩格斯选集》第3卷,人民出版社1995年版,第646页。
② 《马克思恩格斯文集》第9卷,人民出版社2009年版,第313页。
③ 《马克思恩格斯选集》第1卷,人民出版社2012年版,第305页。
④ 《马克思恩格斯选集》第3卷,人民出版社1995年版,第215页。

制,消灭剥削阶级,建立生产资料公有制,最大限度地促进社会生产力的发展,消灭城乡对立、城乡差别和社会不平等,从各方面为实现社会保障城乡一体化创造社会条件。正如马克思所说:"由社会全体成员组成的共同联合体来共同地和有计划地利用生产力;把生产发展到能够满足所有人的需要的规模;结束牺牲一些人的利益来满足另一些人的需要的状况;彻底消灭阶级和阶级对立;通过消除旧的分工,通过产业教育、变换工种、所有人共同享受大家创造出来的福利,通过城乡的融合,使社会全体成员的才能得到全面发展;——这就是废除私有制的主要结果。"①同时利用该国家政权力量,大力发展生产力。"无产阶级将利用自己的政治统治,一步一步地夺取资产阶级的全部资本,把一切生产工具集中在国家即组织成为统治阶级的无产阶级手里,并且尽可能快地增加生产力的总量。"②

三、西方社会保障城乡一体化理论

社会保障在建立之初被看成是解决社会政治、经济、人口问题以及转移风险的重要手段,在经过了一百多年的演变之后,社会保障的内涵已经大大地扩展了,它已经不仅仅是解决一定社会问题的有效手段,而且是实现人权保障的有效途径。在现代社会,保障人权已经成为建立和完善社会保障制度的出发点之一,构成社会保障得以成立的基础之一。但现在社会保障体系本身存在诸多问题,如城镇居民和农村村民社会保障待遇不一致、社会保障碎片化管理、历史债务、基金不足等,完善社会保障体系、促进社会保障城乡一体化已成当务之急。回顾历史,社会保障为解决社会问题和转移风险而生,那么从各个学科不同视角深入挖掘社会保障

---

① 《马克思恩格斯选集》第 1 卷,人民出版社 1995 年版,第 243 页。
② 《马克思恩格斯文集》第 2 卷,人民出版社 2009 年版,第 52 页。

城乡一体化的理论基石,无疑会找到符合新时代发展趋势和具有实践指导意义的社会保障城乡一体化的理论支撑。本节主要从政治理论、经济理论、风险理论和人口理论四个方面对社会保障城乡一体化理论进行梳理,从而为社会保障城乡一体化制度建设提供理论基础。

(一)政治理论:人性尊严、平等对待与人权保障

政治理论是建立社会保障制度以及促使社会保障制度不断得到完善的伦理渊源。社会的发展在于社会中的每一位公民都能获得人性尊严,被平等对待,人权得以保障。社会保障制度完善是维护公民尊严、保护人权的前提条件,同时实现社会公正和人民尊严也是现如今社会保障制度不断完善的目的。

1. 人性尊严

人性尊严无论是在哲学伦理层面还是法律层面,都显示了其重要价值属性。康德在《道德形而上学的基本原理》中曾经深刻地指出:"凡有价值的均可为等值者替换;另一方面,超过一切价值,无等值物可替换者,即系尊严。"①这就是说,人性尊严是人与生俱来的、无比尊贵的、无可替代的道德权利。随着历史的发展,人性尊严不仅仅只作为一种道德权利被人重视,更由法律加以规定和维护。关于人性尊严的法的规定最早出现在德国基本法中,该法规定:人性尊严不可侵犯,国家一切权力均有义务尊重并保护人性之尊严。之后,这一理念被很多国家加以引用,并作为宪法的最高指导原则。

马克思和恩格斯曾指出:"君主政体的原则总的说来就是轻视人,蔑视人,使人非人化"②。他们认为在资本主义国家,工人的尊严并不能得到重视,所谓的"人人生而平等",只不过指的是资产阶级内部的公平和

---

① 范进学:《论人权的两面性》,《学习与探索》2004 年第 6 期。
② 《马克思恩格斯全集》第 47 卷,人民出版社 2004 年版,第 59 页。

尊严的平等。马克思和恩格斯认为,人性尊严的实现和共产主义伟大目标的实现是一致的,共产主义的伟大目标是实现人的自由而全面的发展,所谓自由而全面的发展是指建立在个体高度自由自觉基础上的发展,是在维护广大人民人性尊严基础上的发展,而不是畸形发展。只有体现了人民的尊严,才能获得广大人民的支持,协力同行,实现中国梦。由此可以看出,人性尊严是实现马克思主义根本价值目标的题中应有之义。

中国共产党在领导全国人民实现全面建设社会主义现代化国家的过程中,必须切实保障每一个公民的人性尊严,不能借助任何理由使公民受到人性的歧视和尊严的侵害。所以,政府应着力建设系统完善的社会保障制度,保证每一个公民都能享受到同等的社会保障权益,努力实现社会保障城乡一体化,覆盖所有城乡居民,使每个公民都幼有所育、学有所教、劳有所得、病有所医、老有所养、住有所居、弱有所扶,保证社会中的每个人都能自由、有尊严地生活。

2. 平等对待

伦理层面的平等归根结底是人们的一种心理体验,是被压迫、被剥削的人渴望被社会平等对待,从而达到心理平等的一种感受。在文艺复兴时期人文主义学家曾提出,人就是人,人类是天生一律平等的,这是人类最基本的法则。启蒙运动时期的启蒙思想家则进一步认为,天赋人权,人生来就无差别地享有同样的权利,人们应该受到平等对待。法律层面的平等是人们拥有的一种权利,侵害人们的平等权将会受到法律的制裁。平等权作为一种法定权利体现在众多法律中。1776 年,美国《独立宣言》首次将"人人生而平等"以法的形式确定下来。1789 年,作为法国大革命最具权威性的辉煌成果——《人权宣言》正式出台。在这一贯穿着"自由、平等、博爱"精神的纲领性文件中,最先确定的人权就是平等权,即"在权利方面,人生来是而且始终是自由平等的","在法律面前,人人平等"。之后,1918 年《俄罗斯社会主义联邦苏维埃共和国宪法》第一次将"公民不分种族及民族享有平等权利"视为社会主义国家法制的重要原则。

恩格斯在谈到平等观念的时代性和阶级性时对希腊人和罗马人的平等观提出批判,认为他们提出的平等是关于自由民的平等,是一种不公平的平等。马克思和恩格斯认为真正的平等是在共产主义社会,私有制的消亡,三大差别的消失,没有剥削,没有压迫,人人享有与社会共同成长的机会。共产主义社会是社会主义的最高形态,中国作为社会主义国家一直在为实现共产主义而努力。

目前,几乎所有国家都在宪法制定中将平等权作为各国公民的法定权利。我国当然也不例外,中国不断致力于消灭封建等级这一传统观念,将平等权规定为中国公民的一项基本权利,意指所有公民拥有平等的社会地位和法律地位,除了被剥夺政治权利的人,每个公民都平等享有权利和履行义务,从法律上说就是"法律面前人人平等"。但是事实上,由于城乡二元体制以及僵化的户籍制度的影响,我国的社会保障事业并没有切实尊重和保障每一个公民的平等权,社会保障在城乡、地区以及不同群体间的发展程度存在显著的差异,特别是随着城镇化和工业化步伐的加快,不少征地农民和外来务工人员因为制度衔接不畅而没有得到国民待遇的平等对待。因而统筹城乡发展,保证农民享有与城市居民同等的社会保障权益,在承认适度差别的基础上,对城乡社会保障进行统一管理和监督,最终实现社会保障城乡一体化,是现阶段缩小城乡差距,维护社会公平,全面建设社会主义现代化国家的最迫切的任务之一。

3. 人权保障

从理论层面来说,所谓人权,是指在一定的社会历史条件下,每个人应当享有的在法律上应当被承认和保护的基本权利,包括生存权和发展权。但是,人权不应该停留在理论,作为一种抽象的概念所存在,它应该成为人们现实能够享受到的权利,社会保障的出现使人权得以保障,因为它不仅可以保证人们的基本生活需要,保障人们的生存权;还能够为人们提供更多的发展机会,保障人们的发展权。

尊重和保障人权是我国民主政治的基本要求,也是社会政治文明的重要标志。2004 年,"尊重和保障人权"首次被纳入我国宪法,以根本大法的形式确立了人权的法律地位,明确规定人权不可侵犯。尊重、重视和保障公民尤其是弱势群体的基本人权是各个国家的责任。

社会保障权是公民可以在遭受年老、失业、疾病、生育、工伤等社会风险时,要求国家和社会保障其基本生活的权利。简单来说,社会保障权就是保障人的生存权以及发展权的权利,即社会保障权是一项基本人权。宪法就将社会保障权作为公民的一项基本权利,规定:"中华人民共和国公民在年老、疾病或者丧失劳动能力的情况下,有从国家和社会获得物质帮助的权利。国家发展为公民享受这些权利所需要的社会保险、社会救济和医疗卫生事业。"同时,世界各国已经就公民平等享有社会保障权益达成共识,联合国大会在 1948 年通过的《世界人权宣言》第二十二条规定:"每个人,作为社会的一员,有权享有社会保障。"①所以,我国在进行社会保障制度建设和改革的时候,必须切实维护和尊重每个公民的社会保障权益,不因任何理由,如家庭、身份、职业、种族、民族等原因排斥或歧视个人。现阶段,我国总体上已经进入了以工促农,以城带乡的发展阶段,步入着力破除城乡二元结构、形成城乡经济社会发展一体化新格局的重要时期。为了尊重和保障每一个公民的社会保障权,实现人的独立而自由的发展,我们必须着力构建覆盖城乡所有公民的社会保障体系,推进社会保障城乡一体化。

(二)经济理论:市场失灵、政府干预与经济效率

经济学理论与社会保障制度有着直接、深刻的联系,社会保障制度是市场经济体制必备的基本制度之一,本身也与整体经济有着广泛、深入的联系。在现实的市场经济中,市场关注的是利润和经济的增长而不是社

---

① 《〈世界人权宣言〉与中国人权》,四川人民出版社 1998 年版,第 8 页。

会福利需要的满足,在本质上并不关注社会的再分配问题。在市场竞争机制的作用下,甚至会拉大贫富差距。由于市场经济体制本身的功能缺陷以及对社会保障的忽视,这就必然会引起市场失灵,使大多数人失业,引起社会冲突。为弥补市场缺陷而引起的失灵,只能通过政府主动干预市场经济,建立并逐步完善社会保障制度,发挥社会保障制度基层保护网的作用,促进市场经济制度更加完善,进而提高整个社会的经济效率。

1.市场经济的缺陷

完全竞争市场的实现需要满足几个假设条件,比如,任何生产者的产品都是无差别的、信息的完全对称、无外部效应,以及市场资源的自由流动,等等。但是,这些假设条件对市场的要求非常苛刻,不可能同时满足,任何一个假设条件的缺失必然会引起市场失灵。即使最崇尚自由市场机制的弗里德曼(Milton Friedman)也不得不承认:"某些东西市场经济是无能为力的,所以要避开市场。"①

首先,市场经济易引起宏观经济失衡。市场经济是自利经济,所有的经济活动都是以个人利益最大化为出发点的。一般决策者往往只关心自己的眼前利益、局部利益,不考虑社会成员整体的利益以及社会总供给和总需求的平衡问题。如此一来,就会忽略社会利益,甚至会损害社会利益,进而引起国内经济剧烈波动,导致市场的宏观失灵以及通货膨胀和失业等现象的产生。

其次,市场经济易引起分配失灵。理论上,公平与效率是统一的,各生产要素能够按其提供的经济效益获得相应的报酬。但在现实生活中,公平与效率之间存在着不可调和的矛盾,市场自发地追求利益,尽可能提高效率,但又不能保证社会公平,这就会使得社会成员之间收入分配差距越来越大,穷人越穷,富人越富。市场经济下对社会保障制度的忽视,再

---

① [美]弗里德曼:《论通货膨胀》,杨培新译,中国社会科学出版社 1982 年版,第 65 页。

加上市场机制本身的特性使得它无法自行化解矛盾、缩小分配差距,而差距扩大到一定程度,就会反过来影响效率的提高,进而影响社会稳定。

最后,市场经济导致公共产品缺失。"社会保障是按照相关的法规制度安排,由政府主持向社会成员提供的以实现经济安全、社会公平为突出效用的准公共产品集合。"①由此可见,社会保障属于公共品性质的产品,具有有限的"非排他性"和"非竞争性"。对于社会保障这种准公共产品,由于成本高昂、收益少以及"搭便车"行为的不可避免,市场不可能自发且有效地提供社会保障,最终会导致市场在公共产品提供上的失灵。

社会保障是市场经济发展的必要条件,但却不是市场经济的必然产物。社会保障等公共产品的性质就决定了市场经济在这些领域无法充分发挥作用。事实也证明,市场经济无法充分有效地提供公共产品,而社会保障、公路、地铁、公园等众多公共产品的缺乏,最终会阻碍经济发展和整个社会的运行。因此,必须充分发挥政府的作用,建立健全社会保障制度,兼顾经济效率和社会公平,维护社会稳定。

2. 政府干预的作用

政府干预是在经济运行中,国家为了维护市场稳定、防止市场失灵,对市场经济进行的调节和控制。社会保障制度不仅是现代市场经济的重要组成部分,也是弥补市场缺陷最有力的公共政策,是政府积极干预社会经济生活的重要手段,社会保障制度的完善与否直接关系着市场经济的发展。政府可通过建立健全社会保障制度来干预市场经济,发挥自身的职能弥补市场缺陷,缩小收入分配差距,促进市场经济的发展。

首先,政府将自身的稳定经济发展的职能与社会保障的保障功能相结合。当市场萎缩、失业率上升的时候,政府可以完善失业保险制度,通过增加社会保障支出,扩大公共事业的规模,创造就业机会,同时对失业者进行就业培训教育,增强劳动技能,降低失业率;深化医疗保险改革,实

①　郭小东:《社会保障:理论与实践》,广东经济出版社 2014 年版,第 69 页。

行大病统筹模式,遵循"小病分流,大病统筹"的原则,保证社会成员患大病时能够得到基本的医疗救助,分摊经济压力,防止"因病返贫、因病致贫"情况的发生,保障职工和退休人员的基本生活水平,为经济发展提供稳定的社会环境。

其次,政府将自身的收入分配职能与社会保障的再分配功能相结合。完善失业保险制度,规范失业保险基金的征缴和使用管理。按照就业者工资一定比例强制性征缴失业金,将救济金发放给失业者,进而实现失业保险金向弱势群体的转移;现阶段我国实行"社会统筹和个人账户"相结合的养老保险制度,按社会成员工资的一定比例征收的养老保险金进入到社会统筹账户中。在社会统筹这一层面上,与缴纳的养老保险金相比,低收入家庭能够享受较多的养老保障待遇,进而实现收入从富人到穷人的转移,发挥了政府的收入分配职能。

最后,政府应提供并经营部分与国计民生关系重大的公共产品。社会保障作为一种公共产品,本身就是政府行为的产物,是市场经济条件下政府基本职能的发挥。政府通过建立并完善社会保障制度,帮助市场竞争中的弱势群体规避生病、失业、年老等诸多方面的社会和人身风险,保障社会成员的基本生活,维护社会公平正义,保证市场经济的平稳运行,是政府义不容辞的责任。

此外,经济的飞速发展使得人口流动加速,农村和城市界限日益模糊,城乡分割的社会保障体制阻碍了经济发展。再加上工业化大生产占用土地,导致部分农民被迫失去土地。或者说工业化大生产吸引部分农村劳动力到城市就业,导致部分劳动力自愿性地失去土地。无论是自愿还是被迫,农民都失去了基本保障。为促进全国经济快速发展,调整农业产业结构,政府不仅应建立社会保障体系,还应建立覆盖城乡的系统的社会保障体系,担当社会保障运行的管理规划者、统筹监督者和最后的责任承担者。

3. 社会保障的经济功能

社会保障是随着生产力发展、商品经济增长而产生和发展起来的,并且社会保障的水平和模式也取决于该国家的经济发展水平。不过,社会保障同经济水平的关系并不是完全处于被动地位,相反,社会保障对经济增长具有明显的反作用。

首先,社会保障有利于拉动消费需求。社会保障能够在一定程度上为社会成员提供稳定的收入,提高人们的收入预期和安全感,提升社会成员的消费需求。尤其值得我们注意的是,社会保障支出的相当一部分都是用于补贴低收入者,由于低收入者的消费倾向大于高收入者,所以社会保障支出对于拉动低收入者消费需求的作用就更为明显。20世纪30年代经济危机爆发后,产生了凯恩斯需求理论,即国家的生产和就业状况主要取决于社会成员对商品的有效需求。凯恩斯的追随者们进一步论证了社会保障对消费需求的拉动作用,即当经济萎缩时,大规模失业使得人们收入减少,消费水平下降,社会保障将会发挥其保障作用,失业者可根据参加的失业保险领取失业救济金,低收入者也可获得社会保障补贴,增加其基本收入,促进有效需求的提升,拉动消费水平,促进经济发展。

其次,社会保障有利于提高劳动生产率。曾任国际劳工局局长的弗朗西斯·勃朗夏(Francis Blanchard)就指出:"社会保障是一种促进社会变革和进步的手段,理应得到保护、支持和发展。而且,它绝不像人们常说的那样是社会进步的羁绊;相反,在坚实健全基础上组织起来的社会保障将推动社会进步。因为一旦男人和女人从日益提高的社会保障中获益,不再为日后的衣食焦虑,他们自然会创造更高的生产效率。"[1]社会保障通过建立全社会统一的保障网络,打破了社会保障按区域划分的界限,使劳动者在更换劳动岗位时没有后顾之忧,他们可以根据自身需求自由

---

① 国际劳工局:《展望21世纪:社会保障的发展》,劳动人事出版社1988年版,第1页。

地更换岗位,将自身的劳动技能和工作岗位相结合,在很大程度上刺激人们的劳动热情和积极性,促进了劳动力的合理流动与配置,进而创造出更高的劳动生产率。

最后,社会保障能够保证市场经济平稳运行。社会保障在宏观经济中的短期均衡效应和长期均衡效应,使得社会保障被称为市场经济的"自动稳定器"。当经济运行处于上升阶段,企业和个人收入都有明显提高。累进税制的存在,使得企业和个人的缴费增加,社会保障收多支少,因此会对经济过热起抑制作用。当经济运行处于下降阶段,失业人数增加,经济增长停滞,社会保障将会扩大支出来保证社会成员的基本生活水平,刺激经济增长。由此可见,社会保障制度对整个国民经济的平稳运行起着重要的促进作用。

浅层次来说,社会保障支出份额的增加,必然会使国民经济发展投入的份额减少。但从深层次来讲,对于暂时失去工作和劳动能力的劳动者而言,社会保障为其提供基本的生活保障,加强对劳动者的就业培训,促使劳动者更迅速地重新投入到生产中去。对于永久失去劳动能力的劳动者而言,社会保障维持劳动者的基本生活水平,减轻其生活压力,稳定劳动者的思想情绪和社会秩序。这就免除了人们生活无着落的恐惧和后顾之忧,有利于维护社会稳定。因此,完善的社会保障制度,有利于提高经济效率,起到定国安民促发展的作用。

(三)风险理论:风险管理、社会保障与商业保险

自从人类诞生以来,就面临着种种风险。风险是普遍和客观存在着的,尤其是工业化出现的老、伤、病、失业等问题,给人类带来了诸多风险。加强风险管理,防范控制风险和减少风险损失是全社会的共同任务。而社会保障制度正是为了应对工业社会产生的风险,即现代社会保障制度是工业化革命的产物。社会保险作为社会保障主要组成部分,是风险管理的一种主要途径,商业保险作为风险管理的另一途径,与社会保险相互

配合、共同合作,发挥转移风险、补偿损失、保障社会经济稳定的作用。

1. 风险管理的必要性

风险在早期源于人类对自然界未知领域的探索,本意是指冒险和危险。现在人们通常将风险与不确定性联系在一起,指某件事发生的不确定性;或者指损失的不确定性;或者指预期结果与实际结果之间偏离的可能性。工业社会以来,尤其是全球化的发展,使得人们在社会中面对的风险不只是对局部社会、少数人的影响,而且对社会中每个个体生命、生产、生活存在着严重的威胁。

风险广义上为损失或收益的不确定性,在此仅指损失的不确定性。由于风险的存在,就有发生损失的可能,既包括直接损失又包括间接损失。例如,煤厂工人发生事故导致残疾就属于直接损失;而后期的医疗费用以及负伤期间的工资等则属于额外费用损失(间接损失)。往往间接损失危害很大,甚至超过直接损失。风险带来的损失,对人也好,对一家企业也好,打击是巨大的。尤其是 18 世纪以来,现代工业文明促进社会生产力的空前发展,社会财富迅速增长并高度集中。与之相伴的是意外事故不断增加,甚至在人类生活中有逐步上升的趋势。机器取代手工作坊,以致工伤事故频仍;汽车的普及,致使车祸事故屡见不鲜,人身安全存在隐患;激烈的竞争,导致失业现象频发;环境污染,威胁着人类的健康。工伤、失业、非正常死亡、疾病、年老使人们面临着遭受财产损失和人身伤亡的风险,危及人类生存,而损失发生时间、地点、结果的不确定性,则会进一步损害人们的精神,加深人们的忧虑感和恐惧感,有时甚至影响社会稳定。

无论是自然风险还是社会风险都是不以人的意志为转移的,独立于人的意识之外的客观存在。无论是自然界的物质运动,还是社会发展的规律,都是由事物存在的规律决定的。风险是普遍和客观存在着的,承认风险的客观性,就相当于承认其规律性。既然风险有规律可循,我们就可以对风险进行测定,使人类对风险加以控制和管理。必然性存在于偶然性之中，并通过偶然性表现出来。由此，我们可以对大量的风险事故加以观察，根据概率论和数理统计的方法对风险事故进行分析处理，从宏观上把握某种风险发生的规律，防患于未然。国民经济的发展，使得风险带来的损失愈加严重，再加之人们对安全和稳定的需求增加，于是如何对风险进行管理就成为一个十分重要的问题，我们必须将防范控制风险和减少风险损失作为全社会的共同任务。

2. 社会保障的基础性

风险的可控性使得风险管理有了一定可能性，所谓风险管理是指通过风险识别、风险评估以及风险管理方案的实施，实现风险成本最小化和企业利润最大化的管理过程。[①] 风险转移作为风险管理的方法之一，是指某机构或个人为减少损失将风险转嫁给其他承担者，在遭受损失之后，由其他机构如保险公司来支付损失的赔偿金。保险是风险转移的重要手段和主要途径，它使众多单位和个人结合起来，将投保人的个体转移出去，而由众多单位共同对付或承担，从而达到转移风险的目的。

保险分为社会保险和商业保险，在本节，我们主要探究社会保险。社会保险是国家依法筹集社会保险基金，对参保人员在其生育、工伤、失业、疾病、养老时提供经济补偿，保障他们的基本生活，确保社会稳定。社会保险由于覆盖人数最多，收支巨大等原因，被认为社会保障的核心，是最基本的社会保障。人的一生无疑会经过生老病死，而在每一阶段都存在着风险。生育、疾病、工伤、失业、年老等风险，除了使人们损失收入、丧失劳动能力之外，还会扰乱社会正常运行秩序。由于这些风险客观存在，国家对此做了大量的科学研究，探索风险内在的规律，相应地制定了生育保险、工伤保险、医疗保险、失业保险以及养老保险，用确定的小额支出消除了巨额的风险损失，使被保人的生活在经济上有了一定的保障。由此可见，社会保障可以说是风险管理的一种方法，是人类应对个人和社会风险

---

① 参见张彪：《风险管理与保险》，中国财政经济出版社 2016 年版，第 37 页。

的重要机制之一,是社会的稳定器和安全网。

传统社会保障主要是为了应对自然风险,现代社会保障主要是为了应对工业社会带来的风险,当代社会保障主要是为了应对后工业社会风险。由此可见,无论风险类型和社会保障形式如何变化,社会保障始终在应对社会风险中发挥着基层保护网作用。社会保障作为规避和转移风险的措施,除了具有转移风险、补偿损失的职能之外,还有服务职能、储蓄职能和保障社会经济稳定与可持续发展的职能,即劳动群体可通过参保来转移劳动过程中遇到的风险以及在遭受风险后,受保人除了获得社会保险补偿的经济收入之外,还可享受国家的防风险建议以及处理风险的培训和服务,促进受保人尽早恢复到正常的生产生活中,有利于个人或企业加强风险管理,减少经济损失,尽可能地规避、转移风险,稳定经济社会的正常运行。

当前中国仍处于战略机遇期,再加之社会主要矛盾的变化对社会发展提出了许多新的要求,机遇与风险并存,如何处理这一时期的社会风险,维护社会稳定,完善社会保障制度至关重要。我国社会保障制度呈现出明显的城乡二元化特征,碎片化严重,这不仅降低了社会保障制度抵御风险的能力,还导致城乡差距进一步扩大,危害社会稳定。因此,国家不仅要大力推进社会保障制度向城乡一体化的方向发展,还要加强与其他保障主体的合作,这样才能充分发挥政府之外其他主体的作用,有效应对社会风险,维护社会稳定。

3. 商业保险的补充性

就社会保障的覆盖面而言,仍有大多数国家的社会保障的覆盖面有限,体系发展不完善,部分国民未能享受到社会保障的权益。因此,许多国家鼓励商业保险的发展,将商业保险作为社会保险的补充。

商业保险作为风险管理的另一主要途径,也不失为未覆盖群体抵御风险的一种选择。商业保险是投保人根据合同约定,向保险人支付保险费,保险人对于合同约定的可能发生的事故,因其发生造成的财产损失承担赔偿金责任;或者当被保险人死亡、伤残、疾病或者达到合同约定的年龄期限时,承担给付保险金责任的商业保险行为。① 一方面,商业保险能够更多关注社会保险覆盖范围之外的保险领域,帮助社会保险覆盖它所未能覆盖的群体,发挥其补充作用,使受保人享有更舒适的生活。另一方面,商业保险的运营具有灵活性和专业性,它能够根据不同人的需要来设置不同的产品。随着市场经济的发展,商业保险也在不断发展。社会中商业保险的险种日益丰富,与之相适应,其覆盖范围也在逐步扩大,这都有利于降低风险给受保人带来的损失,保障受保人的生活水平,维护社会的稳定。

商业保险是社会保障体系的组成部分,是社会保障的重要补充。商业保险作为市场经济中发展的产物,其目的在于获取利润,但商业保险也强调自身服务于社会保障体系,这样既没有较好地推动社会保障体系的完善,又制约了商业保险自身的发展。因此,不应过多地强调社会保障体系对商业保险的要求,应建立以利润为驱动的激励机制,充分发挥商业保险的补充作用。

促进社会保险和商业保险的融合发展,一方面,大力发展社会保障,完善社会保障体系,让社会保险覆盖面切实涵盖至全体国民,并在此基础上,积极推进社会保障体系城乡一体化,让越来越多的人受到社会保障的荫庇,人人享有平等的社会保险权益,使社会保险更能体现其互助共济和实现公平的特性。另一方面,推动商业保险的发展,明确商业保险的盈利本质,促进商业保险的合理增长和市场化管理,满足投保人多层次的保险需求。社会保险和商业保险的融合发展,可以将商业保险中的技术和管理方法应用到社会保险中。社会保险的原理运用到商业保险中,这样不仅能计算出更精准的信息,还能增强保险项目的稳定性,符合市场经济的发展要求,促进我国社会保障体系的完善,为全面建设社会主义现代化国

① 参见张彪:《风险管理与保险》,中国财政经济出版社 2016 年版,第61页。

家发挥保障作用。

（四）人口理论：人力资本、人口红利与老龄危机

人力资本、人口红利和人口老龄化作为人口变动的三种表现形式，影响着社会保障制度的调整和完善。人口老龄化与社会经济、科技发展紧密相联，可谓"牵一发而动全身"，作为国家基层保护网的社会保障体系更是首当其冲。社会保障制度保障人们的基本生活水平，人口数量或质量的变动反之也影响着社会保障制度的发展。人力作为一种资本和资源有其自身的发展规律，对于国民经济而言，人力资本充足的时期为"人口红利期"，人力资本匮乏的时期为"人口负债期"，无论人力资本处于哪种时期，都与社会保障制度的调整和完善密不可分。

1. 人力资本

何为人力资本？如何加强对人力资本的培育？这值得我们不断进行探究。最早对人力资本理论做出系统研究的是美国经济学家舒尔茨，西方许多学者在舒尔茨研究的基础之上对人力资本理论逐步完善并对其概念作出了明确规定，指出"人力资本是体现在人身上的技能和生产知识的存量"①，"是人们在其教育和培训过程中积累起来的有用的和有价值的知识，是一国由劳动力体现的技术知识和技能的存量，源于正式教育和在职培训等方面的投资"②。由此可见，知识和健康是人力资本的重要组成部分。

社会保障对人的生存权和健康权的维护，比如说对失业者的救济、就业再培训，工伤者的保护和康复治疗以及对广大劳动者的医疗保障，都能促使人力资本保值增值，提高劳动者的素质，促进我国的经济增长。

随着广大劳动者素质的不断提高，其参保意识也在不断加强。人们

---

① 参见《新帕尔格雷夫经济学大辞典》，经济科学出版社1992年版，第736页。
② ［美］萨谬尔森、诺德豪斯：《经济学》，华夏出版社1999年版，第189页。

从心理上主动接受、拥护并积极参加社会保障制度,为社会保障制度的发展提供建议、培养人才。由此可见,人力资本的发展,不仅能够促进社会保障制度的发展,还能够为社会保障制度的完善提供大量人才。

2. 人口红利

老龄化可分为两个阶段,人口老龄化前期和人口老龄化后期,前期我们将其称之为"人口红利"阶段,后期为"人口负债"阶段。在正式步入人口老龄化后期之前,我们将有 40 年左右的"人口红利",这一时期也被称为"人口机会窗口期"①。在这一人口结构下,劳动人口数量多,老年和儿童人口数量少,社会的"抚养比"②较轻,从而形成了较高的"人口红利"。

人口红利时期,在职的劳动人口比例高,无论是养老还是医疗,社会保障和商业保险的收入都会大于支出,社会保障基金将会大幅度增加。社保基金的增多将会缓解失业、提高人们生活水平、优化老龄人口的保险待遇、促进社会稳定;同时,也能为社会保障制度的发展提供资金支持,有利于社会保障制度的完善。

在一个国家,社会保障制度越完善,人们得到的保障越全面,将会更容易出现"人口红利"。生育保险、失业保险、工伤保险、医疗保险和养老保险的完善,人们生活待遇的提高,国家负责兜底,将会增强人们的生育意愿,提高生育率。反之,人口红利的出现,也将愈加促进社会保障制度的发展和完善。

以巴西为例,同多数发展中国家一样,巴西正处于"人口视窗期",国家抚养比低于 50%,拥有大量的劳动力,但在 90 年代的国企私有化改革

① 人口机会窗口期:是指在社会转变过程中,人口再生产类型发生变化,导致出生率下降速度快于人口老龄化速度,从而形成一段少儿与老年抚养负担均较轻、劳动力资源比较丰富、经济发展的人口环境相对宽松的时期。

② 抚养比:又称抚养系数,是指在人口当中,非劳动年龄人口对劳动年龄人口数之比。总抚养比=(老龄人口+未成年人口)/劳动力人口=老龄人口抚养比+未成年人口抚养比。

中,65%—95%的职工没有劳动合同,65%—85%没有参加医疗和养老保险,致使广大职工在失业、医疗、养老等方面没有起码的社会保障①。社会保障缺失导致广大劳动者在经济不稳定时难以维护自己最基本的生活需求,也使得巴西没有把握住"人口红利"这一机遇,致使经济发展停滞不前。由此可见,任何国家在任何时候,都不能忽略社会保障体系的完善。我国应充分利用人口老龄化前期年龄结构变动所提供的"黄金时期",完善社会保障制度,大力发展社会经济。

3. 老龄危机

当"黄金时代"结束,社会便到了人口老龄化后期"人口负债"阶段。在这一阶段,劳动人口减少,老年人口增多,家庭模式将会变成"4+2+1"模式,即一对夫妇要抚养4位老人和一个孩子。抚养比的不断攀升将会给社会劳动人口带来巨大的压力。每位劳动者的养老保险金要保障两位老年人的基本生活,社会保障负担将不断加重,代际福利平衡问题将不断突出。

若一个国家实行的是"现收现付制②"的养老保险制度,在人口负债阶段,劳动力市场上的人力资源供给不足,每位劳动人口的养老保险金需要去赡养多个老人,参保压力增大。再加之,这个时期,社会保障和商业保险的支出大于收入,特别是在社会保障基金积累不足的情况下,收支倒挂对社会保障制度的冲击是相当大的。人口老龄化时期,老年人口比例大,医疗费用额度大,会占用大量的社会资源,形成社会的代际冲突;为了应对老龄化,用延长退休年龄来减小社会保障的压力,又可能导致企业的创新能力不足,阻碍经济发展。碎片化的社会保障体系,已经满足不了人口老龄化的需要,更满足不了国家经济发展的需要。

---

① 田雪原:《人口老龄化与"中等收入陷阱"》,社会科学文献出版社2013年版,第105页。

② 现收现付制:是一种以横向平衡原则为依据,以同一时期正在工作的所有人的缴费,来支付现在保险受益人的开支的制度。

　　我国应结合现阶段城乡二元特征正在弱化、农村劳动力进城务工普遍化、城乡界限愈加模糊这一现状,以更宏大的格局和长远眼光来设计社会保障制度,建立覆盖城乡的社会保障体系,铺好基层保护网,使大多数人即使在人口负债阶段,生活也能得到最基本的保障。

第二章　国外社会保障城乡一体化制度建设及借鉴

社会保障是工业化的产物,在维护社会稳定和促进经济可持续性健康发展方面占据极其重要的地位,是世界各国现代化进程中的重要支柱。城乡一体化建设则是社会保障深度改革的重要一环,进行社会保障城乡一体化研究,需要全面、深入地了解不同社会类型国家社会保障城乡一体化建设中的经验教训,使之成为推进我国社会保障城乡一体化建设的科学依据和重要启示。

一、德国社会保障城乡一体化制度建设及借鉴

德国作为典型的发达国家是世界工业化进程的排头兵,是第一个建立社会保险制度的国家,其社会保障体系也是起步最早、发展至今最为完备的。全面深入地了解德国和德国的社会保障制度有关于城乡一体化改革的制度建设,能对我国推进社会保障城乡一体化建设提供启示与帮助。德国虽然同为发达国家,但在社会保障体系建设上又因为不同的发展历史与社会条件而与其他发达国家存在区别,在历史视域中,我们将会发现和理解社会保障制度在城乡结合中的优秀做法和存在的问题,从而指导我国社会保障城乡一体化建设。

（一）德国社会保障城乡一体化的发展过程

在西方发达国家中,德国的工业化起步较早,发展腾飞较晚,但却是世界上最早社会保障立法的国家,也是工业化国家中率先全面实行社会保障政策的国家。经过一个多世纪的发展,它已经成为具备完整社会保障体系、经济社会协调发展的现代工业化国家。受新历史学派思想和社会市场经济理论影响,德国社会保障的立法和制度发展的价值理念是"公平、效率、安全、正义与共享",其认为社会保障是"对竞争中不幸失败的那些失去竞争能力的人,提供基本的社会保障,是维护社会公平和社会安全的保障制度"①。与其发展历史相适应,德国的社会保障政策与美国、瑞典等发达国家的一元化政策不同,实行的是包含农民和其他从业者在内的多元化社会保障体系。农民以社会从业者之一的身份获得相应的农村社会保障。作为保守主义保险型社会保障制度的代表,德国社会保障制度的形成历史对我们理解和认识其关于城乡二元社会保障体系有着重要意义。

德国社会保障事业的发展,与德国工业化进程以及由此引起的经济社会结构的变化密切相关,大致可以分为五个发展时期。

1. 社会保障萌芽期:1839—1881 年

德国社会保障萌芽时期的特点是从早期自由人道主义的价值观出发,由民间慈善组织发展起来的,突出表现为两个方面。一方面,宗教、警察和社会团体创办的孤儿院、收容所等社会慈善机构从事救济贫民的活动;另一方面,19 世纪工人工会中出现自发创办的"劳动与福利中心""社会福利联合会"等群众团体开展互惠互济,帮助在工作、生活中遭到伤残、死亡等意外事故而受影响的工友。这些民间慈善事业很明显不应该属于现代化的社会保障体系,但却深刻影响了德国社会保障制度的

---

① 胡晓义主编:《社会保障概论》,中国劳动社会保障出版社 2012 年版,第 2 页。

萌芽。

2. 社会保障形成期：1881—1927 年

现代社会保障制度产生于 1881 年的德国《社会保障基本法》。时任德国总统俾斯麦提出：工人因患病、事故、伤残和年老而出现经济困难时应得到保障，他们有权得到救济，工人保障应由工人自行管理。一方面德国在谋求强大的道路上必须要解决日益尖锐的劳资矛盾，另一方面社会保险思想的逐步形成，各学派思想一致认为德国政府当前面临的最危险问题就是劳工问题，因此国家必须通过立法来安抚工人阶级。在这种背景下，1883 年德国制定了世界上第一部《疾病保险法》，该法为某些行业中收入少于限额的工人提供疾病保险，对工人患病时所享受的权利进行了法律规定。第二年，《工伤事故保险法》获得通过。该法规定必须为遭受工伤事故的工人提供医疗待遇和收入补助。1889 年德国政府又颁布《老年和残障保险法》，把工人、农民、工匠和服务员都纳入养老保险体系。至此，德国第一个建立了世界上比较完备的社会保险制度。

《疾病保险法》受保对象最开始只包括工人，不包括农民等其他从业者，资金来源是工人、雇主、政府及其他慈善募捐资金。疾病保险是围绕疾病诊治和健康恢复对个人及其家属实行的一种保险。依据法律规定，工人和规定工资收入标准范围内的职员必须参加医疗保险，不在此范围内的可自愿参加医疗保险。医疗保险资金主要由投保人缴纳保险费，由劳资双方各付一半。

《工伤事故保险法》资金来源是雇主、雇员和政府，其中低收入雇员的个人部分全部由国家承担，津贴发放具有延迟性，所以在获得津贴前的补助由疾病互助会担负。工伤保险的管理由银行转移到雇主联合会，在经历多次提案与否决之后，工伤保险法才因为不再包含重要条款而正式通过并生效。1886 年 5 月颁布的《关于农业企业中被雇佣人员工伤事故保险法》为农业工人提供工伤保险政策。此后农业事故保险基金相继建立，受保对象为农场主和雇工，内容是负担受保人因工作事故或职业病而须支出的医疗费用和职业援助。这项法律中,农民也被纳入整个工伤事故保险体系,农业事故保险对于投保企业的每一位雇主承保,并由农业事故保险基金进行经费的支持,主要的受保群体是农场主及其配偶、非临时工作的其他家庭成员或自雇者,为了保护和提高农业发展的人员等所有与农场企业相关的人员,资金一方面来自于农场主被征收的保险税,另一方面来源于政府补贴,其中农场主雇员及其家庭成员无需缴纳农业事故保险金。

《老年和残障保险法》是对工人和雇员的养老和残疾保障,国家对受保人员按人头进行补贴,养老金按照原工资等级和地区划定。其组成部分包括法定义务养老保险、企业补充养老保险和私人养老保险。法定义务养老保险是德国社会保障制度的最大支柱,是强制性的养老保险制度,覆盖了从业人员的90%,资金来源由雇主、雇员和政府三方承担,联邦政府一般监督由各保险机构管理业务。企业补充养老保险不是法定的,是由雇主和雇员自愿达成的协议办理的,资金由企业和个人承担。私人养老保险由个人自愿参加,保费完全由个人支付。

德国的三部社会保障法典颁布以来,政府通过立法从多方面推动社会保障制度的发展。工伤保险拓展到全国和地区的所有行业工人、农林业从业者,社保参保条件也随之提升0.5倍。开始对残疾人提供除医疗养老外的其他基本补贴。这一阶段共同缴费基金的建立实现了德国社会保险中央集权化的第一步,1903年对疾病保险的修正案延长津贴领取时间。直到1911年社会保险法典的通过才让所有社会保障立法的综合形式得以呈现,之后的三年内社会保险法典分别在养老保险制度、工伤保险制度、疾病保险制度中得以生效,各种社会保险法在这一部法典的完善实施中得以成熟为一个完整的体系,随着适用范围不断扩展到农民、佣人和临时工,各社会保障保险的最低收入条件也得以发展,疾病保险医疗组织也不断从社区向地方性组织发展转变,组织的建立更加完善健全,组织架构也不断民主化,主席多由雇员选举担任,各级保险机构统一化管理,从保险办公室到高层社会保险局逐渐取代了过去各种社会保险仲裁机构。雇员保险法的通过标志了中低收入雇员在社会保险体系中的地位越来越得到尊重,雇员保险的缴费率远高于工人保险的缴费率,退休年龄提前和提供不附带条件的年金和宽松的保险政策,延长年金的提供年限,这一时期的社会保障体系的建设正是由于一系列的社会保障法的颁布与实施而建立发展的。在此期间,德国养老金养活的人数增加到原来的 3 倍,1907 年达到 230 万人,疾病保险的参加者也超出了原来人数的 3 倍达到 1560 万人,越来越少的高龄雇佣者存在于市场,他们都得到了基本的养老和医疗保障。

1919 年,政府调整了国家劳动部的职责范围,由于二战后恢复需要,伤兵救助进入社会保障体系,将社会保障的保障健康和工作能力的人本属性进行了明确的界定,将保障老弱病残及孕妇的基本生活,解决基本困难统一建立起综合的社会保障制度,在这个时期,由于一战后恢复和法律体系的日益完善,从每年只有一部社会保障相关文件或者法律的出台使得德国社会保障从最开始的举步维艰慢慢发展到一年能有上十部相关法律出台,德国社会保障立法和制度建设迎来了百花齐放的时代。

可见,德国社会保险制度出现的时期是 1881 年至 1927 年,在这个时期德国现代社会保障制度才明确地诞生并发展起来,《疾病保险法》《工伤事故保险法》《老年和残障保险法》三大社会保险立法为德国社会保险制度奠基,更是奠定了德国社会保障制度统一化发展道路的基础。

3. 社会保障发展期:1927—1950 年

进入 20 世纪后,德国又相继颁布了一系列社会保障单项法,失业保险制度也开始革新,废除了原来的失业救济,实行失业保险制度,在德国社会保障历史上也是重要的里程碑之一。1927 年颁布的《劳动介绍与失业保险法》与之前社会保障的受益对象有限,但是以失业保险法为代表的劳动阶层的社会保障收益在这一时期得到了明显的质的提升,在十年间受保人的规模从原来的被保人拓展为被保人的全体家庭成员,据不完全统计,残疾子女津贴在几年之内提高为原来的 5 倍。失业保险的基金筹集由疾病保险负责,国家通过差额补偿的方式为失业保险提供财政平衡,失业保险根据工人工资的等级确定,根据需要由公共救济基金承担,主要来源于国家财政和地方财政,至此德国政府将建立社会救助制度放在十分重要的位置。然而不只是社会保障的量上有了很大的变化,在包含的种类上也较上一个历史时期有了很大的突破,在德国社会保障立法的百花齐放的春风中,医疗保险的范围拓展到被保人家属,病假工资拓展到节假日,孕妇家属的津贴补助,工伤保人的家属额外的被保人家属补贴拓展,养老保险标准大幅上提且范围进一步拓展。1938 年颁布的《手工艺者养老金法》就是养老金制度范围进一步拓展的典型,至此以前没有纳入养老保险系统的传统家庭手工业者,对标工人养老金制度进入养老保险体系,整体养老金的水平也有了大幅度的提高,基本是一战前的 2—4 倍,工人、职员、受保者及受保者家人的保障水平都在一定程度上得到了提高,孤儿的保障金领取年限也得到了延长。养老保险工伤保险的覆盖面也拓展到了劳动时间以外或者劳动工作导致的伤害事故,从 1925 年起工伤保险制度所包括的职业种类拓展到了 21 个,单设的《矿工保险法》对矿业从业人员的矿主矿工进行疾病和医疗保障,建立全国矿工保险基金,为从业人员提供工伤保险、养老保险及疾病津贴。第二次世界大战期间及战后初期,由于战争的破坏和影响,德国社会保障制度几乎完全崩溃,直到 1949 年颁布《社会保险适用法》后,社会保障制度才在德国逐渐恢复。

4. 社会保障成熟期:1950—1976 年

第二次世界大战后,联邦德国全面确立社会市场经济体制,路德维希·艾哈德等人以福利经济学和新自由主义经济学为理论依据,提出实现国家的"全民福利"主张,社会保障制度进入大发展时期。德国社会保障的范围不断扩大,内容更加丰富,保障水平日益提高,制度日臻完善。

1957 年通过《农民老年救济法》(该法将农民养老纳入社会保障),1957 年农民老年援助法实施,对年老的农场主进行现金补贴。1960 年颁布《联邦住宅补贴法》，次年通过了《联邦社会救济法》，1964 年和 1969 年又相继通过了《联邦儿童补贴法》《联邦教育法》和《劳动促进法》。到这几部法律的形成，德国社会保障体系的核心——社会保险法已完整搭建，这个体系包括了社会救济法、社会促进法和社会福利法。1972 年实行农村医疗保险政策，受保对象为农场主及其家庭，这里的家庭成员包括了共同劳动超过 15 年的家庭成员，妻子、子女和其他被赡养者参加农村医疗保险在一定条件下免交保险费。与一般的医疗保险不同的地方在于，政府为了减轻农民的负担提供了额外的财政援助，农民的基金组织也可以享有相应的税收补贴，但是受保人只能选择农业保险金库，而不可选择其他保险机构。

5. 社会保障调整改革期：1976 年以来

20 世纪 70 年代的金融危机促使德国的社会保障制度发展进入调整改革期，经济进入低速发展阶段，失业率上升，老龄化加剧，政府难以维系日益增长的社会保障开支，1988 年和 1989 年相继颁布的《健康改革法》和《养老金改革法》成为这场改革风潮中的风向标，越来越多的政策法律更新换代。为了适应新的发展需求和政府的深度变革，1995 年农民老年援助法更名为农民老年保险，同年又颁布《社会护理保险法》，由此填补了社会保障体系最后一块空白。1998 年施罗德政府上台后对社会保障制度进行了较为激进的改革，如 1999 年颁布的养老保险改革法案调整和降低了养老金津贴水平、改革失业救济和促进就业政策、增加医疗保险中个人责任等，范围包括医疗、家庭援助、养老金、抚恤金和低收入税款津贴。不过改革并没有用新的方案取代传统制度，只是在原有制度框架内进行了适度的调整，实践证明，改革后的社会保障制度能够适应不断变化的社会和经济情况。① 经过不断的调整改革，德国形成了社会保险、社会

---

① 参见和春雷等著：《当代德国社会保障制度》，法律出版社 2001 年版，第 117 页。

福利、社会救济为主体的一整套社会保障制度。

（二）德国社会保障城乡一体化的现状和问题

1. 德国社会保障的现状

德国作为"福利国家"，经过长期发展，形成了一个完整的、内容十分广泛的社会保障利益平衡体系。德国社会保障体系由社会保险、社会福利和社会救济构成。德国社会保障秉承"通过保持收入避免贫困"的理念，实行全员全面保障原则，覆盖全体国民，社保资金由个人、雇主、国家三方共同负责，较好发挥了社会互助、激励员工工作和积极缴纳保险费的作用。其支付方式是基本保障和有限差别原则，保障基本生活水平，社保有层次但差别不大。社会保障有效地将国家中经济地位落后的人的生活风险降低，让他们也能拥有一个机会均等的发展平台，这有助于整个社会秩序的建立和人本思想的形成，从而避免了在市场竞争机制下贫富差距进一步拉大而形成的资本强权，通过保障社会基本需要而达到人与人自由平等有尊严地共享社会发展成果，共同促进社会安定与正义实现。

社会保险是德国社会保障制度最基本、最重要的组成部分。它由养老保险、疾病保险、事故保险和失业保险等险种组成。养老保险是在人失去劳动能力、年老乃至死亡的情况下保障其本人及家人的基本生活需要而产生的。依据法律全体公民都有资格参加养老保险，其中雇员必须参加养老保险，自由职业者和家庭妇女可自愿参加养老保险，前者是法定（义务）保险者，后者是自愿保险者。此外，部分收入不高的自由职业者和自雇者也是法定的义务保险者。除国家规定的养老保险外，雇主自愿为雇员办理补充保险。养老保险资金由保险者缴纳的保险费、雇主缴纳的保险费以及国家补贴构成。疾病保险是在疾病诊治和健康恢复背景下对其个人及其家属实现基本生活而产生的。依据法律规定，工人和规定工资收入标准范围内的职员必须参加医疗保险，不在此范围内的可自愿参加医疗保险。医疗保险资金主要为投保人缴纳的保险费，由劳资双方各付一半。政府负责失业者和核定的补助金,对矿工、农民、学生补贴保健补助金。失业保险要求所有工人和职员都必须参加,在强制的要求下从雇主和雇员的基本工资中提取并在政府补贴的情况下,对失业者提供救助帮扶,但各种自由职业者都不属于法定失业保险的范围。失业保险资金主要来源于雇员自己和雇主为雇员缴纳的失业保险费以及政府财政拨款。为了防止工伤事故和职业病,组织事故现场急救,帮助工伤受害者恢复就业能力,减轻事故后果,德国工伤保险将在政府的补贴下对受害者本人、家人及其遗属提供经济补偿。工伤保险实行由半私营性保险公司经营的强制性保险制度,工伤保险分为工业、农业和公用事业部门的保险,由各行业保险协会承担事故保险,主要机构有工商业同业合作社、农业同业合作社和公立保险机构等。①

德国是自保公助型社会福利国家。国家社会福利的原则是既强调国家或社会的互助,又强调个人的责任。国家实行广泛的社会福利,从生病、护理、事故和养老保障,到父母养育津贴、子女津贴、父母养育年假、大中小学生补贴和住房补贴等。长期以来,德国社会福利支出高于经济增长,一直占国内生产总值较大比重。联邦政府严格控制社会福利开支增长,一般保持在国内生产总值的30%左右。

德国社会救济是为那些家庭收入和财产不够维持基本生活的贫困者提供最低生活保障,使其能维持一种符合人的尊严的生活。社会救济是德国社会保障体系的最后"防御网",政府为贫困者提供多样社会救济方式:人道帮助,即提供咨询和必要照顾;物质帮助,即对老、弱、病、残、孕者提供帮助,例如为老人送养老院、为残疾人提供康复治疗等;资金帮助,不仅提供养老院和医疗费用,还提供吃、穿、用、失业救济金和为失业者缴纳医疗保险和养老保险费;等等。②

---

① 参见林闽钢主编:《社会保障国际比较》,科学出版社2015年版,第78—80页。

② 参见林闽钢主编:《社会保障国际比较》,科学出版社2015年版,第83页。

德国建立了一整套完整的、独立的农村社会保障制度。与其他福利国家不同的是,德国实行的不是全民统一的一元化社会保障制度,而是将农民与其他从业者区分开来,农民以其农业劳动者的具体身份获得相应权益。农村社会保障体系包括农业事故保险、农村养老保险和农村疾病保险等。在基本的工伤保险法出台仅仅两年之后,德国就将农民纳入工伤事故保险法的范畴,并及时通过立法实施。农业事故保险受保人为农场主及在农场工作的家庭成员;所有工人、领薪雇员和学徒工;在农业企业工作的其他人员。农业事故保险一是为因工伤事故或患有职业病的受保人提供医疗费用;二是帮助伤者康复并获得从事新职业所应具备的能力。资金一方面来自于农场主被征收的保险税,另一方面来源于政府补贴,其中农场主雇员及其家庭成员无需缴纳农业事故保险金。

1957 年,德国开始实施农民老年援助法,在 20 世纪末的社会保障改革中,这一项法律被正式更名为农民老年保障,并纳归入社会保险,主要是指针对独立经营的农场主及其共同从事农业生产的家人实行的一种特殊老年保障制度,对于农场主的津贴与补助主要来源于政府。农民老年保险的赔偿范围包括:工伤事故康复医疗;职业和家庭援助;年龄超过 65 岁领取的养老金、提前退休养老金及伤残救济金等;为低收入农场主或其在农场工作的有投保义务的家庭成员提供保险费津贴;等等。①

1972 年,德国农民疾病保险建立,保障对象是自雇农场主及其共同劳动超过 15 年的家庭成员。农民的妻子、子女和其他被赡养者参加农业疾病保险,在一定条件下免交保险费。与一般疾病保险不同,为了减轻农民负担,政府对农民疾病保险提供财政援助,受保险人只能选择农业保险金库,而不可以自由选择保险机构。农村医疗保险基金的赔偿范围包括:疾病诊疗赔偿、死亡赔偿;提高健康水平和预防疾病的保险。1995 年农

---

①　参见韦红:《德国农村社会保障政策的特点与启示》,《新视野》2007 年第
3 期。

村护理保险基金设在农村医疗保险基金之中,农民被纳入保障之列。

德国农村社会保障制度注重兼顾社会功能与经济发展功能。因其独特的农村结构和历史条件,德国的农村社会保障制度兼顾农民安全养老健康的社会功能和提升农业生产效率的经济发展功能,帮助德国实现重要的经济结构调整和体制机制改革。1970年到1990年之间,德国农村经济结构的调整就是通过调整农场主的退休年龄,将农场主的退休年龄从65岁降低到55岁,通过提前退休的方式,提早将土地转移给掌握新技术的年轻人经营。虽然让老年人提早退休需要提前领取养老金,但是实现了农业现代化改革,使得德国农业不仅没有退步,反而得到了长足的发展,以此实现产业结构乃至国家整体经济结构的调整。当然这其中也存在极大的困难与阻力,但是通过提供额外的农业结构性调整补贴(为移交土地放弃农业生产的转型人员或者因此促进农业发展人员提供养老金)给农民养老保险机构、提供企业年金给那些因产业结构调整或经济结构改革导致的破产或停业的农业企业及其企业内雇员及雇员家属,主要是那些年纪较大而又因此失去劳动岗位的家庭。因产业结构调整而劳动岗位变化的人还能得到转行补贴,这些农民因参加非农职业培训而产生的实际花销都将予以报销。

2. 德国社会保障存在的问题

20世纪90年代起,德国联邦政府也开始意识到社会保障制度改革的几个核心问题:政府赤字庞大导致的国家债务危机加剧、服务范围拓宽导致的医疗保险开支过大、人口老龄化发展导致的养老支出急剧增加、福利体系削弱经济增长严重影响企业发展、地区发展不平衡使得贫富差距并没有明显缓解。这些问题在德国社会保障制度不断完善的过程中都显得尤为突出。

社会保障收支不平衡,财务上难以为继。社会福利预算支出占国民收入的比重上升较快、持续增加,财政负担过重,到1992年德国的社会保障总费用已经达到国民生产总值的1/3,过重的财政负担再遇到不太景气的经济发展,使得国家对于经济的调控作用进一步缩小,在一定程度上又对经济发展产生了消极影响。

医疗保障服务范围过宽,医疗保障开支过大。随着医疗保障系统的持续完善,越来越多的人能享受到公费医疗的保障,但是随着医疗费用占社会福利支出和占国民生产总值的比重逐年升高,给公众带来医疗福利的同时,也给政府带来了沉重的经济负担。另一方面,医疗保障服务范围过宽、医疗开支过大也源于缺乏约束机制。

人口老龄化发展,养老支出急剧增加。养老金的代际转移支付办法(就业年龄人群所创造出来的收入来养活年老退休者)与现实就业岗位、资金积累、出生率等导致的人口结构变化不匹配,就业者与退休者的比例失衡,男女平均寿命的增长。人口出生率的下降和人类寿命延长趋势将使代际转移面临严峻挑战。

削弱经济增长,严重影响企业发展。联邦财政用于社会保障的支出以及雇主和雇员缴纳的社会保险费用过高,削弱了公共和私人投资能力,从而导致经济活力减弱,劳动参与率低、失业率增加,使得纳税人不堪重负。社会保障在一定程度上抑制了职工积极性的发挥。在德国无论有没有工作都可以得到最基本的生活保障,对一些人来说干与不干一个样,助长了懒人习气,导致没有人或很少有人愿意干低收入工作。

社会保障管理系统"官僚化"严重。德国保险机构林立,相应的行业机构和地区主管部门也显得十分繁杂,每一种保险、每一种职业类别都对应着一系列的机构设置及人员安排。在法定保险外,又有企业和私人保险机构。立法文件卷帙浩繁,普通公民难以掌握,立法太多,修改调整困难。特别是由政府主导的社会保障机构由于没有私募基金和同类竞争、单纯依靠财政支出、且一般机构设置层级过于累赘,一定程度上导致了官僚化的结果,应对这种服务质量有限且运营成本高、运营效率低的现状,去官僚化将成为这类组织结构的重要改革步骤。

地区发展差异,东西地域导致差距。德国东部的经济发展起点过低,地区发展不平衡,期望值也不平衡,统一社会保障制度,开辟新的资金来源,解决失业问题都是德国社会保障制度改革面临的问题。另外20多年来,包括教育、养老、医疗等巨额开支福利预算大多面向中产阶级,没有真正解决贫富差距扩大的事实,背离了调整财富分配的初衷。

为了摆脱上述困境,德国政府的改革主要措施有:严格控制社会福利开支的增长,使其低于经济的增长,保持占国民生产总值30%左右;进行医疗保险制度改革升级,控制医疗费用上涨,防止医疗资源浪费;增加养老保险的投保金率,提高领取养老金年龄,严格控制提前退休,以减轻养老保险的压力;推行了一系列劳动力市场改革措施,变革社会救助和失业保险条例,激励失业者从事灵活就业;调整财务结构,调节资源供给方,增加社会保障制度可供支配的社会资金,建立多层次、多渠道的社会保障财务结构的收入来源模式;发展私人保险,主张私人保险与社会保险展开竞争,作为社会保险的补充。①

(三)德国社会保障城乡一体化制度建设对我国的借鉴

德国之所以能够推进全国性的社会保险,最深刻的根源在于德国特定的阶级状况、历史传统和理论基础。德国之所以能够自上而下率先推进国家社会保险,是与其社会保险的传统分不开的。从最开始的自愿参加到后来在国家的干预下开始带有半强制的性质,这种历史进程使大众对社会保障问题有着较强的承受力,而且为推行现代社会保险政策提供了借鉴经验。改革开放以来,我国社会保障制度发生了重要变革,国情也发生了重大变化,面临人口基数大、新增人口多但整体生育率在逐年下降、国民普遍的寿命延长而导致老年人口数量和增长率的双升效应等挑战。根据全国老龄办最新统计数据,截至2017年年底,全国60岁以上老年人口达2.41亿,占全国总人口比重达17.3%,意味着我国已经进入老

① 参见林闽钢主编:《社会保障国际比较》,科学出版社2015年版,第86页。

龄化社会。因此德国社会保障制度建设对我国有重要启示。

　　加强对老年人的制度保障。《中华人民共和国老年人权益保障法》虽然已对老年人应享有的基本权利做出了明确的规定,但是为了应对老龄化日益加剧的现实,中国必须向德国学习,城镇养老保险要日趋规范统一,推进养老金的社会化发放,减少发放过程中的行政干预,实现企业离退休人员基本养老金的按时定量发放。通过鼓励发展个人储蓄养老拓展养老金的资金来源,通过鼓励提前退休者参加部分时间工作以减轻养老保险的压力,通过提高养老投保金和领取年龄严格控制养老保险的压力。农村养老保险更是要学习德国经验,要充分考虑农业生产的特殊性和政策性,在德国因为充分考虑到农业生产受天气和政策等影响而导致的不确定性与风险性的投入,所以区别于其他法定社会保险,农业保险不与投保人收入相挂钩而是受国家政策调控一般为固定状态,实行统一保险费的原则不考虑农民经营规模,缴纳与领取的金额数目都相同,只是根据对象不同缴纳时间有所不同。农业工伤事故保险也是这样,只是将今年的支付金额转移分摊到缴纳保险的义务人群中。养老和医疗保险与人力资源发展乃至国民经济发展密切相关,所以在农村养老和医疗上,德国从不吝惜注重保障援助,因为农业发展政策的特殊性与工业的市场化因素有明显的区别,所以德国经验告诉我们要坚持对农民养老和医疗保障援助。在产业结构转型调整的阶段,德国政府鼓励更多的农业劳动力进行职业转变,通过社会保障体系的灵活转变折算使得更多的农场主转变为工商业雇员,达到德国农村社会保障与普通社会保障的相互补充,实现农业现代化改革。曾经的德国农场主也像中国一样以家庭赡养为主,现在德国的养老保险制度改革以此为依托鼓励签订家庭赡养协议,鼓励低龄健康老人自己养活自己,对完全没有劳动能力、没有家庭收入来源的老人实施最低供养标准。中国的养老保险制度起步较晚,管理和实施措施还不够完善,面临的老龄化问题也日益突出,除了在养老方式上增加多样化的养老模式,如"异地养老""以房养老"等之外,还应该完善相关政策立法,更多地与中国国情相适应。

去"官僚化"改革,社会保障民营化社会化。社会保障民营化、公共服务社会化是我国改革的大趋势和总方向,重点在于政府职能的转化。在社会保障民营化的过程中,是在保持政府管理的同时适当加入社会组织、民营企业,不是全盘交给市场。萨瓦斯认为:"民营化不仅是一个管理工具,更是一个社会治理的基本战略。它植根于这样一些基本的哲学或社会信念,即政府自身和政府在自由健康社会中相对于其他社会组织的适当角色。""强化保护集体福利的规则;确保公开竞争;运用市场力量,减少不切实际的控制和对企业的不必要管制。"①民营化是借助社会力量发挥民营企业优点而实现善治的有效途径,其并没有为政府减轻责任,而是让政府承担了更多的职责,"担负起监督具有自然垄断特性或对国计民生具有重大影响的民营化企业的责任"。具体的消除不合理管制,为社会保障社会化创造良好的法律环境;同时政府也要对社会化进行一定的规则;倡导公共服务的需求侧导向,明确社会保障的根本原则。

深入推进城乡一体的社会保障制度建设。德国的社会保障制度建设的历史表明,要想实现更有效的收入分配效率、促进社会公平、实现国民幸福,我们就要有完善的社会保障制度。制度是根本性、全局性、稳定性、长期性的问题。在正视问题和化解矛盾的基础上切实保障人民权益。保障低收入群体而缩小贫富差距是社会救助的主要功能,保障劳动者的基本养老、医疗、失业、工伤从而缓解劳资冲突,是社会保险的重要体现。福利范围越来越广,涵盖更多职业和受保人从而保证社会各个群体都能享受国家发展成果是社会福利的深刻内涵。德国目前已经建立了立法、决策、管理、预算编制和具体执行的各负其责又相互制约的社会保障管理体制。议会负责立法,政府部门监督执行,各类社会保障协会具体管理。不

① [美]萨瓦斯著:《民营化与公司部门的伙伴关系》,周志忍译,中国人民大学出版社2002年版,第2页。

同层次的社会保障项目几乎覆盖了所有社会成员。中国的城乡一体化制度建设在管理监督体系的建设方面尚不够完善,决策与管理的过程还存在瓶颈,农村信息化系统亟须加强建设。

必须坚持社会保障的公正性。从德国社会保障发展的历程我们可以看到,公平正义作为社会保障基本价值观贯穿社会保障制度建设始终,政府希望实现对所有人同等价值和尊严,努力争取平等分配社会资源,反对各种形式的阶级差别和所有形式的歧视。社会保障作为一种公平分配社会财富、缩小贫富差距、保障弱势群体基本利益的调节机制和制度安排,客观上要求我们必须以公平正义作为我国社会保障制度设计和制度实践遵循的价值原则。我国城乡分割社会保障制度,长期忽视农村居民的社会保障权益,有悖于社会保障的公平属性,因此,必须统筹城乡社会保障发展,加快农村社会保障体系建设步伐,加快建立新型农村社会养老保险制度,完善农村"低保"制度,提高"新农合"医疗待遇水平。

农村社会保障应注重兼顾社会功能和经济功能。在德国,农村社会保障制度和政策具有双重功能,既要保障农民生活需要和安全的社会功能,又要促进产业结构调整、提升农业现代化的经济功能,两者相互协调,力争保持"公平"与"效率"得以平衡。经济基础决定上层建筑,社会保障制度要与经济发展相适应,社会保障体系作为国家法律体系中的一个重要环节一定要与国家经济发展建设的水平相适应。一方面,经济发展水平没有跟上社会保障制度的建设,会给政府财政乃至整个国民经济加上沉重的负担;另一方面,社会保障制度的建设停滞不前落后于经济发展,对于社会经济的发展将产生严重的制约作用。认识德国的社会保障历史,我们发现当战后和平环境经济复苏之后,德国的社会保障制度也随着经济的繁荣发展而不断完善,但是当遇到经济发展上的瓶颈时,社会保障脱离政府的可控范围,与经济基础没有适当地进行匹配,随之带来了制度危机,相应的福利政策也做了对应的调整。党的十九大以来,中国的社会主要矛盾已转为人民日益增长的美好生活需要和不平衡不充分的发展之间的矛盾,在经济发展水平上我们距离发达国家仍有不小的差距,地区经济发展特别是农村地区的经济发展还很落后,很多公共基础设施还没有得到充分建设,经济发展仍然是我们的第一要务,在实现社会保障制度的完善过程中,兼顾促进农业现代化和提高农业发展效率应该成为我们结合中国国情讨论社会保障制度的基础。因此,在设计我国农村社会社会保障制度时,既要考虑"社会公平",还必须有助于提升"经济效率",成为实现全面建设社会主义现代化国家的一个有力手段。因此,农村社会社会保障在增进社会公平和农民社会福利的同时,应促进农地流转和集中,扩大农业经营规模和提高集约化程度,促进农业产业结构调整和农业农村发展,推进城乡劳动力的流动和转移,加快城市化的发展步伐,等等。

二、韩国社会保障城乡一体化制度建设及借鉴

韩国位于朝鲜半岛南部,总面积约 10 万平方公里,总人口约5041.85 万(2014 年)。1945 年,为了救助战争造成的难民,韩国开始关注社会保障制度的建设。大韩民国成立后,伴随着经济的不断发展,韩国社会保障制度不断发展完善,逐渐形成了比较系统的现代社会保障制度,包括养老保障制度、医疗保障制度和其他社会保障制度。社会保障作为民生之本,是我国社会主义建设的重要方面。当前,我国正处于社会保障制度建设关键期,深入了解韩国城乡社会保障制度建设,将为我国社会保障制度的城乡一体化建设提供有益借鉴和重要启示。

(一)韩国社会保障城乡一体化的发展过程

韩国社会保障制度的发展大致可分为四个时期:经济恢复时期(1945—1959 年)、经济起飞时期(1960—1979 年)、经济持续发展时期(1980—1997 年)和经济危机以后(1998 年至今)。韩国社会保障制度在不同的经济发展时期呈现不同的特点。随着经济的不断发展,韩国社会

保障制度领域不断扩大,社会保障制度的城乡一体化建设逐步完善。

1. 经济恢复时期的韩国社会保障

1945 年韩国独立,受战争等因素的影响,韩国政府无力提供全面的社会保障,只限于对战争造成的难民进行应急性救助。在社会保障制度的建设上并没有投入太多,完整的、系统的社会保障制度体系没有形成。社会保障制度基本沿用日本在朝鲜颁布的《朝鲜救护令》。1948 年大韩民国成立后,主要是沿用美军政时期的救护措施。但韩国在这一时期仍制定、颁布了一些社会保障的相关法律。如《国家公务员法》(1949 年)、《国民医疗法》(1951 年)等。

2. 经济起飞时期的韩国社会保障

这一时期韩国经济开始起飞,韩国社会保障制度基本形成。60 年代,出于政治需要,韩国政府开始积极开展社会保障的立法活动。在养老保障方面,1960 年,韩国颁布《公务员年金法》,随后在 1963 年又制定并颁布了《军人年金法》,并在 1973 年颁布了《私立学校教员年金法》,这三个法律的颁布标志了韩国公共年金制度中特殊职年金制度的基本确立。同年,当时韩国的保健社会部(现为保健福利家庭部)和经济企划院(现为企划财政部)制定了《国民福利年金法》并得到国会的通过。"当时制定的国民福利年金制度为二元化体系,即分为以一般被雇者即职工为对象的职工年金保险制度和被雇者以外者(18 岁以上、不满 60 岁的自营业者和被雇者之妻等)为对象的国民年金制度。"[1]国民年金制度的实行标志了韩国公共年金制度的正式形成。在医疗保险方面,1963 年韩国公布了《医疗保险法》并在 1970 年对其进行修改,把适用对象从职工扩大到全体国民,但这一制度并没有实施。直至 1976 年对《医疗保险法》进行了全面修改,才开始对工薪阶层实行。同时在 1977 年制定了《公务员及私立学校教职员医疗保险法》。至此,韩国的医疗保险事业开始真正

---

① 金钟范编著:《韩国社会保障制度》,上海人民出版社 2011 年版,第 37 页。

起步。

这一时期韩国的社会保障制度发生了重大转变,虽然一些制度由于财政等各种因素的影响,付诸实施的很少,并没有全面实行,但是韩国的社会保障已逐渐从补充性福利模式转向制度性福利模式。

3. 经济持续发展时期的韩国社会保障

这一时期韩国经济持续发展,社会保障领域进一步扩大,社会保障制度进一步发展。在养老保障方面表现为对《国民福利年金法》的修订。1986 年韩国政府对原来的《国民福利年金法》进行修订,更名为《国民年金法》,并于 1988 年开始实施,并不断扩大其适用者范围。从实行初期以全国 10 人以上企业(单位)的职工为对象扩大到 1992 年以 5 人以上企业(单位)的职工为对象,并在 1995 年扩大到从事农业和渔业的农村居民。值得一提的是,1995 年韩国引进的农渔民年金制度曾引起一定的争议。"当时,韩国农村经济研究院提出要为农渔民新设分离的独立型农渔民年金制度,韩国开发研究院则提出以现行国民年金制度的基本框架为基础引进农渔民年金,形成显著对立。另外,韩国人口保健研究院(现保健社会研究院)又提出通过引进基础年金制度使国民年金制度扩大到全国民。"①最后,结合国内社会经济发展实际和国外农渔民制度的经验,韩国政府在既有的国民年金制度框架中增加了农渔民年金制度。医疗保障方面则体现为注重农村医疗福利的发展。《第六次经济社会发展五年计划(1987—1991 年)》把医疗保险的对象扩大到全体国民,同时逐步把韩国医疗保险推广至全国。1981 年,韩国在农村进行强制性医疗保险试点。1988 年,把农渔村地区纳入医疗保险,同时 5 人以上的单位(企业)都要实施医疗保险。1989 年,城市地区的个体经营者开始实施医疗保险,韩国医疗保险逐步扩大到全国,由此也迎来了韩国全民医疗保险的时代。

4. 经济危机以后的韩国社会保障

1998 年以后,韩国经济重新恢复发展,社会保障制度也开始全方位

---

① 金钟范编著:《韩国社会保障制度》,上海人民出版社 2011 年版,第 39 页。

发展。由于韩国社会保障制度的框架已经形成,这一时期的社会保障制度主要体现为整合和提升,具体表现为医疗保险的进一步整合。公务员、私立学校教职员医疗保险和227个地区医疗保险组织整合为"国民医疗保险管理公团"。随后,依据修改的《国民健康保险法》,韩国在2000年开始实现全国医疗保险组织的整合,国民医疗保险公团和139个单位(企业)又组合为主管全国医疗保险相关事宜的"国民健康保险公团"。另外,社会保障相关制度也不断改善。国民年金制度覆盖到了全体劳动者。90年代,韩国医疗保险也得到进一步发展。1998年,农村开始强制实施医疗保险,90%的农民加入了医疗保险。

(二)韩国社会保障城乡一体化的现状和问题

1.韩国社会保障城乡一体化的现状

经过几十年的不断发展,韩国建成了比较系统、完善的现代社会保障制度,社会保障制度的城乡一体化建设成果显著,主要表现为养老保障制度、医疗保障制度的一体化发展。

韩国养老保障制度是社会保险和社会福利相结合的养老保障体系。养老保障体系包括社会保险性质的公共年金制度和社会福利服务性质的养老保障制度两部分。第一部分为社会保险性质的公共年金制度。社会保险性质的"公共年金制度是为应对日常生活中因老龄、事故、疾病或残疾等永续性生活障碍而导致的收入中断或收入减少等情况,让人们在有能力可工作的期间定期缴纳保险费,并在发生永续性生活障碍后为人们支付一定金额的生活保障方式"①。公共年金制度是韩国养老保障制度的主要内容,包括特殊职业年金制度和国民年金制度。特殊职业年金制度以特殊职业为适用对象,包括公务员、军人、私立学校教职员等。按照适用对象的不同,特殊职业年金可分为公务员年金、军人年金和私学年

---

① 金钟范编著:《韩国社会保障制度》,上海人民出版社2011年版,第35页。

金。公务员年金的资金来源为公务员贡献金和政府承担金。其中,公务员贡献金为公务员每月缴纳月报酬的8.5%,政府承担金为政府缴纳同样金额的资金。给付类型分为长期给付和短期给付。公务员年金管理组织分为运营体系和年金委员会两类,主要业务管理部门为公务员年金管理公团。军人年金的资金主要来源于军人缴纳的贡献金、政府承担金等。其中贡献金为军人每月缴纳月报酬的8.5%,承担金为政府承担同样金额。给付类型分为退职给付、遗嘱给付、灾害补偿给付、退职津贴等。军人年金制度由国防部军人年金队运营。私学年金的资金由教职员、学校、国家承担。教职员需缴纳月报酬的8.5%,学校或国家承担同教职员相同的金额。给付分为长期给付和短期给付。在组织管理上由私学年金管理公团负责管理。

国民年金制度是覆盖除去特殊职业以外的广大国民的基础性年金制度。"国民年金以18—60岁的一般国民为对象,包括私人雇员、城市自雇者和农渔民,上述人员的无收入配偶可自愿加入。"①国民年金加入者可划分为单位(企业)加入者、地区加入者、自愿加入者和自愿继续加入者。单位(企业)加入者即加入国民年金的单位(企业)年龄在18—60岁的雇主和职工。从最初的雇佣10人以上的单位扩大到1995年的雇佣5人以上的单位,为强制实施。而在地区内18—60岁的居民中非单位(企业)参保者即为地区加入者,并在1995年扩大到农村,1999年扩大到城市自营业者。这里需要提及的是,"农民加入国民年金保险,分为当然适用对象和任意使用对象。当然适用对象分3种:当然加入者为23岁以上60岁以下有收入者;本人申请地域加入者为18岁以上23岁以下农村自营业者;特别适用地域加入者为60岁以上65岁以下农民。任意使用对象为当然适用对象中的加入者和其他公共年金加入者的配偶而不从事其他

---

① 林闽钢主编:《社会保障国际比较》(第二版),科学出版社2015年版,第165页。

收入活动者"①。自愿加入者为非单位（企业）加入者和地区加入者的人，可在 60 岁之前申请参保成为自愿加入者。自愿继续加入者为参保人参保不到 20 年，但年龄超过 60 岁，可到 65 岁为止自愿申请继续参保。

　　"韩国的国民年金被视为所有保障制度的核心，在年老后所得补偿体系中起最重要的作用。"②其在资金筹集上采用公积金的方式。从 1988 年开始，国民年金的保险费每 5 年调整一次，原则上一切费用由加入者负担。在国民年金加入者中，地区加入者按家庭收入的 6% 缴纳，单位加入者按 9% 缴纳（雇主和雇员分别承担 4.5%），农民和渔民则会得到政府的小额补贴，补贴额为最低保险费 6600 韩元的 1/3。按支付方式的不同，国民年金的给付类型可划分为每月定期支付的年金给付和一次性支付的总付金给付。其中，"年金给付包括基本年金额和增发年金额。基本年金额是对年金加入者个人交纳的国民年金的给付，增发年金额是对年金加入者的配偶或子女及父母的给付"③。年金给付主要用于老龄年金、伤害年金、遗属年金。总付金给付则包括返还总付金、死亡总付金。老龄年金需参保 20 年，男 60 岁、女 55 岁开始得到支付直到死亡。遗属年金和伤害年金则根据加入时间和残疾程度，按基本年金的一定比率加上增发年金额计算决定。保健福利家庭部为国民年金的主管部门，其具体事务由国民年金公团执行。国民年金公团为法人形式，同时还有国民年金审议委员会、国民年金基金运营委员会、国民年金基金运营实务评价委员会、国民年金审查会等部门对其进行决策和监督。

　　第二部分为社会福利服务性质的养老保障制度。作为韩国养老保障

---

　　①　林闽钢主编:《社会保障国际比较》（第二版），科学出版社 2015 年版，第 165 页。

　　②　穆怀中等著:《发展中国家社会保障制度的建立和完善》，人民出版社 2008 年版，第 234 页。

　　③　林闽钢主编:《社会保障国际比较》（第二版），科学出版社 2015 年版，第 165—166 页。

体系的一部分,社会福利服务性质的养老保障制度主要服务于65岁的老年人,其中低收入老人、患有疾病的老人、独居老人为服务的重点。社会福利服务性质的养老保障制度由养老收入保障、养老健康保障、养老支援事业三部分组成。(1)养老收入保障。养老收入保障具体包含基础老龄年金制度和老人职业岗位扩充事业两部分。基础老龄年金是国家为了报答老人在发展国家和抚养子女方面付出的劳动而设立的制度。基础老龄年金是保障老人收入的重要措施,是养老收入保障制度的主要内容。老人职业岗位扩充事业是韩国政府为了提高老人的生活质量、减轻国家的赡养负担等从而为老人提供合适的职业岗位。(2)养老健康保障。养老健康保障以老人长期疗养保险为主要内容。老人长期疗养保险不分贫富状况,以全国范围的老人为适用对象。并以65岁以上老人和65岁以下患有痴呆、瘫痪等老年性疾病的国民为主要给付对象。给付类型主要包括在家给付、设施给付和特别现金给付。老人长期疗养事业的资金筹措由长期疗养保险费、本人承担费用、国库支援构成。其中老人长期疗养保险费以国民健康保险额乘以长期疗养保险费率计算;本人承担费用按照给付类型的不同,具体为承担在家给付总额的15%,设施给付总额的20%。国库支援则由国家和地方政府分担。为了满足老人长期疗养保险的实物给付,韩国政府积极发展入住疗养设施、在家服务设施和在家老人支援中心。另外,为了预防老人疾病和增进老人健康,韩国还对老人实施健康检查、眼睛检查、痴呆症免费精密检查等。(3)养老支援事业。养老支援事业主要表现为敬老优待制度。敬老优待制度优待老人,为老人提供福利,从而解决社会发展所带来的老人问题。此外,还包括对老人居住福利设施、老人闲暇福利设施的支援等。社会福利服务性质的养老保障制度旨在保障老年人的身心健康和生活稳定,其主要依靠政府预算运营。韩国保健福利家庭部和相关地方政府部门是其主管和服务部门。

强制性全民医疗系统为主体的医疗保障制度。韩国医疗保障制度包括国民健康保险、医疗给付事业、产灾保险的疗养给付三部分。其中国民健康保险和医疗给付事业构成韩国的全民医疗保障系统。国民健康保险是韩国全民医疗保障系统的主要内容,根据《国民健康保险法》规定,国民健康保险的适用对象为"参保者"和"被抚养者"。"其中,参保者分为企业(单位)参保者和地区参保者。职工和雇主、公务员和教职员全体人员成为企业(单位)参保者;参保者中企业(单位)参保者和其抚养者(即被抚养着)以外的成为地区参保者。被抚养者指主要依赖企业(单位)参保者维持生活的没有报酬或收入者。"①国民健康保险的资金来源为参保人的保险费及国库补助。其中,企业(单位)参保者实行比例定率制,保险费为参保人标准月报酬的3%—8%(平均3.5%)之间,参保者和单位各承担50%。地区参保者的保险费则根据收入、财产、生活水平等因素实行定额制,按户征收,由参保人自行承担。关于农村医疗保险费的筹集,"韩国政府1987年修订的医疗保险法规定韩国农村医疗保险经费筹集由农民家庭支付50%,政府支付50%,而占农民总数10%处于贫困线以下农民的医疗保险费,一部分由政府通过提供医疗救济来负担;2005年颁布的《白皮书》规定农村地区医疗费用来自于国库财政支持,其余来自于农民交纳的保险费和烟草税总额的10%"②。国民健康保险的给付类型主要分为实物给付和现金给付。前者是针对参保者及其抚养者的医疗、分娩等的医疗给付和健康检查。医疗必须在指定医院,医疗费用部分由健康保险负担,部分由参保人承担,具体情况为在门诊需自付医药费30%,在一般医院需付50%,在综合性医院则需付55%。但是规定性费用,如挂号费,需要参保人自行承担。另外在住院期限上,保险协会规定每年最多支付180天的住院费用,超过的部分费用自理。后者包括残疾人用具给付、丧葬费、分娩津贴及本人负担额补偿金等。韩国的医疗服务体系分为中、大、全国三个医疗圈,提倡就近求医,可经中、大医疗机构转

---

① 金钟范编著:《韩国社会保障制度》,上海人民出版社2011年版,第89页。

② 高雪萍:《中国农村人类发展中的财政支持研究》,江西财经大学博士学位论文,2011年。

至全国医疗机关就医。如违反此规定,医疗费由个人承担。韩国国民健康保险事业由保健福利部长官主管,国民健康保险公团则履行其基本、主要的事务。另外,健康保险审查评价院和健康保险政策审议会协助国民健康保险公团处理相关事务。在韩国,农村社会保险社团共 156 个,它们在行政管理和资金上独立经营。

医疗给付事业作为韩国全民医疗保障系统的组成部分,其适用对象为没有经济能力的,处于最低生活费以下的国民。韩国把得到医疗给付资格的人称之为医疗给付权益人,根据不同的情况医疗给付权益人又分成两种不同的类型。因为医疗给付事业具有公共扶助的性质,在医疗给付上主要靠政府的财政支援。另外,根据医疗给付权益人的不同类型,在医疗给付上承担不同程度的负担金。医疗给付事业的运营机构为保障福利家庭部、地方政府、国民健康保险公团及健康保险审查评价院所分管。

产灾保险的疗养给付不属于韩国全民医疗保障系统,它有其自身的特殊性。产灾保险的疗养给付只适用于因产业灾害造成的医疗问题,以治疗职工因产业灾害造成的伤病,使其恢复劳动能力为目的。产灾保险的疗养给付原则上为实物给付,其给付范围主要包括诊疗费用、诊疗材料、药剂、手术、移送费用等。企业职工从伤病发生到治愈,其间发生的全部医疗费用均由医疗给付支付。但伤病在 3 日内可治愈时,则由雇主支付医疗费用。

2. 韩国社会保障制度存在的问题

韩国现代社会保障制度取得了很大的发展成就,但在韩国社会保障制度的发展过程中仍存在着一些问题。

制度公平性体现不足。韩国社会保障制度在发展过程中,制度的公平性体现不足。以公共年金的适用对象为例,公共年金的适用对象最初是从特殊职业开始的,并不包括其他民众,后来才涵盖了企业职员,直到 1995 年才扩大到农村,1999 年扩大到城市自营业者。由此可见,韩国公共年金制度缺乏一定的公平性,最初只维护了特殊职员的利益。另外,在医疗保险领域也有不公平的体现。企业健康保险的财务状况较好,而地区健康保险在财政补贴的情况下财务状况依然比较紧张。同时,在农民医疗保险的经费投入上,政府投入经费比较少,农民的医疗保险负担较重。

年金收入支出不均衡。年金收支不均衡是韩国年金制度发展中出现的突出问题,韩国各年金制度在发展中几乎都出现了这一问题。国民年金在发展的初期,年金收入大于支出,呈现盈余状态。但国民年金发展的日渐成熟及韩国老龄化发展带来的压力,国民年金的收支差逐渐变小,年金支出日渐大于收入,收支呈现不均衡状态。另外,1999 年公务员年金收支出现了巨额赤字,后来虽出现了短暂盈余,但仍无法扭转赤字不断扩大的局面。同时,年金收支的不均衡还体现在军人年金上,军人年金在发展中也出现了财政赤字问题。

医疗资源分布不均衡。韩国的医疗服务体系分为中、大、全国三个医疗圈,提倡就近求医。韩国的农民不愿意在基层医疗机构就医,因为相对于城市丰富的医疗资源,韩国农村的医疗资源比较匮乏,医疗服务水平也比较低。农民如果直接到中、大医疗机构或全国医疗机关就医,就会因为违反就近求医的规定,个人承担医疗费。从这一角度看,医疗资源分布的不均衡一定程度上损害了农民的利益。

（三）韩国社会保障城乡一体化制度建设对我国的借鉴

韩国在几十年的时间里建成了覆盖全体国民的养老保障制度和医疗保障制度,社会保障体系逐步完善、水平不断提高。中国与韩国同属东亚国家,两国在社会文化等方面有一定的相似性。目前我国的社会保障制度还存在一些问题,研究韩国养老保障制度、医疗保障制度的城乡一体化发展,将为我国社会保障制度建设提供重要借鉴和启示。

首先,重视我国社会保障的法制建设。韩国社会保障制度总是立法先行,尤其是在经济落后时期,韩国政府就开始制定养老、医疗方面的法律法规,这为以后韩国社会保障制度的发展奠定了法律基础,使社会保障制度的运行有法可依、有章可循。我国在社会保障制度的建设过程中,要重视社会保障的立法工作和制度建设,不断完善我国社会保障体系,同时积极推动已有社会保障制度的贯彻落实。另外,我国养老保障制度包括新型农村养老保险、城镇居民养老保险、企业职工养老保险、公务员养老保险、事业单位职工养老保险多种类型,养老保障制度不统一,呈现碎片化现象。所以,我国在逐步完善社会保障制度的同时还应促进不同养老制度的一体化发展。

其次,促进我国社会保障的城乡一体化发展。韩国公共年金制度由特殊职业年金制度和国民年金制度组成。除去特殊职业外,国民年金覆盖了其余的广大国民。该模式没有城镇居民和农村村民之别,进而优化了管理方式,缩减了因城乡保障制度不一致而导致的繁琐程序。由于我国养老保障制度的城乡二元化,城镇和农村分别实行城镇居民养老保险和新型农村社会养老保险。这一模式下,无论保障待遇还是给付水平,我国城镇居民都优于农村村民,造成了我国社会保障制度城乡之间的不公平问题。随着我国城乡一体化的不断发展,农村村民逐步转化为城镇居民,我国政府不妨在这一转化过程中,将特殊职业之外的城镇居民和农村村民纳入同种养老保险模式,统一管理。对于没有能力缴纳养老保险费用的农村村民,由国家进行补贴扶持,这也有利于我国社会保障制度的城乡一体化发展。

再次,强化对老年人的福利性养老保障。韩国社会福利服务性质的养老保障制度有力保障了老年人的生活水平,稳定了社会发展。"进入2000年后,韩国政府将家庭老年人福利领域列为地方政府的重点工作,并统一福利设施名称,建立老年人长期疗养保险制度,通过法律来为老年人提供长期疗养保障,逐渐形成制度化的保障工作。"[1]在人口老龄化背

---

① 李天国:《经济转型、收入差距与社会保障政策:韩国政府的探索》,《东北亚学刊》2016年第11期。

景下,受经济发展、家庭结构等因素的影响,我国"空巢老人""留守老人"日渐增多。面对这一社会问题,我国可以借鉴韩国为老人提供更多的社会福利服务,在为老人提供基本养老保障的同时发展与老年人相关的产业,促进高素质、精技术的退休人员重新就业,增加老人收入。此外还应大力发展公共福利事业,保障老年人特别是农村老人的社会福利。

最后,不断强化政府在社会保障中的责任。韩国政府在其社会保障制度的发展过程中发挥了重要作用。韩国实行强制性全民医疗保障制度,国民都被涵盖在全民医疗保障体系之下。而我国医疗保险遵循自愿参加的原则,未参加医疗保险的人员一旦出现重大疾病,就可能会"因病致贫"或"因病返贫"。鉴于此,我国应参考韩国全民医疗的有益经验,发挥政府在医疗保障中的主导作用,在财政上对社会保障进行统筹管理,不断加大对社会保障的财政支持力度,特别是农村社会保障的资金投入,不断促进我国城乡社会保障资源的均衡发展。

三、俄罗斯城乡社会保障制度建设及借鉴

俄罗斯在经历政治巨变、经济转轨之后,政府为保证民生、稳定社会秩序,彻底扬弃了苏联时期的社会保障制度,建立起与新经济体制相适应的社会保障体系。俄罗斯在养老、医疗及其他社会救助方面都形成了较为完善的体制,能够适应经济发展并保证全体社会成员最低生活水平。作为改革发展中的中国,我们也面临社会保障体系改革问题,研究俄罗斯社会保障体系,分析利弊,可为我国社会保障制度改革提供经验借鉴。

(一)俄罗斯城乡社会保障历史发展

自 1917 年十月革命胜利,建立苏维埃共和国后,俄罗斯社会保障制

度逐步建立,俄罗斯社会保障制度发展大体经历了三个时期:苏联时期、叶利钦时期和普京时期,在每个时期社会保障制度都有不同的表现与内涵。

1. 苏联时期的社会保障历史沿革

苏联作为社会主义国家,各项社会保障制度都体现了国家总揽一切的特点,尤其是养老金制度和医疗制度,发展趋势从城市开始逐渐覆盖农村。当时的苏联在社会保障方面采取国家包揽一切的政策,是典型的国家保险型养老保障制度。自 1917 年苏维埃政府成立,颁布了一系列社会保障条例。为同高度集中的计划经济体制相适应,苏联的养老金制度由国家统一筹资并实行高度集中管理,是国家统筹型养老保障制度。新政府成立之初,规定国家要为劳动者和为国家做出贡献的伤残人员发放养老金和伤残抚恤金。1956 年,《国家退休法》规定,退休养老基金来源于企业上缴的税费,由国家统一负责发放。在农村养老方面,1965 年通过《集体农庄庄员养老金和补助费法》,集体农庄庄员也能享受养老金。1987 年《进一步改善集体农庄庄员老残抚恤金待遇法》旨在进一步缩小集体农庄庄员与国有企业员工在社会保障方面的差别。退休金由四部分组成:职工退休金、集体农庄庄员退休金、科学工作者退休金和有特殊贡献者退休金。养老金制度在前期发挥了重要作用,但由于 20 世纪 80 年代后期苏联经济增长速度缓慢,再加上退休人员增多,国家财政无法负担,养老金制度已经不能继续运作。

1918 年苏联确立了对所有居民实行免费医疗救助的原则。在这种制度下,全民免费享受医疗服务,1918—1924 年医疗资金来源于雇主缴费和税收,1924 年保险公司和医疗服务机构实行国有化,苏联确立了预算统一拨款和医疗救助统一管理模式,这种模式一直运行到 1989 年。①

---

① 参见高际香:《俄罗斯民生制度:重构与完善》,科学文献出版社 2014 年版,第 98 页。

但是由于经费不足、设备落后、药品短缺、服务水平低等问题,俄罗斯大部分居民并不能真正享受高质量的免费医疗,而对医疗机构来说,免费医疗带给医疗机构的只有支出和消耗,并不能带来收益。由于医生的收入与患者并没有关系,在苏联时期,医疗水平低,医护人员服务热情不高,很多医生都接受"灰色收入",这就导致低收入人群享受医疗服务的水平大打折扣。免费医疗实际上是为"有钱人"提供便利。在失业保险制度方面,苏联实行普遍就业政策,不存在失业,因而没有建立失业保障制度。但政府非常重视残疾人的就业问题。"政府先后颁布《劳动者社会保障条例》《残恤金条例》,由政府统一管理残疾人的生活与就业。1973 年和 1974 年苏联政府分别提高了残疾人和残疾军人的优抚金。"①

2. 叶利钦时期俄罗斯社会保障制度改革

苏联解体后,由于国家经济衰退,财政无法一力承担社会保障重担,叶利钦开始寻求养老保障体系和医疗制度的改革。此阶段的社会养老保障制度总体上并无城乡之分,区别在于缴费率的差异。叶利钦时期养老保障制度改革始于 1990 年。苏联解体后,俄罗斯采用"休克疗法"和激进的私有化手段,国家在私有化过程中,把大部分企业 51% 的股份以企业普通股账面价值 1.7 倍的价格转让给管理者和职员②,导致国家税收急剧减少,使得社会保障资金来源不足。另一方面通货膨胀导致养老金购买力下降,叶利钦政府不得不进行养老金制度改革。在此期间,建立了现收现付养老保险制度。现收现付制(pay as you go)是一种养老保险负担代际转移的养老制度,用当代职工的缴费来养活当前已经退休的上一代老人,在这种制度中,参保者按照工资收入的一定比例缴纳给国家,退

---

① 许艳丽:《俄罗斯社会保障制度》,中国劳动社会保障出版社 2017 年版,第 81 页。

② 参见许艳丽:《俄罗斯转轨中的经济和社会问题与养老制度改革》,《财政研究》2009 年第 12 期。

休后按一定的养老金替代率①按月领取养老金,在职期间缴纳费用并不和未来领取的养老金数额直接挂钩,这种制度最大的优势是在短期内能够缓解国家财政压力,但损害了参保者的利益,并引发代际矛盾。②

叶利钦时期对养老金的改革分两步走。1990 年 11 月,俄罗斯通过《俄罗斯联邦国家养老金法》,规定养老保险不与国家预算直接挂钩,由俄联邦预算外自治养老基金(FER)进行管理且不得挪作他用。1991 年通过了《俄罗斯联邦养老基金法》,主要有以下内容。一是提高养老金的最低标准,实行养老金指数化,同时根据物价变化每三个月做一次调整,防止通货膨胀导致养老金水平下降。二是从完全由国家拨款到由国家、企业和个人三方共同承担。该法规定享受养老金待遇年龄为男性 60 岁,女性 55 岁。企业雇主按工资总额的 31.6% 缴纳费用,农场主按工资总额的 20.6% 缴纳,工人和公司职员按本人工资的 5% 缴纳,其他人员按 1% 缴纳。③ 由于缴费比重较大,从 1993 年 1 月起改为企业按工资的 28% 缴纳,个人缴纳工资的 1%。三是改变养老金的计算方式,按照最后 15 个工作年的前 5 个月的平均收入来计算,新的养老金由两部分组成,一部分是按最低生活标准或平均收入发放,这个数额是固定的,另一部分是浮动的,跟本人工龄和收入挂钩。四是国家强制的退休保险制度与自由退休保险制度相结合。五是 1992 年 7 月通过了《俄罗斯联邦非国家养老基金法》,设立了第一批非国家养老基金。这些举措在一定程度上减轻了国

---

① 养老金替代率:养老金替代率是指退休者领取的养老金与其退休前工资收入或当期在职工作人员平均工资水平的比率。养老金替代率的高低反映了一国养老保险的水平,同工人退休前缴纳的养老保险数额相关联,各级政府也会根据实时的经济状况适当调整。养老金替代率的高低在客观上反映了退休职工与在职职工的收入对比,体现着社会公平程度。

② 参见穆怀中主编:《社会保障国际比较》(第三版),中国劳动社会保障出版社 2014 年,第 77 页。

③ 参见夏风、郑桥:《俄国养老金改革方案的争论》,《当代世界与社会主义》2001 年第 3 期。

家财政的压力,收支关系十分明确且社会互济功能强,但由于俄罗斯在经济转轨过程中出现了严重的经济危机和人口危机,导致这一制度举步维艰。为此,政府不得不对养老保险制度进一步改革。

1995年俄罗斯政府采取世界银行建议,接受"三支柱"养老保障制度改革思路。1997年希望按照世界银行提出"三支柱"模式对养老金制度进行根本性变革,准备由现收现付制过渡到完全基金积累制。① "三支柱"模式具体构想如下:第一支柱是社会养老保险,由政府财政负担无力缴纳养老保险费的贫困人群的保险费用;第二支柱是强制养老保险,是最为重要的部分,主要来源于企业和职工缴费及基金收益,要求所有雇员必须参加并建立个人账户;第三支柱是补充养老保险,也被称为职业年金计划或企业年金计划,由雇主自愿建立,工人自愿参加,采用基金制的个人账户管理方式。但由于完全积累制加重在职职工压力,最终这项改革提议未获批准。

1998年俄罗斯爆发金融危机,养老基金收入锐减,现收现付制无法正常运转。1998年5月,俄罗斯政府决定将部分基金积累制与其相结合,即"强制养老保险"包括现收现付部分和积累部分。前者采用名义缴费确定型(NDC),由国家财政和企业负责缴费;后者采用缴费确定型(DC),企业和个人共同负责缴费。但新的方案因遭到议会抵制而未能通过。② 在这一阶段,俄政府养老金改革并未完全摒弃现收现付制的弊端,再加上经济动荡、人口老龄化严重,养老金制度改革并未取得实质进展。

叶利钦执政期间,俄罗斯医疗保障制度处于起步阶段。1991年6

---

① 完全基金积累制:以个人账户为手段实现个人养老基金的储蓄和收益,实现个人消费和储蓄在个人生命周期内的转移,是个人收入在整个生命周期内的再分配。企业和个人按照工资的固定费率或税率向专门机构定期缴纳养老保险税费并记入个人账户,退休后按月领取个人账户内积累的养老金及其投资额收益。它强调职工个人缴费和个人账户的积累。

② 参见李传桐:《新自由主义与俄罗斯养老保障制度改革》,《学习与实践》2008年第9期。

月,俄罗斯通过《俄罗斯联邦公民医疗保险法》。1993年通过了《关于建立联邦和地方强制医疗保险基金的规定》,1996年出台《俄罗斯联邦公民强制性医疗保险法》。根据上述法律法规,俄罗斯基本建立了强制医疗保障制度。首先,设立强制医疗保险基金。俄罗斯医疗保障资金来源于强制医疗保险缴费和自愿医疗保险缴费;所有公民必须参加强制保险,在职人员强制缴费由企业承担,非在职和预算范围内的就业人员保险费由预算拨款支付。其次,设立非国有保险机构办理医疗保险业务,成立非国有医疗保险公司,并独立于政府部门单独经营管理。企业和政府作为投保人,直接和医疗保险公司签订医疗服务合同,参保的全体公民是被保险人,当被保险人在指定医疗机构就医时,由保险公司承担合同范围内的医疗费用。① 医疗机构所提供的医疗服务质量由医疗保险公司代表被保险人进行检查和监督,必要时可对医疗机构提出索赔。最后,有偿医疗合法化。1996年1月,为增加政府和医疗机构的收入,俄联邦政府规定,允许医疗机构为公民提供有偿服务。但在1995—1996年强制医疗保险改革并未取得实质性进展,1996年政府向国家杜马提交新的草案,补充修改强制医保制度,但该草案旨在维护医疗保障机构人员的利益,遭到其他利益集团的抵制而未能通过。到1998年由于资金链不足,强制医疗保险制度已不能正常运行,国家杜马通过了2001年实施的医疗保险改革方案。该方案针对具体疾病,明确所能提供的基本免费医疗服务的范围,但如果超出范围则只对贫困人群免费。

在失业保障方面,俄罗斯在经济转轨过程中,经济衰退导致大量工人失业,影响社会稳定。为缓和社会矛盾、保障失业人员基本生活,俄联邦政府于1991年建立了《关于居民就业》的法律,随后启动建立国家居民就业基金,专门负责管理失业救济金。失业救济金由雇主缴费、中央政府

---

① 参见童伟、庄岩:《俄罗斯医疗保障制度的启示与借鉴》,《中央财经大学学报》2014年第10期。

的财政拨款和地方政府的地区培训预算拨款组成,其中雇主缴纳工资基金的2%,基金会独立于国家预算,10%的失业救济金属于中央就业保障基金,90%属于地方就业基金。为了防止"养懒人",法律对领取失业补助的人员也有要求,失业补助的对象是16—59岁的男子和16—54岁的女子,在最后一年至少工作了12周并且登记在案,同时规定原雇主在解雇失业者时应给被解雇者发足3个月的工资,在失业3个月后国家开始发放一年左右的失业补助金。头3个月的失业补助金为失业前两个月平均工资的75%,第4个月为60%,最后5个月为45%。① 同时为帮助下岗工人再就业,政府建立了国家就业服务机构,专门负责失业人员登记、劳动安置、组织职业培训,以及发放失业补助等工作。② 1994年俄罗斯政府对该法律首次做了修改并不断进行完善和补充。

俄罗斯的社会福利制度主要有社会贫困救济和社会福利补助,包括对贫困家庭、老年人和残疾人的福利补贴等项目。资金主要来源于中央和地方政府预算及专项基金,由中央和地方政府管理。③ 劳动部把一个人最低生活费作为贫困线,规定领取社会贫困基金的人员月收入要在贫困线以下,1992年俄劳动部根据物价变动等因素逐月公布最低生活费用。1993年叶利钦颁布命令规定,自1994年1月1日起,对每个孩子按月发放统一补助金,提高儿童的生活水平和社会地位。俄政府相继出台政策逐步提高对伤残军人和牺牲军人家属的补助水平,以此来改善军人待遇,保障军人生活水平。1995年11月,俄罗斯政府公布了关于《国家和地方社会服务机构向老人和残疾人提供免费服务的项目清单》,同年

---

① 参见刁莉、高芳玉:《过渡中的俄罗斯社会保障制度解析》,《经济社会体制比较》2003年第4期。

② 参见迟丽珍:《俄罗斯社会保障制度改革的情况和问题》,《国际资料信息》1995年第6期。

③ 参见刁莉、高芳玉:《过渡中的俄罗斯社会保障制度解析》,《经济社会体制比较》2003年第4期。

还颁布了《残疾人社会保障法》保障残疾人就业权利。除此之外,俄罗斯还建有福利院、老人公寓等,收养孤儿、残疾人和无家可归的退休者。1997年,俄罗斯国家杜马出台《关于俄联邦最低生活费》,规定了计算最低生活费的依据。① 俄罗斯还设立了特价商店,以低于市场普通价格提供食物来帮助生活困难的人群和参加过卫国战争的战士,并对多子女家庭和离异或丧偶家庭子女给予帮助。

3. 普京时期的社会保障制度更加完善

普京执政后,俄罗斯国内经济状况有了好转,经济环境也趋于稳定。为解决国计民生问题,普京开始推行一系列改革,包括寻求俄罗斯社会保障制度发展和完善。在总体上,俄罗斯依然坚持社会保障制度城乡一体的政策。

2001年,国际石油价格大涨,普京政府抓住石油出口机会,赚取巨额利润并将一部分利润投入养老保障体系,用于清算长期拖欠的养老金和职员工资。同时政府还推出一系列刺激内需的措施,拉动经济增长。数据显示,2002年至2003年间,俄罗斯财政盈余占其GDP比重已超过2%。到2002年,俄罗斯拖欠已久的养老金和工资已经全部补发完毕,养老金水平大大提高。经济的迅速发展为养老保障制度改革提供了大好机会。

为保障养老保障体系改革顺利进行,普京政府通过了一系列法律法规。俄罗斯在2001年12月连续出台了四项相关法案:15日《俄罗斯联邦国家养老保障法》(第166号法案)、《俄罗斯联邦强制养老保障法》(第167号法案)、17日的《俄罗斯联邦劳动保险法》(第173号法案)、31日的《俄罗斯联邦税法及关于税收和保险缴纳金规定的增补与修订》(第198号法案)。这表明俄罗斯养老保障制度改革进入一个拥有更加完备

---

① 参见张占力:《改革后的俄罗斯社会保障制度》,《天津社会保险》2008年第6期。

法律支撑的阶段。2008年10月,《养老储蓄金补充保险和国家支持设立养老储蓄金法》(第56号联邦法)开始生效。该法案旨在鼓励公民参加养老储蓄金补充缴费。2009年7月,俄总统签署联邦法《俄罗斯联邦非国家养老基金法》和《俄罗斯联邦养老储蓄金投资法》修正案,来拓宽养老储蓄金投资渠道。2012年12月,俄联邦政府第2524号政府令批准了《俄罗斯联邦养老体系长期发展战略》,明确了俄罗斯养老保障体系今后发展改革的目标和方向。

自普京上台至今,俄罗斯养老保障历经一系列改革和发展,形成了相对完善的"三支柱"养老保障体系。但这套"三支柱"体系与叶利钦时期构想的"三支柱"体系有很大的不同,它放弃采用现收现付制,这也标志着俄罗斯养老保障制度对现收现付制的根本性突破。俄罗斯养老保障制度经过大刀阔斧的改革,已经初具规模。

为提高俄罗斯医疗服务质量,使叶利钦时期建立的强制医疗保险制度有效运行,俄罗斯进一步深化医疗制度改革,加速医疗保险现代化。2002年俄罗斯正式开征统一社会税,规定强制医疗保险缴费率为工资的3.6%,无工作居民由政府预算拨款缴纳强制保险费。残疾人、退休人员创建的企业以及残疾人、退休人员人数超过50%的企业无需缴纳。同时,改革医疗行政体系。2004年开始,俄联邦政府每年通过下一年的《国家免费医疗救助纲要》,明确免费医疗救助的范围、主体、各级预算承担的责任及人均享受医疗救助的数量标准和财务标准。

为改善居民健康状况,预防流行疾病传播,2005年之后推出"健康"国家优先发展项目,进一步加快医疗改革进程,并实施《居民药品保障纲要》。2011年《强制医疗保险法》生效。为提高医疗服务质量,俄罗斯取消私人医疗机构进入强制医疗保险体系的限制并逐步放宽标准。2012年俄罗斯将强制医疗保险缴费率提高至5.1%。

俄罗斯十分重视居民就业保障。俄联邦政府在《居民就业法》的基础上进行补充和完善,不断提高失业救助金额度,到2009年开始,失业补助金最高领取额度增加 50%。在保障残疾人就业方面,俄罗斯政府制定了"2000—2005 年残疾人社会援助"和"2006—2010 年残疾人社会援助"联邦专项计划,旨在提高残疾人就业率及融入社会能力的个人康复计划。①

(二)俄罗斯城乡社会保障发展现状和问题

经过一系列的改革发展与完善,俄罗斯基本形成了比较完善的社会保障制度,保障了人民生活水平,提升了居民的幸福感。俄罗斯现行社会保障主要包括养老保障体系、医疗保障制度以及社会福利制度。

1. 俄罗斯社会保障现状

"三支柱"养老保障体系。俄罗斯养老保障体系由国家养老保障、强制养老保险以及补充养老保险三部分组成。其中,强制养老保险是主体。国家养老保障是提供给不能享受退休养老金的老年人、残疾人和失去赡养人的社会群体,主要包括老年养老金、残疾人养老金、社会养老金、多年服务国家养老金以及失去赡养者养老金,由国家财政拨付,这一部分给付金额一般比较低。强制养老保险金由基本养老金、养老保险金和养老储蓄金三部分构成。其中,基本养老金的数额是硬性规定固定的,但会根据通货膨胀率变化作相应调整,由企业和国家共同承担,强制养老保险金中,占工资的 6% 为基本养老金数额。养老保险金与个人工资水平挂钩,由雇主等向国家养老基金缴费,养老保险金存入被保险人在国家养老基金设立的个人名义账户中。1967 年前出生人员缴费率为工资的 16%,1967 年后出生人员缴费率为 10%。养老储蓄金针对 1967 年之后出生的在职人员,国家规定缴费率为工资收入的 6%。② 为提高缴费率,俄罗斯

①　参见许艳丽:《俄罗斯社会保障制度》,中国劳动社会保障出版社 2017 年版,第 84 页。

②　参见高际香:《俄罗斯养老保障制度改革困境与前景展望》,《俄罗斯学刊》2017 年第 3 期。

实行国家协同缴费制度,即职工自愿将一部分工资存入储蓄养老金,国家会把相同数额存入其个人养老储蓄金账户。规定个人每年存入数额不得少于2000卢布,国家每年补贴不得高于12000卢布,且职工必须从2008年1月到2013年10月加入自愿养老金补充缴费体系。补充养老保险采取自愿原则,包括企业为员工建立的退休管理计划和公民个人向商业保险公司投保。同时俄罗斯取消统一社会税,实行统一强制养老保险缴费,从而提高强制保险缴费率,将以前依靠税收作为养老金的来源改为依靠强制保险收入,并且缴费率是随着养老金水平的变化而变化,但不会高于月均工资的增长率,在一定程度上不会给工人造成太大负担。为解决资金不足问题,俄政府拓宽养老储蓄金投资渠道。根据2009年7月俄总统签署联邦法《俄罗斯联邦非国家养老基金法》和《俄罗斯联邦养老储蓄金投资法》修正案,管理国家养老基金中养老储蓄金的对外经济银行可以扩大投资渠道,提高养老金收益率。同时,非国家养老基金可以自行进行证券投资而不用通过管理公司。

强制性的医疗保险制度。经过多年改革与发展,俄罗斯形成了全民免费的基本医疗制度,建立了强制性的医疗保险制度,所有公民都必须参加医疗保险,保险业务由非国有保险医疗公司承办。强制医疗保险的保障水平和制度上是一致的,不同地区、不同发展水平医疗条件会有差别。作为兜底政策,基本免费医疗极大程度上保证了俄罗斯公民基本医疗权利。"所有强制医疗保险的参保者可以免费在公立医疗机构获得基本的医疗服务而无需支付任何费用。"①各个地方可以根据自身医保基金情况进行适度调整,弹性较大。

高水平的社会福利制度。在社会福利方面,俄罗斯儿童福利政策效果十分显著。"从2003年至2006年,俄政府从联邦预算中拨款67亿卢

---

① 关博:《俄罗斯社会保障制度对我国的启示》,《北京劳动保障职业学院学报》2014年第4期。

布、从地方预算中吸收 210 亿卢布用于联邦专项计划"①,有效改善了儿童的健康状况和生活水平,尤其是残疾儿童和孤儿。2007 年俄政府把多子女家庭所获一次性补助金额提高了 4 倍,每个儿童的月津贴数额将增加 1 倍至 1.5 倍,还增加了多子女家庭的年度校服补贴②,这一系列儿童福利提高了儿童的生活水平并有效减轻了家庭负担,同时也在某种程度上激发人民的生育意愿,提高生育率,缓解人口老龄化危机。同时,俄罗斯的失业保障制度虽然并不能降低俄罗斯的高失业率,在一定程度上也起到了缓解社会矛盾、维护人民基本生活水平的作用。

2. 俄罗斯社会保障存在的问题

俄罗斯现行社会保障制度虽然确保了公民基本生活水平,但由于俄罗斯自身国情及特殊环境,社会保障体系也出现了一些问题。分析俄罗斯社会保障问题,能为我国社会保障制度改革提供经验和方向。

俄罗斯人口结构不合理。和其他国家一样,俄罗斯也面临人口老龄化的问题。同时,俄罗斯还面临婴儿出生率极低并且 40—60 岁死亡率高、人口负增长等一系列人口问题。据俄罗斯学者计算,到 2030 年俄养老保险缴纳人数和领取人数几乎持平③,足见问题的严峻。并且俄罗斯男性预期年龄是 61.5 岁,按俄罗斯规定,60 岁开始领取退休金,这对男性职工并没有吸引力,导致养老金缴纳水平降低。

转轨过程中资金不足。重新核算养老金、提高养老金支付水平、提供额外物质补助、弥补养老基金赤字,使 2007—2010 年俄罗斯联邦政府用于养老保障的财政支出大幅度上升。④ 财政支出增加,但收入并没有增

---

① 参见蓝瑛波:《俄罗斯儿童福利与保障制度述评》,《中国青年研究》2009 年第 2 期。

② 参见同上。

③ 参见冯小溪、冯文熙、卢建宝:《俄罗斯养老改革现状及启示》,《管理观察》2014 年第 22 期。

④ 参见许小年:《俄罗斯的养老保障制度》,《中国民政》2015 年第 5 期。

加。作为能源大国的俄罗斯面临世界石油行业普遍不景气的不利状况，GDP增长持续走低，国家财政负担沉重，影响到社会福利支出。国家养老基金出现赤字，资金不足导致医疗投入水平也偏低，医疗结构不合理，地区间医疗资源不均衡。近年来俄罗斯医疗支出占GDP的比重由原来的3.5%提高到3.7%，增长幅度较大，但这与其他市场经济国家差距还比较大。从地区来看各地区差异也很大。由于缺乏全国性统筹政策，再加上各地区发展水平差异，导致各地区实际免费医疗水平差异大。

医疗服务效率低下，管理不合理。主要体现在以下几个方面：基础医疗发展不足并且缺乏效率；急救服务效率低，浪费现象严重；急救不及时并缺乏资金保障；俄罗斯医疗信息体系不健全，缺乏统一性，导致各医疗机构之间缺少沟通，相互间电子信息互换困难；在医疗卫生领域管理粗放，既缺乏前瞻性计划，也缺乏针对医疗服务质量和服务安全的评价和考核标准，医疗管理效率低下，资金支出十分不合理。

（三）俄罗斯城乡社会保障制度改革对我国的借鉴

虽然俄罗斯在经济转轨过程中遭受很大的挫折，但俄政府出台的一系列社会保障措施有效地控制了社会贫富差距，维护了社会的稳定，保障了人民基本生活水平，提高了人民幸福指数，这对于处于改革深水区的中国非常具有借鉴意义。

首先，建立健全城乡一体的养老保障制度。俄罗斯现行的养老体制与我国有很多相同之处，都采用了国家、企业和个人共同负担的筹资模式，养老保障体系主要包括国家养老保障、劳动养老保障以及私人养老金三方面。俄罗斯实行全国全民统一的养老保险体系，没有专门的农村养老保险制度，农村人口和城镇人口一样享受社会保险待遇，福利覆盖全体居民，有力地维护了社会的稳定，养老保障呈现系统化、整体化的趋势。但目前在我国，养老保障体系呈现典型的城乡分割局面，城镇和农村养老水平差距明显，同时在城镇内部，养老水平也参差不齐。

城镇职工养老保障水平明显优于城镇居民,城镇养老保障水平总体高于农村,我国养老保障制度的碎片化是导致养老保障水平出现差距的主要原因。在养老保险方面,有适用于农村居民的新型农村社会养老保险,有专门针对失地农民建立起的养老保险制度,有城镇居民适用的城镇居民社会养老保险,有针对城镇职工的职工养老保险,关于机关事业单位人员的养老保险制度,还有针对计划生育家庭的养老保险制度,等等。[①] 养老制度的碎片化导致城乡养老水平差距明显,损害了社会保障制度的公平原则。我国应当借鉴俄罗斯的养老保障制度,统筹规划,建立城乡一体的社会养老保障体系。

其次,加大政府在社会保障中的主导作用。尤其在医疗保障制度方面,俄罗斯政府以强制的行政命令,通过一系列财政政策来保障居民基本医疗权利,大大降低了国民死亡率、疾病发病率,延长平均预期寿命。尤其是"健康国家"计划,优先发展国家健康项目,有效提高了国民健康水平。我国可以借鉴俄罗斯的做法,加强政府在医疗领域的主导地位,提高对公立医院的主导力,加大政府投入以保证医疗公平与均等。例如,合理控制药价,杜绝过度诊疗,规定医务人员不得参与医疗器械和药品的采购,等等,来保证公民的医疗权利。十九大报告提出要实施健康中国战略目标,深化医疗卫生体制改革。面对目前我国医疗水平参差不齐,看病难、看病贵的难题,政府应加大对医疗机构监管力度,严厉打击医护人员收红包、拿回扣的风气,从根本上解决居民医疗难题。与此同时,政府要保障医务人员的收入,提高医务人员福利水平。同时也要警惕俄罗斯出现的医疗资源分布不均的问题,加大偏远贫困地区医疗投入力度,保障公民基本医疗权利。

再次,提高儿童福利水平。我国要学习俄罗斯社会福利政策尤其是

---

① 参见胡扬名、李涛:《共享发展理念下城乡社会保障一体化研究》,《社会学与思想教育党政干部学刊》2017 年第 2 期。

儿童福利政策。俄罗斯宪法和法律规定,每个儿童都有获得社会福利的权利,包括儿童出生前和出生后的照顾。在儿童出生前,政府将提供给孕妇必要的福利,在儿童成长过程中,发放儿童福利津贴、重视儿童健康和生活条件。俄罗斯推行儿童福利政策主要是为缓解人口老龄化危机以及低出生率的困境,解决人口结构不合理的问题。我国同样面临严重的低生育率及少子化问题,人口老龄化问题十分突出。2016年我国实行全面二孩政策,但政策实施以来我国人口并没有出现大幅度增长,人口生育率仍然不高,少子化危机仍然险峻,国家统计局公布的数据显示,2017年年末中国大陆全年出生人口1723万人,比上一年下降63万,人口出生率为12.43‰,比上一年下降0.52‰。① 仅仅依靠开放二胎政策并不能解决我国面临的人口问题,相应的社会福利政策也要跟上。我国可以借鉴俄罗斯的做法,提高妇女儿童福利水平,包括增加产假、陪产假时间,以及对怀孕妇女的劳动保护等政策,来应对我国当前面临的少子化、人口老龄化危机。

最后,必须坚持把社会保障作为国家发展的优先方向。社会保障作为一种国民收入再分配形式,能够维护社会公平,促进社会稳定发展,逐步增进公共福利水平,提高国民生活质量,对国家、对社会意义重大。俄罗斯政府在经济转轨期间遭遇重重困难,经济发展缓慢,但在社会保障领域,俄政府注重维护社会稳定与公平,坚持推进社会保障制度改革,是以俄罗斯人民基本生活水平能够得到保障。十九大报告指出,我们党"必须始终把人民利益摆在至高无上的地位,让改革发展成果更多更公平惠及全体人民,朝着实现全体人民共同富裕不断迈进"②。我国目前处于全

① 参见凤凰财经:《中国低生育率关口:去年出生人口比2016年少63万》,见http://finance.ifeng.com/a/20180203/15967059_0.shtml。

② 习近平:《决胜全面建成小康社会　夺取新时代中国特色社会主义伟大胜利——在中国共产党第十九次全国代表大会上的报告》,人民出版社2017年版,第45页。

面深化改革的重要时期,国内外环境的变化给社会带来巨大冲击,在这个紧要关头,政府要积极履行公共职能,完善社会保障制度,缩小贫富差距,提高人民生活水平,实现共同富裕。

第三章　我国城乡社会保障制度建设和改革历程

　　从新中国成立开始,我国就着手探索建立社会保障制度,经过改革前的初创、调整完善、艰难发展阶段,社会保障事业取得了较大的发展,尤其初步确立了社会保险的基本框架。进入改革开放时期,我国从计划经济体制转向市场经济体制,促进了经济迅猛发展。随着经济的迅速发展,我国开始对计划经济体制下的社会保障制度进行改革,逐步建立与社会主义市场经济体制相适应的社会保障体系,但是城乡二元结构并没有从根本上消除,社会保障在城乡、地区、群体之间的差距越加显著,拉大了社会不公,对此,我国必须继续深化社会保障制度改革,推进社会保障城乡一体化建设。

一、改革开放前我国社会保障制度的建立和发展

　　新中国成立后,随着国民经济的恢复以及社会主义基本制度的确立,社会保障事业取得了很大的成就,尤其是社会保险制度,不管是实施范围、基金筹集还是管理运行等方面都具备了较成熟的基本框架。但是由于"文革""左"倾错误意识的泛滥和高度集中的计划经济体制的影响,改革开放前的社会保障制度在发展的过程中存在一些问题。下面分别从城市社会保障和农村社会保障两个层面阐述改革开放前我国社会保障制度

的建立和发展。

（一）改革开放前我国城镇社会保障制度的建设与成就

1. 城市社会保险制度的建立与发展

新中国成立之初，在借鉴苏联经验的基础上，根据《中国人民政治协商会议共同纲领》第三十二条明确的"逐步实行劳动保险制度"的规定，政务院在1951年2月出台了我国第一部有关社会保险制度的法令文件《中华人民共和国劳动保险条例》，形成了以国家统包、社会统筹调剂和企业保险相结合为特征的统一的城市职工养老保障体系。《中华人民共和国劳动保险条例》明确规定企业职工享有养老、疾病、工伤、死亡、生育以及供养直系亲属的福利待遇，对保险项目、保障标准、基金筹集方式以及对基金的管理监督都做出了明确的说明，对新中国社会保险制度的建立与发展具有非常重要的意义。

由于新中国成立之初社会经济发展水平不是很高，公共财政压力比较大，所以起初企业职工的社会保险只在100人以上的国营企业和其他集体经济组织开展，铁路、航运、邮电三大行业的各企业单位也包括其中。1956年，随着三大改造的基本完成，我国进入了社会主义初级阶段，为了凸显社会主义制度的优越性以及社会保障的福利性特点，社会保险的覆盖范围逐步扩大到商业、金融、地质等13个产业部门。此时，全国参加社会保险的职工人数比1953年参保人数增加了4倍左右；签订集体合同的职工人数达到700万人，相当于当年国营、公私合营、私营企业职工总数的94%。① "由于国家机关、事业单位和党派团体工作人员的工龄计算、工资标准以及社会保险费用开支渠道等均与国有企业不同"，国家工作人员的社会保险不遵循《中华人民共和国劳动保险条例》，而是采取单项

---

① 参见郑功成：《中国社会保障制度变迁与评估》，中国人民大学出版社2002年版，第80页。

规定的方式逐步建立。据统计,在 1950—1955 年五年内,我国一共颁布了七项针对国家工作人员的社会保险法规,以养老保险和公费医疗为主。到 1957 年年末,我国社会保险体系的奠基阶段基本完成。

从 1958 年开始,我国的社会保险体系开始步入调整完善的轨道。首先是针对养老保险的调整,为了符合现实国情的需要,1958 年 2 月,国务院实施的《国务院关于工人、职员退休处理的暂行规定》,放宽了退休条件,提高了退休养老标准,并改变了新中国成立之初企业职工与国家工作人员养老保险彼此独立运行的局面。其次是关于医疗保险的调整,为了克服浪费以及改善医疗资源分配不合理的状况,《关于改进公费医疗管理问题的通知》以及《关于改进企业职工劳保医疗制度几个问题的通知》分别在 1965 年和 1966 年陆续出台,这些文件都主要对"门诊费、挂号费、营养滋补药品费用由个人负担"做出了明确说明,使医疗保险制度更加顺应当时的国民经济发展。

2. 城市社会救济制度的建立与发展

连年战乱使刚刚成立的新中国百废待兴,在城市,国民经济几近崩溃,许多企业纷纷倒闭,失业人口急剧增加,为了保证城镇居民拥有稳定的生活来源,为经济发展注入源源不断的动力和活力,中国共产党采取了积极的失业救济政策,通过就业指导、现金和实物补助以及以工代赈的方式使越来越多的城镇人口回归工作岗位,利用工资和补助保障他们的基本生活,减少贫困现象的发生。此外,党和政府还为流落街头的灾民、难民提供专门的减免优惠政策。对于老、弱、病、残等问题,我国从 1949 年至 1953 年,大力兴办生产教养院、养老院等福利救济事业,收养孤老残幼达 15 万人,安置了 24 万人,成效十分显著。① 尽管当时的社会救济带有很明显的临时性和非制度化的特征,但是对于恢复国民经济、巩固新生政

---

① 参见多吉才让:《中国最低生活保障制度研究与实践》,人民出版社 2001 年版,第 54 页。

权具有积极的作用。随着生产力发展水平的逐步提高,党和政府将"全心全意为人民服务"的宗旨进一步落实在提高人民的生活水平上,从1953年开始,我国的社会救济工作渐渐走向规范化、制度化轨道,由临时性政策演变为经常性制度。社会救济制度的完善对于健全社会保障体系来说是一个很大的飞跃,也为农村社会救济工作的开展提供了诸多有益经验。

3. 城市社会福利制度的建立与发展

为了提高城镇职工的生产积极性,保证社会再生产的正常运行,新中国成立之后,党和政府便着手开展一系列由国家和企事业单位承担费用的职工福利工作:积极建设为职工提供生活便利的集体福利设施,如食堂、公共浴室、缝纫店等;为减轻职工的费用开支,企业给予员工一定的交通补贴和水电补贴;为减轻职工的住房负担,企业还设立了住房补助项目,减少职工的后顾之忧。除了这些物质上的福利补助,国家还鼓励企事业单位积极建设各种文化娱乐设施,丰富职工的文化生活,锻炼身心。从1949年到1957年,国家陆续颁布了一些政策法规,对企业、国家机关的职工福利待遇的原则和方向做出了明确的说明,到1957年年底,社会福利制度初步建立。

(二)改革开放前我国农村社会保障制度的建设与成就

1. 农村社会救灾体制的建立与发展

"1949年是中国人民取得最大胜利的一年,也是困难最大的一年,不少地区灾荒的连续,就是困难之一。"①据资料显示,1949年自然灾害爆发频繁,尤其是水灾,灾情遍及东北、华东、中南、华北及陕西等16个省、区,近1.3亿亩的农作物"惨遭毒手"。接着,1953年长江以北大部分地区和南方部分地区夏旱严重,而辽河、松花江流域以及河北、山东、河南等

---

① 《救灾工作及其问题》,《人民日报》1950年1月15日。

省发生大规模的涝灾,致使当年的农作物受灾面积颇高,估计 3.5 亿亩。[1] 面对如此接连发生的严重自然灾害,中央人民政府在新中国成立初期迅速采取了一些赈灾、救灾措施,以便快速安置灾民,帮助他们度过难关。按照"生产自救、节约度荒、群众互助、以工代赈、并辅之以必要的救济"的救灾总方针,我国首先成立了生产救灾委员会作为救灾运动的最高指挥机关,统一领导各级人民政府组织生产自救,对灾情特别严重的地区以及无法通过生产自救的困难群众及时拨粮拨款。由于国家财力有限,救灾运动不能完全交由政府负责,需要全国所有地区的广大人民群众共同努力,节约粮食,互助互济,如河北省发起的"一碗米"运动对于救助灾民、缓解饥荒产生了巨大的社会效益。其次,鼓励灾民通过集体集资发展副业来换取粮食。以工代赈是新中国成立初期农村救灾救济的重要措施,成效也最显著,不仅使贫困灾民获得了劳动报酬,解决了口粮问题,而且水利工程和治水工作的全面展开使我国的防灾、抗灾能力进一步提高。

　　由于当时我国的经济社会发展状况以及工业化建设需要集中全国力量,新中国成立初期的社会救灾体制由中央人民政府一级直接负责,地方政府不需要独立开展救灾工作,也没有足够的财力支持。随着计划经济体制的确立和农业生产合作社的成立,这种救灾模式不断完善并走向成熟,直到 20 世纪 80 年代初期,这种与计划经济体制相配套的社会救灾机制在我国一直发挥着极其重要的作用。"计划经济条件下的社会救灾体制,是在中央财政统收统支和农村集体经济的内在保障功能基础上建立与发展起来的。"[2]其主要内容包括:遵循"依靠群众,生产自救为主,辅之以国家必要的救济"的救灾总方针;民政部门承担制定救灾政策、掌握灾情、组织实施、发放救灾款物以及反馈救灾结果的职责;管理救灾款物坚

---

　　① 　参见崔乃夫主编:《当代中国的民政》(下),当代中国出版社 1994 年版,第14 页。

　　② 　宋士云:《中国农村社会保障制度结构与变迁(1949—2002)》,人民出版社2006 年版,第 68—69 页。

持"四原则";救灾、防灾、抗灾相结合。

2. 农村社会养老制度的建立与发展

我国是传统农业社会,受儒家文化的影响,中华民族有着尊老敬老的优良文化传统,历代统治者提倡弘扬尊老敬老,这些奠定了家庭养老的基础。任何不赡养老人的家庭成员都要受到道德舆论的谴责,甚至法律的惩处。新中国成立后,按家庭人口分配的土地属于家庭所有,而不是属于个人,土地所有权是由家庭长者掌控。这种土地关系的变革,使老人掌握土地分配权,增加了老人在家庭的权威地位,从而奠定了家庭养老经济基础法律基础。随着 1956 年社会主义改造完成,农村个体家庭经济转变为集体经济,合作社取代家庭成为生产经营的基本单位,农村养老模式由家庭养老转变为集体、家庭和国家相结合养老模式。这种模式就是"经济来源靠集体、生活服务靠家庭、辅之国家救助的养老模式"①。

3. 农村"五保户"供养制度的建立与发展

1956 年之后,随着农业生产合作化的展开,广大农村普遍建立了高级合作社,中国农村的社会救济不再单纯依靠国家财政支持,而转向依靠集体、生产自救、互助互济,辅之以国家必要救济的新政策。农村"五保户"供养制度正是在这种背景下逐渐形成的,它是我国农村社会保障体系的重要组成部分,对保障农村贫困人口的基本生活、缓解农村贫困、维持农村社会的稳定具有重要的作用。

早在 1955 年,毛泽东就在《中国农村的社会主义高潮》一文中作出明确指示:"一切合作社有责任帮助鳏寡孤独缺乏劳动力的社员(应当吸收他们入社)和虽然有劳动力但是生活上十分困难的社员,解决他们的困难。"②根据这一指示,生产合作社将这些困难群体吸纳入社,给他们分配力所能及的生产劳动,通过劳动换取口粮,这样一来,大部分农村人口

---

① 郝时远、王延中主编:《中国农村社会保障调查报告》,方志出版社 2009 年版,第 109 页。

② 《毛泽东文集》第六卷,人民出版社 1999 年版,第 465 页。

的基本生活有了保障,而那些在集体安排工作之后生活仍然十分困难以及没有生产自救能力的群众,则可以依靠集体公益金或者国家必要的补充救济。随后,在1956年1月,《1956年到1967年全国农业发展纲要》以草案形式发表,《纲要》第三十条规定:"农业合作社对于社内缺乏劳动力、生产没有依靠的鳏寡孤独的社员……使他们能够参加力能胜任的劳动;在生活上给以适当的照顾,做到保吃、保穿、保烧(燃料)、保教(儿童和少年)、保葬,使他们的生养死葬都有指靠。"①同年6月,《高级农业生产合作社示范章程》对于此内容做出了进一步说明。这两个文件是最早提出农村"五保"供养制度的法规性文件,"五保"即保吃、保穿、保烧(燃料)、保教、保葬五个方面的内容,救济对象就是暂时或永久失去劳动力的老、弱、病、残、孤等没有生活依靠、没有稳定生活来源的农村困难群体,称为"五保户"。这标志着我国农村"五保户"供养制度确立,并成为一项农村社会保障基本制度,是党和政府扶持农村的一项经常性工作。

4. 农村合作医疗制度的建立与发展

新中国成立初期,党和政府在紧急开展救灾救济工作的同时,对于灾民、难民的身体健康也十分重视,为了保证社会再生产的顺利进行,针对灾民、贫困农民的医疗救助和免费医疗活动在农村广泛开展起来。随着三大改造的基本完成,社会主义公有制取代生产资料私有制成为我国社会的经济基础。农村出现了大范围的集体经济组织,医疗救助工作也逐渐采取互助互济的形式,农村合作医疗制度由此萌芽。合作医疗"是在各级政府支持下,按照参加者互助互济的原则组织起来,为农村社区人群提供基本医疗卫生保健服务的一种医疗保健制度"②。它与城镇的劳保医疗和公费医疗共同构成了覆盖我国城乡绝大部分居民的医疗保障体

---

①　转引自李本工、姜力:《救灾救济》,中国社会出版社1996年版,第196—197页。

②　顾昕、方黎明:《公共财政体系与农村新型合作医疗筹资水平研究——促进公共服务横向均等化的制度思考》,《财经研究》2006年第11期。

系。在 50 年代,只有部分农村地区实施了合作医疗,取得了很大的成效,随后,卫生部在总结成功经验的前提下积极鼓励其他地区也开展合作医疗试点方案,到 60 年代末,这一制度在广大农村地区已经基本普及。"文革"时期,我国的社会保障事业受到了严重挫折,但是农村合作医疗制度却得到了快速发展,包含赤脚医生、公社卫生院、县级人民医院的农村三级医疗保障体制建立起来。农村合作医疗是在互助互济的原则下自愿组织起来的,对于改善农村缺医少药的卫生环境、提高农民的身体健康水平有很大的意义。

5. 农村社会优抚制度的建立与发展

革命期间,中国共产党之所以能够推翻帝国主义的殖民统治,战胜国民党反对派的无情摧残,取得历史性的大胜利,中国红军所发挥的重大作用不能忽视。新中国成立之后,人民解放军依然驻守在自己的岗位上,用生命守护我们的家园。对于这些"最可爱的人",我们必须给予尊重和优待。1949 年 9 月,中央人民政府颁布了《中国人民政治协商会议共同纲领》,《纲领》规定"革命烈士和革命军人家属,其生活困难者应受国家和社会的优待。参加革命战争的残废军人和退役军人,应由人民政府给以适当安置,使能谋生立业"。1950 年我国陆续出台了《革命烈士家属革命军人家属优待暂行条例》《革命残废军人优待抚恤暂行条例》《革命军人牺牲、病故褒扬抚恤暂行条例》和《民兵民工伤亡抚恤暂行条例》等。这些文件奠定了新中国成立初期农村社会优抚工作的法律地位,具有中国特色的农村社会优抚制度逐步形成。依据这些法规性文件的明确指示,农村的社会优抚工作在人民政府的组织和领导之下有序、稳定地进行。1956 年之后,随着农业合作化的开展,农村优抚工作根据现实条件进行了部分调整和完善。如优待劳动日制度取代了土地代耕;国家实施定期定量的经济补助;细分抚恤标准,改进一次抚恤制度;确立"从哪里来,回哪里去"的义务兵退伍安置原则。这些优抚措施对于捍卫解放战争的胜利果实、抚慰战争对烈士军属造成的"身心创伤"以及巩固新生政权产生了积极的作用。同时,这些丰富的优抚经验对新时期农村社会保障体系的改革与发展也具有很大的启示。

（三）改革开放前我国城乡社会保障制度的缺陷分析

改革开放前的农村社会保障体系在获得巨大成就的同时,也存在着一定的缺陷,由于计划经济体制的影响以及国家工业化建设的需要,我国的社会保障体系采取了城乡二元分割的制度安排,相对于城市来说,农村社会保障制度主要依靠集体经济组织的支持,长期以来一直处于较低层次、覆盖面窄、保障项目少、保障水平低。此外,十年"文革"也影响了我国社会保障事业的稳定发展。

1. 对社会保障责任主体的误解

新中国成立后,我国继承并发展了列宁的"国家保险"思想,初步建立了以国家为责任主体的社会保障制度。但是,随着计划经济体制的确立以及需要集中全国力量来进行工业化建设的现实,人们对国家责任主体的认识发生偏差,错误地认为国家承担主要责任就是什么事都由国家统一包办,国家和集体共同承担缴费责任,个人不需要缴费,这就形成了国家—单位社会保障模式,在企业则表现为"企业保障模式"。这种模式完全歪曲了"国家保险"制度的本来性质和方向,导致经济发展水平不高、诸多历史遗留问题仍没有解决的新中国在工业化建设初期,财政压力越来越大,国民经济陷入"不能发展的增长"的困境①,当然,社会保障在很长一段时期内一直处于低水平层次,其保障功能不能完全有效发挥。

2. 公平、效率未能兼顾

从马克思、恩格斯、列宁以及毛泽东的社会保障思想中可以看出,他们都强调社会保障要兼顾公平与效率,然而在合作化期间的中国农村却

---

① 参见黄宗智:《长江三角洲小农家庭与乡村发展》,中华书局 1992 年版,第248 页。

未能实现。随着集体经济组织的建立,我国农村建立了以集体保障为基础的社会保障制度,通过扶持生产自救、互助互济、国家进行必要救济等措施,农村大部分人口的基本生活得以维持。但是,在计划经济体制和"以农补农"思想的影响下,集体保障制度的弊端逐渐暴露出来。

首先,为了保证工业化建设所需资金和原材料的稳定供给,合作社和集体经济组织必须减少农村社会保障事业的基金支出。在这样的现实条件之下,农村社会保障只是面向灾民、贫困人口以及烈军属、伤残军人、退伍军人等优抚对象,而其他社会成员享受不到社会保障的福利待遇。一方面,这背离了社会保障的公平普惠原则;另一方面则会打击处于社会保障网之外的社会成员的生产积极性,甚至会"培养"出一批懒汉,不利于农村经济的健康发展。

其次,"人民公社实际上是利用行政权力,在自然经济或半自然经济基础之上建立起来的,带有浓厚的平均主义色彩、军事共产主义色彩和超社会发展阶段的空想色彩的联合体"①。在当时农村经济发展水平较低的情况下,人民公社只能采取按需分配的方式来缩小农民之间的收入差距,然而这种近乎平均主义的分配原则虽然注重了公平,却忽视了效率,造成先进生产力的严重破坏,农村劳动生产率和农民收入长期得不到增长,贫困现象加剧,农村的贫困又会使社会保障失去物质基础保障,社会保障标准迟迟得不到提高。

3. 城乡二元社会保障制度结构的形成

计划经济体制下的社会保障体系最大的缺陷就是形成了城乡二元分割的社会保障制度,导致社会保障事业一直在较低水平的轨道上摸索。新中国成立之后,为了促进国民经济发展,维护社会稳定,党和政府在城市大力开展社会保障工作,到 1956 年年底,基本确立了社会保障制度的

---

① 薄一波:《若干重大决策与事件的回顾》(修订本)下卷,人民出版社 1997 年版,第 782—783 页。

雏形,主要包括以养老、医疗为主的社会保险、失业救济以及社会福利等,之后经过一段时期的调整和完善,城市社会保障制度获得了很大发展。然而,由于国家工业化建设的需要,国家对农村社会保障事业的资金支持非常有限,加上集体经济发展水平不是很高,农村社会保障制度的发展一直处于初级阶段,在保障对象方面,仅面向灾民、贫困人口以及优抚对象,覆盖面小。在保障项目方面,以集体救济和社会优抚为主,缺乏城市居民可以享受到的养老、医疗、失业、生育等社会保险,农村合作医疗远远不及城市居民所能享受到的医疗保障水平,一是因为合作医疗的保险资金来源于集体经济组织提取的公益金,筹资渠道单一,二是因为农民最后能够得到的公益金救助非常之少,对于患上大病、难病的农民来说,简直是杯水车薪。在保障水平上,城乡差距颇大,据国家统计局对计划经济体制下用于农村社会救济福利费用支出的统计结果显示,1958—1962 年间,国家对农村社会救济支出总额达 4.8 亿元,分摊到全国大概 5 亿多的农村人口身上,人均不到 1 元。①

由此看出,当时的农村虽然普遍开展了大规模的社会救济和社会优抚工作,但是农民所获得的补助少之又少,而且在当时的条件下,国家对农民的救济主要是临时性救助,稳定性较差,这种保障制度很难从根本上解决农村的贫困问题。

二、1978 年以来我国城乡社会 保障制度的改革和发展

党的十一届三中全会揭开了改革开放的序幕,我国进入了社会主义建设的新时期。随着经济体制的改革和社会结构的调整,与计划经济体制相

---

① 参见宋士云:《中国农村社会保障制度结构与变迁(1949—2002)》,人民出版社 2006 年版,第 147 页。

适应的社会保障体系的弊端逐渐暴露出来,严重阻碍了新经济体制的顺利转型,为了满足新形势下人民群众对社会保障越来越高的要求以及为社会主义市场经济体制的建立作准备,社会保障体系从1984年开始迈入了改革探索的新阶段。当前,我国已经进入全面建成小康社会和实现社会主义现代化的战略发展阶段,经济社会新形势对社会保障事业提出了更高的要求。城乡社会保障制度在取得巨大成就的同时,其发展不协调、不平衡的问题和挑战日益突出,已经成为推进社会保障体系全面发展的严重阻碍。

(一)1978年以来我国城镇社会保障制度的改革与发展

1. 城镇社会保险制度的改革和发展

为了适应城市经济体制的改革要求,社会保险开始由国家—单位保障模式向社会统筹与个人账户相结合的社会保障模式逐渐转变,建立了国家、集体、个人共同承担缴费义务的责任分担机制,改变了过去由国家和企业包揽一切,个人不用缴费的局面,既减轻了国家的财政负担又提高了企业的生产积极性,既体现了权利与义务对等的原则又可以减少欠费、拖费以及逃费现象,保证了保险基金的稳定供给。新时期为全面建设社会主义现代化国家,我国城市社会保险制度改革以实现企业养老、医疗保险的社会统筹为重点,建立并逐步做实社会保险的个人账户,为了尽快实现建立覆盖城乡所有居民的社会保障体系,2010年10月全国人大常委会制定《社会保险法》并于2011年实施,明确了中国新型社会保障体系是以权利与义务相结合的社会保险为主体的制度安排。2011年开展了城市居民医疗保险和城市居民社会养老保险试点。2017年,党的十九大报告明确提出"全面建成覆盖全民、城乡统筹、权责清晰、保障适度、可持续的多层次社会保障体系"[1]。我国分别在2007年和2011年开展了城

---

① 习近平:《决胜全面建成小康社会 夺取新时代中国特色社会主义伟大胜利——在中国共产党第十九次全国代表大会上的报告》,人民出版社2017年版,第47页。

市居民医疗保险和城市居民社会养老保险试点,到 2019 年年末全国参加城镇职工基本养老保险人数为 43488 万人,比上年末增加 1586 万人。其中,参保职工 31177 万人,参保离退休人员 12310 万人,分别比上年末增加 1074 万人和 513 万人。2019 年年末城镇职工基本养老保险执行企业制度参保人数为 37905 万人,比上年末增加 1422 万人。[1] 经过十多年建设,城市社会保险已经基本实现社会化,覆盖所有城镇职工和非就业城市居民,城市社会保障事业跨越了一大步。

失业保险制度经过 20 多年的改革和探索,到 20 世纪末其基本框架已经形成,覆盖范围不再局限于国营企业职工,筹资方式逐渐多元化,建立了国家、企业、职工个人共同缴费机制。截至 2019 年年底,有农村低保对象 1892.3 万户、3455.4 万人。全国农村低保平均保障标准 5335.5元/人·年,比上年增长 10.4%,全年支出农村低保资金 1127.2 亿元。[2]2009 年以来,我国社会保障体系建设步伐明显加快、公共投入力度持续加大、社会保障惠及全民的广度显著扩张,而《中华人民共和国社会保险法》等一系列社会保障领域法律法规的制定,以及城乡居民养老保险、医疗保险及社会救助制度等的整合,标志着我国社会保障制度正在走向成熟、定型发展的新阶段。

2. 城市社会救济制度的改革

城市社会救济制度的改革成效主要体现在城市最低生活保障制度的建立与发展。20 世纪 80 年代以来,随着城市经济体制改革的步伐不断加快,与计划经济体制相配套的传统社会救助制度已经不能满足大规模的下岗、失业群体对社会保障的新要求,城市贫困现象越来越严重,为了

---

① 《2019 年度人力资源和社会保障事业发展统计公报》,2020 年 6 月 8 日,见 http://www.mohrss.gov.cn/SYrlzyhshbzb/zwgk/szrs/tjgb/202006/t20200608_375774.html。

② 《2019 年民政事业发展统计公报》,2020 年 9 月 8 日,见 http://images3.mca.gov.cn/www2017/file/202009/1601261242921.pdf。

改善这一问题,建立与社会主义市场经济体制相适应的社会救助制度,我国开始了城市最低生活保障制度的试点工作。1996 年《中华人民共和国国民经济和社会发展"九五"计划和二〇一〇年远景目标纲要》是最先提出建立城市最低生活保障制度的文件,最低生活保障是对低于最低生活法定标准的困难群众实施救助,保证其维持基本的生活。1999 年,国务院颁布的《城市居民最低生活保障条例》奠定了我国城市最低生活保障制度的法律基础,标志着中国城市居民最低生活保障制度开始走向法制化轨道。截至 2019 年年底,全国共有城市低保对象 524.9 万户、860.9 万人。全国城市低保平均保障标准 624.0 元/人·月,比上年增长 7.6%,全年支出城市低保资金 519.5 亿元。①。

此外,改革开放以来,我国的社会福利事业也取得了很大的成就。依据"社会福利社会化"的指导思想,我国的社会福利事业逐渐由国家统一包揽兴办向国家和社会共同举办转变,既减轻了国家的财政负担,又拓宽了社会福利基金的筹集渠道,各项福利机构在社会各界的支持下如雨后春笋般建立起来,极大地促进了社会福利事业的发展。特别是进入 21 世纪之后,随着生活水平的提高以及人口老龄化程度的加深,人们对社会福利的要求越来越高,社会福利制度进入了全面改革时期,逐渐迈向"适度普惠型"的改革轨道,保障范围不断扩大,保障水平逐步提高,服务内容也更加丰富,基本建立了居家、社区、机构相衔接的社会福利体系。

(二)1978 年以来我国农村社会保障制度的改革与发展

1. 农村社会救济制度的改革和发展

第一,救灾救济与扶贫相结合,变"输血"为"造血"。20 世纪 80 年代以来,随着家庭联产承包责任制的逐渐推广,传统的社会救助制度的弊

---

① 《2019 年民政事业发展统计公报》,2020 年 9 月 8 日,见 http://images3.mca.gov.cn/www2017/file/202009/1601261242921.pdf。

端逐渐凸显。为了适应农村经济发展的需要,我国开始了农村社会救济制度的改革,变单纯的生活救济向解决困难群众的生活困难与扶持生产自救相结合,通过扶贫开发鼓励灾区困难户、贫困人口以及优抚对象发展农副业生产,摆脱贫困。1986年,我国政府在积极开展农村社会救济改革的过程中,逐步确立了扶贫开发的基本方针,自此,我国的扶贫救济工作进入了新的发展时期,农村经济有了很大发展,贫困人口日益缩减,到1992年年底,我国农村的绝对贫困人口从1978年的2.5亿人减少到8000万人,从地域上来看,这8000万人主要分布在自然条件比较恶劣的中西部地区和贫困的偏远山区。为了进一步解决农村贫困问题,自1994年起,我国开始实施“八七”扶贫攻坚计划,到2000年年底,我国的扶贫开发经过七年的攻坚努力取得了显著的成效,贫困人口下降了60%左右。

党的十六大提出要全面建设更高水平的小康社会,为了实现这一目标,以江泽民同志为核心的党的第三代中央领导集体将扶贫开发提升到党和国家发展事业的全局高度,制定了两个中长期减贫规划,推动了西部大开发等区域发展战略的实施,促进扶贫开发迈入更高的发展水平。党的十八大以来,在以习近平同志为核心的党中央坚强领导和全国人民的支持下,在全国范围全面打响脱贫攻坚战,通过艰苦努力,到2020年年底,我国832个贫困县全部脱贫,消除了绝对贫困人口,实现农村贫困人口全面脱贫,创造了人类减贫史上的奇迹。贫困县退出以后,国务院扶贫开发领导小组组织中央和国家机关有关部门及相关力量对退出情况进行抽查,确保脱贫成果经得起检验。已经退出的贫困县、贫困村和贫困户在脱贫攻坚期内,有关扶持政策不变,支持力度不减,防止返贫确保脱贫质量和成色。

第二,农村最低生活保障制度的建立。改革开放以来,随着家庭联产承办责任制的推行以及大规模、有组织的扶贫开发活动的开展,我国农村的贫困问题有了很大改善,从1978年到2000年,中国农村没有解决温饱的贫困人口由 2.5 亿人减少到 3000 万人,贫困人口占农村总人口的比例由 30.7%下降到 3%左右。① 但是扶贫开发不是万能的社会救济形式,仍有很多农村贫困人口置于社会保障网之外,或者其基本生活并没有得到切实的保障。为此,党和各级人民政府从 1994 年开始,对传统社会救济制度的改革进行了新的探索——建立农村最低生活保障制度,它面向农村所有的贫困人口,对家庭人均收入低于最低生活保障线标准的农村居民实施物质救济,以维持其基本生活,是农村社会救济的最后一道安全网。21 世纪以来,根据中央的明确指示,我国部分地区积极探索建立农村最低生活保障制度,取得了显著的成效,为了进一步落实这项工作从地区试点逐步向全国推广,全面解决农村贫困人口的基本生活问题,国务院在 2007 年颁布了《关于在全国建立农村最低生活保障制度的通知》,决定在全国范围内建立农村最低生活保障制度。截至 2019 年年底,有农村低保对象 1892.3 万户、3455.4 万人。全国农村低保平均保障标准 5335.5 元/人·年,比上年增长 10.4%,全年支出农村低保资金 1127.2 亿元。②

2. 建立农村养老保险制度的探索

改革开放以来,随着集体保障功能、家庭保障功能的弱化以及人口老龄化程度的加深,我国农村的养老问题日益突出,建立农村养老保障制度的要求也越来越迫切。从 80 年代开始,我国农村部分地区开始建立农村养老保险制度的探索和试点。1992 年 1 月,民政部颁布实施《县级农村社会养老保险基本方案(试行)》,这是我国第一部关于农村社会养老保险的正式的法规性文件,该《方案》提出农村养老保险必须从农村实际出发,低水平起步;保险费用以个人缴纳为主,辅之以集体补助和国家支持;

---

① 参见《中国的农村扶贫开发》,2001 年 10 月 15 日,见 http://www.scio.gov.cn/zfbps/ndhf/2001/Document/307929/307929.htm。

② 《2019 年民政事业发展统计公报》,2020 年 9 月 8 日,见 http://images3.mca.gov.cn/www2017/file/202009/1601261242921.pdf。

此外,还提出了养老保险实施个人账户积累制等,与 80 年代的社区型养老保险制度相比,这是一个非常大的进步。自此,我国农村进入了建立现代社会养老保险制度的新探索时期,农村社会养老保障事业不断向前发展,到 2002 年年底,全国农村参加养老保险的人数为 5462 万人。①

进入 21 世纪之后,面临新形势新要求,我国在总结完善 20 世纪八九十年代建立的农村社会养老保险制度的基础上,在 2009 年下半年开展新型农村社会养老保险试点,以解决老农保在实施过程中存在的问题和矛盾。较之于老农保的自我储蓄积累方法,新农保实行了基础养老金和个人账户养老金相结合的养老待遇计发办法以及个人、集体、政府多元化筹资办法,有效激发了农民自愿参保和按时缴费的积极性,促进社会养老保险的可持续性发展,到 2012 年年底,新型农村养老保险制度基本实现了农村全覆盖。至 2019 年年末,城乡居民基本养老保险参保人数 53266 万人,比上年末增加 874 万人。其中,实际领取待遇人数 16032 万人。2019 年共为 2529.4 万建档立卡贫困人口、1278.7 万低保对象、特困人员等贫困群体代缴城乡居民养老保险费近 42 亿元,为 2885.5 万贫困老人发放养老保险待遇,6693.6 万贫困人员从中受益。全国 5978 万符合条件的建档立卡贫困人员参加基本养老保险,基本实现贫困人员基本养老保险应保尽保。②

3. 农村合作医疗保障制度的改革

随着农村经济体制改革的深入,合作医疗保障的不完全到位,衍生出一些新"看病难、看病贵""因病致贫、因病返贫"的问题,在农村人口的身体健康得不到良好保障的情况下,农村的贫困问题不仅不会随着农村经济的增长而得到缓解,反而会愈加严重。

因此,我国从 20 世纪 90 年代起,在总结完善的基础上开始恢复和发展

①　参见国家统计局:《2002 年度劳动和社会保障事业发展统计公报》,2003 年 5 月 7 日,见 http://www.molss.gov.cn/column/index-p8.htm。

②　《2019 年度人力资源和社会保障事业发展统计公报》,2020 年 6 月 8 日,见 http://www.mohrss.gov.cn/SYrlzyhshbzb/zwgk/szrs/tjgb/202006/t20200608_375774.html。

农村合作医疗制度,到20世纪末,农村合作医疗制度的重建运动达到高潮,很多农村地区纷纷结合当地实际、因地制宜地建立起农村合作医疗、农村合作医疗保险制度,在经济比较发达、条件允许的地区还开始了建立医疗保险城乡一体化的探索。进入新世纪,"三农"问题的日益突出成为全面建设小康社会的重要障碍,为了提高农村经济发展水平,缩小城乡差距,2002年,党中央、国务院发布《关于进一步加强农村卫生工作的决定》,明确提出各级政府要积极引导农民建立以大病统筹为主的新型农村合作医疗制度。新农合是由政府组织引导,农民自愿参加,以大病统筹为主,实行个人、集体和政府多方筹资办法的农民医疗保障制度,从2003年起开始在部分地区试点,到2010年覆盖率达80%以上。据统计,截至2013年年底,全国有2489个县(市、区)开展了新型农村合作医疗,参合人口数达8.02亿人,参合率为98.7%。2013年度新农合筹资总额达2972.5亿元,人均筹资370.6元。全国新农合基金支出2909.2亿元,补偿支出受益19.42亿人次,其中住院补偿0.93亿人次,普通门诊补偿15.2亿人次。[1]

党的十八大以来深化医疗体制改革取得重大进展。2018年2月12日,原国家卫生计生委副主任、国务院医改办主任王贺胜介绍称,中国基本医保参保人数已超过13.5亿,参保率稳定在95%以上,城乡居民大病保险制度覆盖10.5亿人;中国多项主要健康指标已优于中高收入国家平均水平,实现"一升两降",人均预期寿命从2010年的74.83岁提高到2016年的76.5岁。[2] 此外,农村的五保供养制度、社会优抚制度也随着经济体制改革的不断深入和农村经济的快速发展而开展了一系列的改革

---

① 参见国家卫生和计划生育委员会:《2013年我国卫生和计划生育事业发展统计公报》,中国政府,2014年5月3日,见 http://www.moh.gov.cn/guihuaxxs/s10742/201405/886f82dafa344c3097f1d16581a1bea2.shtml。

② 国家卫生和计划生育委员会:《中国基本医保参保人数已超13.5亿》,中国新闻网,2018年2月12日,见 http://www.chinanews.com/gn/2018/02-12/8447269.shtml。

和探索实践,取得了很大的成效。

三、我国现行社会保障城乡一体化
面临的主要问题和挑战

改革开放以来,我国社会保障制度建设取得巨大成就。但是,还存在社会保障体系城乡分割,未能实现全覆盖,统筹层次低,立法落后,城乡、地区和群体之间发展不平衡等问题。

(一)社会保障制度城乡分割,未能实现城乡全覆盖

社会保障制度城乡分割。所谓制度城乡分割就是应对同类保险的社会保障制度按不同人群进行分割的方式来实施。当前我国社会保障制度城乡分割主要表现为以下几个方面:在社会保障制度安排上、社会保障管理体制和运行机制上城市与乡村分割,就业人员与非就业人员分割,东部地区社会保障水平高于西部地区、城镇社会保障水平和保障层次全面高于农村。我国城乡居民、不同地区居民、不同社会群体分别享受不同的社会保障制度。譬如,按居民身份不同,有针对农村居民的新型农村社会养老保险、新型农村合作医疗,针对城镇居民的城镇居民社会养老保险和医疗保险;按是否就业,针对城镇职工的职工养老保险,针对机关、事业单位人员的养老保险制度,有针对城镇居民的城镇居民社会养老保险,有针对农村居民的新型农村社会养老保险,各地还有针对失地农民建立起的养老保险制度。社会保障制度城乡分割且碎片化,损害了城乡居民公平享有社会保障的权益,阻碍了社会保险账户转移接续的难度,不利于形成城乡统一的劳动力市场。[①] 社会保障制度城乡分割的主要原因是:一是城

---

① 参见胡扬名、李涛:《共享发展理念下城乡社会保障一体化研究》,《党政干部学刊》2017 年第 2 期。

乡二元经济结构和户籍制度。改革开放前城镇实行公费医疗与劳保医疗，农村实行合作医疗，由于制度变迁路径依赖性，继续沿袭旧体制，并采取分割方式推进。二是渐进改革的路径依赖。我国社会保障制度的改革采取"由点到面"逐步扩展的渐进策略，先局部试点试验，然后向全国推广。例如医疗保障，先从职工医保改革开始，再陆续建立覆盖其他人口的医保制度，从而导致了城镇就业人口与非就业人口的分割。三是各地自主试验。虽激发了地方的积极性与创新性，但因各地经济发展水平不同，又缺乏顶层设计，致使各地医保模式多种多样。①

　　社会保障未能实现全覆盖。社会保障必须实现公平普惠，即每一个公民都平等享有社会保障的权益，必须把城乡公民全部纳入我国社会保障体系。目前，由于我国人口基数大、增长过快，人口老龄化日益突出，加之计划经济形成的城乡二元社会经济结构和僵化的户籍制度还没有彻底破除，导致社会保障很难在短期内实现全覆盖。拿基本养老保险来说，截至 2016 年年末，全国参加基本养老保险人数达 88777 万人②，虽然与上年相比参保人数有很大增长，但仍有 5 亿人口未能参加养老保险，应保未保问题依然比较严重。随着城镇化以及非农产业化进程的加快发展，产生了农民工、失地农民等新的社会群体，这些人群为城市经济的发展做出了很大贡献，但是却因为户籍身份限制没有享受到应有的社会保障待遇，据统计，2013 年我国农民工人数已经发展到近 2.7 亿人，可是参加城镇职工基本养老保险的农民工只有 4895 万人，覆盖率不到 20%。在农村，我国虽然在 2009 年开始了新农保的试点，但是仍有很大一部分农民或由于无缴费能力，或由于对社会保险缺乏了解，或由于社会保障自身的制度

---

　　① 参见郑功成：《社会保障制度将从形式普惠走向实质公平》，人民网强国论坛，2012 年 10 月 26 日，见 http://fangtan.people.com.cn/n/2012/1026/c147550 - 19396976-3.html。

　　② 参见人社部：《中国社会保险覆盖范围不断扩大》，环球网，2017 年 5 月 25 日，见 http://www.huanqiu.com/r/MV8wXzEwNzM5Njc0XzkwXzE0OTU3MDMyMTE=#。

缺失等原因而未能参保或者脱保。

在社会保障的待遇水平方面,尽管当前我国经济保持中高速发展,城乡居民的人均收入也有了很大增长,但是社会保障的待遇水平总体上还处于偏低的层次。据统计,2013 年全国城乡居民的转移净收入为 3042元,仅相当于全国居民可支配收入 18311 元的 16.6%。尤其是农村,转移净收入的替代率不到 10%。其次从个别保障项目来看,最低生活保障标准远低于城乡居民的人均收入水平,失业保险对企业职工的年平均工资水平的替代率较低,远远落后于其他大多数国家。

(二)社会保障统筹层次过低,弱化互济职能的发挥

社会保障作为一种集体性的制度安排,是用集体的力量去化解个体的风险,根据大数法则,社会保障基金规模越大,统筹层次越高,抗风险能力越强,更有利于在更大的范围内进行风险分摊,更有利于互助互济功能的有效发挥。目前,我国的社会保险制度基本实现了社会统筹与个人账户相结合的保障模式,但是由于城乡二元的社会经济结构和现行户籍制度的影响,社会保险在绝大部分地区实行的是较低层次的市级统筹。这种统筹形式阻碍了统一劳动力市场的形成,不利于劳动力在不同企业、不同地区之间的合理流动,不利于互助互济功能的有效发挥。例如,在养老保险方面,当前我国城乡居民基本养老保险以县级统筹为主,城镇职工基本养老保险统筹层次在省级,部分省份养老保险基金当期缴费收不抵支的情况突出。在养老保险方面,农民工回归农村后的养老保险账户移转问题也更为突出。在医疗保险方面,当前新型农村合作医疗为县级统筹,城镇居民基本医疗保险一般为地市级统筹,较低的统筹层次不仅不利于异地就医的结算,也不利于医保制度的可持续发展,一旦发生基金超支问题,会带来参保者待遇的大幅度下滑。"参保人员要在不同统筹区之间转移养老保险关系,很可能影响到这两个统筹区养老保险基金的征缴和使用,因此,大多数统筹区都不支持养老保险关系的'无障碍'转移,而是

要附加一些条件,减少可能的损失。"①这些附加条件对于一些参保人特别是频繁流动的农民工来说很难做到,因此,许多人宁可选择退保。

在资金筹集方式上,经过四十多年的改革和完善,社会保障基金已经逐渐采取个人、集体、政府多方筹资办法,多元化的筹资渠道不仅可以减轻国家的财政负担,而且在多方力量的资金支持下,社会保障基金能够更好地按时、足额发放。但是现如今,社会保障的基金筹集障碍问题频现,一是个人的社会保障意识淡薄,放弃参保缴费,或是根本无力缴费;二是一些企业为了维持竞争实力,没有切实履行自己的缴费义务。

(三)社会保障立法落后,制度缺失

首先,我国的社会保障立法落后。社会保障作为社会主义市场经济体制的重要支柱之一,必须将其作为我国一项长期性的经济社会政策,而要实现其可持续发展,就必须促使其迈入规范化、法制化的轨道。当前我国的社会保障立法相当落后,至今还未能建立起来一部综合性的统一的"社会保障法",现有社保体系构建的法律支持主要以行政法规、地方法规、部门规章为主,在有些社会保障方面的立法基本处于空白状态。除了2010 年颁布的《中华人民共和国社会保险法》之外,针对其他社会保障项目的专门法,如《社会救助法》《社会福利法》等仍然处在草案征求意见和孕育的阶段,建立健全完备的社会保障制度的进程有待加快。

其次,现行社会保障制度存在制度缺失、有效性不高的问题。我国的社会保障制度已经确立了包括社会保险、社会救助、社会福利、社会优抚以及其他补充保障等主要内容的基本框架,并且随着我国经济实力的提高而逐渐完善,但是在城乡二元体制以及其他相关制度的配套改革滞后的影响下,社会保障的制度体系残缺不全,例如很大一部分被征地农民以

---

① 张媛:《社会保险法解读:养老保险基金逐步实行全国统筹》,《法制日报》2011 年 6 月 22 日。

及外来务工人员游离于社会保障之外；不完善的医疗保障体系衍生"看病难、看病贵"等问题；"城市偏向"政策导致农村大部分居民的基本生活得不到切实的保障，贫困人口增多；社会福利事业供求矛盾突出；等等。

（四）城乡、地区、群体之间利益失衡

20世纪五六十年代以来，由于城乡二元分割的社会经济结构以及僵化的户籍制度的影响，我国一直采取"城乡分治""城市优先"的政策理念，导致我国城乡的经济、文化以及公共服务设施存在明显的差距，而且随着我国总体发展水平的提高，这种差距不仅没有逐渐缩小，反而越来越大，特别是社会保障，东部地区与中西部地区、城市与农村的参保居民在覆盖范围、待遇水平、保障项目上存在显著的差异。进入21世纪，为了贯彻落实科学发展观以及全心全意为人民服务的根本宗旨，我国逐渐改变以城市为重心的发展模式，加大对广大农村以及其他中西部贫困地区的投入力度。在国家的大力支持之下，这些地区的社会保障制度取得了很大的成就，不过差距仍然存在。

首先，我国的社会保障水平存在显著的城乡差异。在养老保障方面，国家依靠行政手段，对企业退休职工养老金进行16年连调。城镇职工基本养老金的水平基本能满足老年的基本生活，但城乡居民基本养老保险距离老有所养、老有所依的养老标准还有较大差距。在医疗保险方面，城乡居民在同一病房、同一疾病，由于药物目录、报销比例的不同，城乡居民医保费用报销结果差距较大。在最低生活保障方面，根据民政部网站社会服务统计季报数据，2016年第二季度，城市最低生活保障平均标准473.3元/人·月；农村最低生活保障平均标准3468.5元/人·年，折合每月约289元，城市低保平均标准是农村的1.6倍[1]。从最低生活保障

---

[1]　参见中华人民共和国民政部：《社会服务统计季报》，2016年7月28日，见http://www.mca.gov.cn/article/sj/tjjb/qgsj/2016002/20160208041035.html。

的范围来看,对农村低保对象仅保障衣、食的需要,对城市低保对象不仅保障其衣、食,还保障住房、教育,这种有差别的制度安排有损最低生活保障制度的统一性和公平性。

其次,存在地区间差异。以 2014 年东部、中部、西部农民工参加"五险一金"情况为例。在东部地区务工的农民工"五险一金"参保率分别为:工伤保险 29.8%、医疗保险 20.4%、养老保险 20.0%、失业保险 12.4%、生育保险 9.1%、住房公积金 6.0%。在中部地区务工的农民工"五险一金"参保率分别为:工伤保险 17.8%、医疗保险 11.8%、养老保险 10.7%、失业保险 6.9%、生育保险 4.9%、住房公积金 4.7%。在西部地区务工的农民工"五险一金"参保率分别为:工伤保险 21.9%、医疗保险 13.6%、养老保险 11.4%、失业保险 7.7%、生育保险 5.8%、住房公积金 4.4%。东部均好于中西部地区,西部比中部要好。①

最后,随着城镇化和现代化进程的加快,农村出现了不少被征地农民和进城务工的农民工,他们失去了土地保障,却又因为社会保障仍然处于市级统筹层面而享受不到城镇居民所能享受的社会保险和社会福利待遇。有数据显示:"2012 年全国外出农民工中单位或雇主为其缴纳养老保险、失业保险、医疗保险、工伤保险和生育保险的比例分别仅为 14.3%、8.4%、16.9%、24%和 6.1%。而 2012 年全国城镇就业人员参加城镇职工基本养老保险、失业保险、城镇职工基本医疗保险、工伤保险、生育保险的比率分别为 61.9%、41%、53.5%、51.2%和 41.6%。"②这表明农民工进入城镇企业之后,其社会保障权益没有得到切实的维护。

---

① 参见国家统计局:《2014 年全国农民工监测调查报告》,2015 年 4 月 29 日,见 http://www.gov.cn/xinwen/2015-04/29/content_2854930.htm。

② 参见国务院发展研究中心农村部课题组:《从城乡二元到城乡一体——我国城乡二元体制的突出矛盾与未来走向》,《管理世界》2014 年第 9 期。

（五）管理体制分割，效率低下和资源浪费

我国社会保障管理体制曾经主要存在由人社部门、民政部门主管，其他诸如卫生部门、住建部门等协管的多头管理局面。多头管理势必造成政出多门，势必导致行政效率低下。以医保制度为例，新型农村合作医疗和城镇居民基本医疗保险自建立之初就分别归属卫生部门和人社部门管理。医保管理体制的分割，一方面造成了两套缴费标准、两套药品目录、两套报销标准，在医疗待遇上差异显著；另一方面城镇人员重复参保、财政重复补贴的现象导致公共资源的浪费。信息系统分割，多套经办队伍，数据平台分割，异地信息共享不顺畅，导致社会保障运行管理资源的重复建设和同质浪费等问题。早在2013年，国务院就提出整合城镇职工医保、城镇居民医保和新型农村合作医疗的管理职能，由一个部门统一进行管理，但无果而终。国务院于2016年颁布的《关于整合城乡居民基本医疗保险制度的意见》对两个制度的整合做出了明确的规定，"鼓励有条件的地区理顺医保管理体制，统一医保行政管理职能"，但对于合并后的管理归属问题并未给出具体说明。在最低生活保障制度方面，城镇低保由所在居委会代为实施，在农村由村委会代为实施，并无统一的专业经办机构。[1] 2018年党和国家机构改革以来，管理体制分割问题得到大大改善，行政效率也大大提高。

四、社会保障城乡一体化制度建设的可行性

鉴于上述现行社会保障制度存在许多的问题和挑战，为了促进国民经济健康发展、维护社会安全稳定，我们必须创新体制、改革机制，推动城乡的统筹发展，逐步缩小社会保障在城乡、地区、群体之间的差距，实现社

---

[1]　参见胡扬名、李涛：《共享发展理念下城乡社会保障一体化研究》，《党政干部学刊》2017年第2期。

会保障城乡一体化,这是新时代社会保障改革和发展的必由之路,同时也是实现共同富裕的必然要求。社会保障城乡一体化并不是毫无根据的幻想,而是在充分总结和借鉴的基础上提出来的,既体现了科学发展的内在要求,又符合现阶段的基本国情。下面将从三个方面对建立城乡社会保障一体化制度的可行性进行分析和阐述。

(一)社会保障城乡一体化的理念基础

为了改善城乡发展不平衡的局面,促进国民经济又好又快发展,党的十六届三中全会在提出构建社会主义和谐社会的同时首次提出了"以人为本""统筹城乡发展"这一发展战略。经过十几年的探索和实践,党的十八大结合复杂的国内外新形势新变化,在城乡统筹的基础上,提出了"推动城乡发展一体化",即改变城乡二元分割的社会经济结构,实现城乡在政策制定上的平等、产业发展上的互补以及国民待遇上的公平正义,让农民享受到与城镇居民同等的权利与实惠,促进城乡实现全面协调可持续发展。党的十八大还提出"加强社会建设,必须以保障和改善民生为重点",切实解决好人民最关心最直接最现实的利益问题,到2020年全面建成覆盖城乡居民的社会保障体系,使人们老有所养、病有所医、贫有所依、难有所助、鳏寡孤独废疾者皆有所养。党的十八届五中全会审议通过的《中共中央关于制定国民经济和社会发展第十三个五年规划的建议》旗帜鲜明地提出了"共享发展理念"。党的十九大报告指出:"增进民生福祉是发展的根本目的。必须多谋民生之利、多解民生之忧,在发展中补齐民生短板、促进社会公平正义,在幼有所育、学有所教、劳有所得、病有所医、老有所养、住有所居、弱有所扶上不断取得新进展,深入开展脱贫攻坚,保证全体人民在共建共享发展中有更多获得感,不断促进人的全面发展、全体人民共同富裕。"[①]从

---

① 习近平:《决胜全面建成小康社会 夺取新时代中国特色社会主义伟大胜利——在中国共产党第十九次全国代表大会上的报告》,人民出版社2017年版,第23页。

党的十六大到十九大,我们党提出的"以人为本、公平正义、共享发展"等有关城乡统筹发展的思想和规定,都为构建城乡一体化社会保障制度奠定了坚实的理念基础。

(二)社会保障城乡一体化的物质基础

改革开放四十年多来,我国取得了举世瞩目的成就。经济总量从世界第 6 位跃居为第 2 位,社会生产力、经济实力、科技实力,人民生活水平、居民收入水平、社会保障水平,综合国力、国际竞争力、国际影响力都迈上一个大台阶。这些历史性的成就无疑为实现社会保障城乡一体化奠定了雄厚的物质基础。据统计,从 2001 年到 2013 年,国内生产总值从 109655.2 亿元增加到 568845.2 亿元,年均增长 10%;2013 年,城镇居民可支配收入达到 26955 元,相当于 2000 年 6280 元的 4 倍;农村居民的人均纯收入也比 2010 年增加 3 倍左右。① 全国财政用于社会保障和就业的支出从 2010 年的 9130.6 亿元增长到 2013 年的 14417.2 亿元,年均增长 16.4%,用于医疗卫生的财政支出从 2010 年的 4804.2 亿增长到 2013 年的 8208.7 亿元,年均增长 19.5%,增长幅度较大。② 2016 年,国内生产总值达到 74 万亿元,全国居民人均可支配收入 23821 元,2016 年年末,参加基本养老、城镇基本医疗、失业、工伤和生育保险人数分别比 2012 年年末增加 9980 万、20750 万、2864 万、2879 万和 3022 万人。城乡居民基本医疗保险制度整合取得实质性进展,2016 年个人卫生支出占卫生总费用的比重下降到 30% 以下,基本医保总体实现全覆盖,覆盖城乡居民的社会保障体系基本建成。③ 可见,随着国内生产总值和城乡居民收入水平的逐年增加,我国对社会保障事业的投入力度也越来越大,为社会保障

---

① 参见《中国统计摘要—2014》,中国统计出版社 2014 年版,第 8 页。

② 参见《中国统计摘要—2014》,中国统计出版社 2014 年版,第 68 页。

③ 参见国新办:党的十八大以来经济领域进展成就发布会,见 http://www.beijingreview.com.cn/shishi/201710/t20171010_800106444.html。

全覆盖和待遇水平的逐步提高提供了强大的资金支持,从而也加快推动了社会保障城乡一体化的进程。

(三)社会保障城乡一体化的现实基础

我国已经开始了社会保障城乡统筹的试点和探索,并且取得了一定的成效,为实现社会保障城乡一体化提供了宝贵经验和现实基础。

首先,就社会保障制度本身来说,进入新世纪以来,我国不断加大对社会保障制度的改革和调整力度,特别是对农村社会保障制度的改革。例如,在养老保险方面,我国从 2009 年开始了新型农村养老保险制度的试点,城镇居民的养老保险也在 2011 年起开始实施。至此,覆盖我国城乡居民的社会养老保障体系基本确立,"双保"的试点实施填补了长期以来农村居民和城镇非就业人员养老保险的制度缺失,人人享受养老保险的制度目标得以实现。为了解决农民"看病难、看病贵"等问题,我国从2003 年开始探索建立新型农村合作医疗制度,为缩小城乡差距,建立统一的城乡医疗保障体系打下了坚实的基础。此外,城乡最低生活保障制度的建立和完善将社会保障的覆盖范围进一步扩大,逐渐将城乡所有贫困人口都纳入统一的社会救助体系,为缓解农村贫困,维护社会稳定,进而实现城乡一体化发挥了积极作用。

其次,在社会经济比较发达的一些地区,已经开始了社会保障城乡一体化的实践尝试。如江苏省昆山市按照"城乡有别、相互衔接、逐步一体"的总体要求,从 21 世纪初开始对社会保障进行制度创新和体系完善,全力推进农村基本养老保险和基本医疗保险的探索实践,并逐步实现城乡一体化。2008 年,江苏昆山在地方政府和人民的支持下,将"农保"与"城保"并轨,与城镇职工基本养老保险相配套,城乡居民养老保险全覆盖基本实现。上海浦东为协调推进社会保障城乡一体化格局的形成,采取"阶梯推进"的方式逐步统筹城保、镇保、农保和综保(针对外来务工人员的社会保险),并且创立了一种新的社会保障体系——农民市民化社会保障,在城保和农保之间构筑一个"缓冲"的阶梯,逐步缩小城乡社会保障的差距,为逐步实现城保和农保的无缝隙衔接打造一个良好合理的平台。这些成功案例使其他地区开展社会保障城乡一体化有了经验可循,建立全国统一的社会保障制度将"指日可待"。

第四章　我国社会保障城乡一体化
制度创新的总体构想

新中国成立以来,我国城乡社会保障制度建设取得很大成就,同时也存在突出矛盾和问题。中国特色社会主义进入新时代,我们应依据我国社会主义的新发展形势改革创新城乡社会保障制度,借鉴世界其他国家社会保障有益经验,走社会保障城乡一体化之路。我们将从理念、基本原则、战略目标三个方面阐述推进我国社会保障城乡一体化的总体构想。

一、我国社会保障城乡一体化制度创新的理念

理念是行动的先导,是管全局、管根本、管方向、管长远的东西。一定的社会实践都是由一定的理念来引领的。理念对了,目标任务就好定了,政策举措也就跟着好定了。综观当代世界尤其是发达国家的社会保障制度现状和发展趋势,可以发现,"以人为本、公平正义、互助共享"是社会保障制度的基本价值理念,我国社会保障城乡一体化制度建设亦不能例外。我们只有用"以人为本、公平正义、共建共享"的价值理念指导我国社会保障城乡一体化制度建设,才能真正全面、充分地发挥出社会保障制度有效的功能作用。

（一）遵循以人为本的价值理念

社会保障城乡一体化要遵循以人为本的价值理念。社会保障制度建设是当今世界各国普遍关注的重大社会政策问题,社会保障制度必须服务于社会发展和人的全面发展,以人为本是社会保障制度必须遵循的基本价值理念。这既是马克思主义的基本观点,也是中国特色社会主义必须坚持贯彻的重要原则。"以人为本"指的是人们处理和解决一个问题的态度、方式、方法,即人们抱着以人为根本的态度、方式、方法来处理问题,而所谓根本就是最后的根据或最高的出发点与最后的落脚点。① 坚持以人为本,就是要尊重人民主体地位,以实现人的全面发展为目标,从满足城乡人民的全面需求和根本利益出发谋发展、促发展,发展要依靠人民,让发展的成果由城乡人民共享。这就是要在经济发展的基础上,注重保障和改善民生,不断提高人民的生活水平和健康质量,充分保障人民享有经济、政治、社会、文化等各方面权益,让发展成果惠及广大人民群众,切实满足人民需要,以促进人的全面发展。

首先,社会保障城乡一体化要保障满足城乡人民的基本生存需求,保障人的生存权。生存权作为人类首要权利也是最基本的权利,人们只有享有生存权,获得基本衣食住行生活保障之后,才能进行其他经济社会活动,享有其他权利。只有满足衣食住行这些基本生存需求,人才能免除被控制、被剥夺,免除陷入生存困境或者导致病态甚至死亡的威胁。在现实社会中以人为本的社会保障理念要体现弱者优先的原则,社会保障应优先面向低收入困难群体,老年人、残疾人和未成年人等在生理上处于弱势状态的群体,失业者、下岗职工、农民工、失地农民等群体。在社会保障制度改革和建设中,应该集中资源,积极地向这些弱势群体提供物质和服务

---

① 参见黄楠森:《论"以人为本"的思想渊源和科学内涵》,《伦理学研究》2011年第 3 期。

帮助,同时增加其自身能力和素质,扩展其社会参与的途径和机会。

其次,社会保障城乡一体化要保障满足城乡人民的发展需求,保障城乡人民的发展权。一旦基本生存需求得到了保障,人们就需要远离痛苦和恐惧以及避免危险,生活需要有保障和规律性,就会需要公平的社会环境,需要在社会中被同等对待,要在稳定体面的工作和生活中获得尊重,体现自我价值。党的十八大报告所讲的人民平等发展权包括两个方面的内容,一是平等参与权,一是平等受益权。两者有着不可分割的联系,平等参与是前提与基础,平等受益是目标。如果没有广大人民的平等参与,就没有各项社会事业发展的动力源泉。如果改革发展的成果不能使广大人民受益,党和国家的政策就会迷失正确方向。

(二)遵循公平正义的价值理念

公平正义理念是社会保障城乡一体化的思想基础,也是社会保障城乡一体化的核心价值追求。统筹城乡社会保障制度的建设是实现公平正义理念的基本途径。公平正义是人类社会孜孜以求的理想和目标,它既是社会主义社会保障的核心价值目标,也是社会主义社会保障的核心价值追求。现代社会保障城乡一体化就是国家从公平正义出发,运用国家强制手段对社会资源进行国民收入的分配和再分配,为每一位城乡居民,尤其是在社会生活中处于困难和可能发生困难的社会成员提供物质上和精神上的保障,保证社会经济活动健康持续发展。社会保障中的公平正义就是平等地保障满足每一位国民的基本生活需求,保障每一位国民的生存权和发展权,不因身份、性别、民族、地域等差异而歧视或者排斥任何人,尤其保障社会弱势群体。

现阶段建设公平正义的社会保障制度,要按照党的十八大、十九大精神,从共享发展理念出发,实施全民参保计划,覆盖城乡每一位社会成员,没有遗漏,保障每一位社会成员起点的机会公平;国家应保障那些因先天性原因或遭受某些社会意外侵害而陷入生活困境的人基本生存条件,保障社会成员享有过程公平;国家应运用强制手段发挥收入再分配的功能,调节收入差距,保障社会成员享有一定程度的结果公平。

(三)遵循共建共享的价值理念

社会保障城乡一体化要遵循公平正义的价值理念。公平正义价值理念的实现最终必然落脚于使全体国民共享经济社会发展成果。没有公平正义价值理念,共享即是无源之水;而离开共享理念,公平正义也只能是无本之木。共享是实现社会保障城乡一体化公平正义的价值理念的基本途径。社会保障城乡一体化追求的共享,不仅需要体现在过程的参与和结果的分享上,还表现在这种共享的公平指向上。公平和正义不会自动实现,过程中的参与和结果的分享,并不能保证一个公平正义结果的产生,只有确保城乡每一位国民起点的基本权利平等、实质机会公平的过程参与,才有可能实现公平正义,只有在制度安排上关注分配结果公平的分享才是有意义的。①

社会保障城乡一体化以共享为目的,共建是实现共享的前提条件。没有城乡人民共建,不会有共享的物质基础;没有城乡人民共建,共享还面临着可靠性与合理性、合法性的质疑。共建共享原则体现的是国民的权利与义务相对应。国民社会福利的发展呈刚性增长态势,而经济无法永久持续增长,政府财力也就无法持续增长,这一矛盾决定了必须树立共建共享、责任共担的意识,在政府、企业、社会、个人之间构建合理的责任分担机制,不断壮大社会保障的物质基础。唯有人人参与、人人尽责、共建共享,才能确保社会保障制度可持续发展。

综观当代世界尤其是先进国家的社会保障制度,可以发现,"以人为本、公平正义、共建共享"是社会保障制度的基本价值理念,我国社会保

---

① 参见郑功成主编:《中国社会保障改革与发展战略》,人民出版社 2011 年版,第 13 页。

障城乡一体化制度建设亦不能例外。社会保障城乡一体化制度建设不能偏离这种价值理念,更不能违背这种价值理念。任何偏离或违背"以人为本、公平正义、共建共享"价值理念的社会保障改革和制度建设,都必然损害这一制度的自身价值与内在功能,导致目标落空。

二、我国社会保障城乡一体化制度创新的原则

我国社会保障城乡一体化制度建设不仅要以经济的发展为前提,更重要的还要遵循一定的基本原则。当代中国社会保障城乡一体化制度建设所应遵循的原则主要有五个:政府主导原则、普遍性原则、统一性原则、兼顾公平与效率原则、可持续原则。

(一)政府主导原则

在现代社会,有经济的、社会的和自然的各种风险,单靠个人和家庭无法化解,市场也不可能自发形成一套化解社会风险的保障机制。公民拥有的平等生存权和发展权不可能自发实现,只有通过国家的积极介入与合理干预才能实现。在我国,不断促进人的全面发展、全体人民共同富裕,是社会主义的本质要求。只有运用国家的力量才能消除社会保障的异化,正如马克思和恩格斯指出,"只有在共同体中,个人才能获得全面发展其才能的手段"①。社会保障是民生建设的重要组成部分,也是社会公共品,是市场机制失灵或者部分失灵的领域。因此,我国的社会保障制度建设,必须置于国家的统一管理之下,必须发挥以国家为代表的社会共同体的经济和政治力量,强化政府在社会保障城乡一体化制度建设中的主导作用并承担主体责任,政府要发挥立法和制度安排责任以及财政的支持与保障作用,组织协调处理城乡各方的利益关系。只有明确国家的

---

① 《马克思恩格斯选集》第 1 卷,人民出版社 2012 年版,第 199 页。

主导作用和主体责任,社会保障才能公平地、合理地进行相应的调整和完善,才能真正地服务于全体国民,逐步实现社会保障城乡一体化。

综观世界各国,不论是采取社会保险模式,还是福利国家模式或是强制储蓄模式,"政府在社会保障制度建构中始终是'领衔主演'的角色,具有其他责任主体所不具有的行为能力和行为资格","现代社会保障制度的完善很大程度上取决于政府责任的是否到位"①。因此,为了建立全国统一的社会保障制度,各级政府都必须把统筹城乡协调发展、构建社会保障城乡一体化新制度作为自己的重大使命和主要工作,坚持人民政府的责任主体地位,不断加大对农村社会保障制度建设的投入力度,为城乡一体化发展制定计划、组织实施、过程调控并且反馈结果。

在明确政府主导责任的同时,还需要落实社会保障制度其他社会主体之间的责任分担机制,以充分调动各方的积极性,动员各方资源,弥补政府力量的不足,最终促使社会保障城乡一体化发展。改革开放以来,随着经济体制的转型,计划经济体制下的国家—单位保障模式的弊端逐渐暴露出来,已经严重阻碍了社会经济的协调发展。从 20 世纪 80 年代后期开始,我国开始对"企业保障"进行改革,对社会保障采取社会统筹与个人账户相结合的方式,并且在资金筹集上,变国家、集体全部承担缴费为个人、集体、政府多方共同负担缴费义务。这种新的保障模式不仅可以减轻国家的财政负担,而且可以汇集其他社会主体的力量共同建设社会保障事业,弥补政府力量的不足。

(二)普遍性原则

各国对全体社会成员实现普遍性社会保障是世界各国社会保障立法所遵循的一条基本准则。"普遍性原则植根于公民社会保障权利平等的

---

① 徐瑞仙:《当代中国农村社会保障制度变迁及其路径依赖》,《天水师范学院学报》2013 年第 6 期。

基础之上,既是公平、正义、共享价值理念的具体体现,也是人人都应该平等地享有社会保障权利和政府向所有公民提供基本社会保障义务的具体体现。"①我国宪法第 45 条明确规定:"中华人民共和国公民在年老、疾病或者丧失劳动能力的情况下,有从国家和社会获得物质帮助的权利。"构建中国特色社会主义的社会保障城乡一体化制度必须坚持普遍性地基本原则,让每一个公民都能够普遍性的从这一制度中受惠,不因家庭、身份、职业、性别、种族、民族等原因而使某些人受到国民待遇的排斥或歧视。鉴于目前我国仍处于并将长期处于社会主义初级阶段的基本国情,社会经济发展不协调、不平衡、不可持续性问题突出,社会保障的普惠性不可能在短期内立即实现,必须结合现实分阶段推进。首先,应该在弥补制度缺失工作基本完成的条件下,继续加大对农村的投入力度,逐步提高农村居民的待遇水平,此外,进一步完善农民工、外来务工人员以及灵活就业群体的社会保障体系,解决制度衔接不畅导致部分群体仍然处于社会保障制度之外的问题,努力实现适度差别基础上的城乡居民全覆盖。其次,在城乡差距不断缩小、经济发展水平不断提高的条件下,使农村社会保障向城市社会保障并轨,实现制度整合,确保城乡居民都能平等地享有相应的社会保障待遇。

(三)统一性原则

统一性是社会保障制度实现公平正义、普惠所必须遵循的原则。统一性原则要求基本社会保障制度必须实现全国统一,只有统一的社会保障制度才能实现社会公平正义。统一的社会保障制度有利于实现公民社会保障待遇的平等权利,有利于实现劳动力的自由流动,有利于形成全国统一的劳动力市场及人才市场,缩小城乡差距和区域差距,缓解社会矛

---

① 郑功成:《中国社会保障改革与发展战略》(总论卷),人民出版社 2011 年版,第 13 页。

盾,维护社会稳定,促进社会流动与社会团结和融合,有利于提高社会保障制度的整体效益和总体运行效率。考察世界发达国家社会保障的实践历史,我们发现多元化社会保障制度在一定时期内不可避免,但多元化社会保障制度通常是不公平的制度安排,必然留下后遗症。①

　　社会保障城乡一体化是一项系统、复杂的工程,根据我国经济社会发展现状,不可能在短期内顺利完成,必须采取积极引导、逐步过渡的方式。首先,坚持"城乡统筹发展"的理念,改变"城乡分割""城市偏向"的政策倾向,把城市和农村作为一个整体进行综合考虑,统筹规划,避免城乡差距的逐步扩大。其次,在整体统筹的基础上,重点突破。由于城乡二元结构的制约,农村的社会保障较之于城市来说还比较落后,与农村非农产业化的发展进程不相适应,因此国家和社会应把更多的重心放在农村,建立健全农村的社会保障体系,完善新型农村养老保险制度和新型农村合作医疗制度,建立综合性的社会救助制度,逐步提高最低生活保障的待遇水平,消除农民生活的后顾之忧。就地区差异来说,中西部地区、边疆地区、少数民族地区由于自然条件恶劣、社会资源贫乏、人口少,经济发展水平比较低,人均收入较少,社会保障体系自然存在很多问题。为此,我们要加快西部大开发战略、精准扶贫战略,带动其他欠发达地区的发展,重点完善农村以及中西部地区的社会保障体系,缩小城乡、地区差异,应确保城乡社会保障制度之间的可衔接性,为实现社会保障制度的城乡统一、一体化发展而减少阻力。

（四）兼顾公平与效率原则②

　　公平与效率是社会保障的两块价值基石,正确的社会保障政策取向

---

　　①　参见郑功成:《中国社会保障改革与发展战略》(总论卷),人民出版社 2011年版,第 14 页。

　　②　参见张存国、汪宗田:《公平、效率与社会保障》,《光明日报》2015 年 12 月11 日。

应当寻求公平与效率的最佳结合点。作为一种运行体系,社会保障在其制度结构中,要内生出一种公平与效率的平衡机制,保障经济社会可持续发展。

公平的内涵与特征。公平是一种关系范畴,它的作用在于调节、规范一定社会范围内人与人、人与社会之间的各种利益分配关系,孤立的个人是不存在公平问题的。从不同的维度考察,公平有不同的含义。在经济领域中,公平表现为利益主体之间利益分配和利益关系的公正合理,即人们在社会生产中具有相同的地位和权利,它包括社会成员应平等地拥有工作、劳动的权利,在工作的机会上应该平等,在收入分配上应该平等。在政治领域中,公民应该拥有同等的政治地位和政治权利,表现在参政与议政、选举与被选举等方面。在社会领域中,公平是指社会制度及规则的公正、平等。在伦理上,公平是指人格上的平等,不管经济、政治和社会地位如何,每个人都有自己独立的人格,都应该受到尊重和保护。从哲学意义上讲,公平是指社会价值分配的合理性,它既包括一定的社会物质关系,也包括人们对这一社会物质关系的道德伦理评价。由此,社会公平就是社会的政治利益、经济利益和其他利益在全体社会成员之间合理而平等的分配,它意味着权利的平等、分配的合理、机会的均等和司法的公正。

公平具有以下特征:公平是人的主观价值判断,是人们对社会事物进行价值评价时表现出来的观念,它可以是一种主观感觉,也可以是一种学说、理想、主张或体现为一定的制度等;公平是一个社会历史范畴,它是随着社会经济关系的发展变化而发展变化的,不同的时代、不同的阶级、不同的学派各有不同的公平观,抽象的、绝对的、超时代的永恒公平是不存在的,没有永恒的公平定则;公平具有广泛性,其涉及政治、经济及社会生活的各领域,大到社会的基本政治、经济制度和体制,小到各项具体的规则措施。

效率的内涵与特征。从不同的维度考察效率,人们对效率的理解也各有所异。例如,经济效率是指成本与收益或投入与产出的比率。资源的配置效率即"帕累托效率",指的是社会资源的配置已达到这样一种境界,任意一种资源的重新配置会使一个人福利增加而不使另一个人福利减少。社会整体效率,是指社会生产对提高社会全体成员生活质量、促进社会发展的能力。我们可以抽象出一个一般意义上的效率范畴:效率是人的实践活动与其目的的关系,亦即人为了实现其目的而投入一定量的活动与所实现的目的的比例。人的一切活动都是为了实现某种目的,以一定的活动实现较高价值的目的就是高效率,反之就是低效率。

效率具有以下特征:效率的标准是客观的,它反映的是人与物的技术结合和组织形式,通常表现为投入与产出的关系,呈现的是客观事实而不是人们的主观评价;效率具有无止境性,在劳动中形成的生产力不管如何发达,总是具有向前发展的内在动力,必然随着人的需要的变化和劳动的发展而处于不断变化之中,不会永远停留在一个水平上;效率具有多层次性,可以被应用于诸多领域,例如,用于评价政治绩效的政治效率,用于评价经济活动成效的经济效率,用于评价文化教育功能的文化效率,用于评价个人工作成效的工作效率,等等。

公平与效率的关系及其对社会保障制度设计的影响。公平与效率是辩证统一的关系。效率是公平的基础,只有效率不断提高,才有公平的质的增进,损害效率终将损害公平。反过来,公平是效率的保证,要提高效率,就必须有一个公平的社会环境。起点公平、过程公平和结果公平的统一,才会促使效率的提高。如果其中的任何一个环节被扭曲甚至断裂,就必然导致低效率甚至无效率,同时会引发社会动荡和无序,终将更严重地损害效率。从这个意义上说,公平是效率的源泉与保证。总之,公平的发展离不开效率的支持,效率的发展离不开公平的推动,二者互为内容和手段。基于这种辩证统一关系,作为在社会公正基础上的公民基本权利的表现形式,社会保障的制度设计应兼顾公平与效率,寻求公平与效率的最佳结合点。

社会保障是国家从公平正义出发,运用国家强制手段对社会资源进行再分配和管理,为社会生活中困难和可能发生困难的成员提供物质上和精神上的保障,保证社会经济活动健康持续发展。现阶段建设公平正义的社会保障制度,要按照党的十九大精神,从共享发展理念出发,实施全民参保计划,覆盖城乡全体社会成员,形成一种机会均等的保障;国家应为那些因遭受某些社会风险侵害或因先天原因而陷入生活困境的人提供基本生存保障,使社会成员享有过程公平;国家要运用强制手段发挥收入再分配的功能,调节收入差距,使社会成员享有一定程度的结果公平。而社会保障的效率,则表现在通过为社会成员提供基本生活保障,消除其后顾之忧,从而调动其劳动的积极性、主动性;通过提供医疗卫生和基本教育、职业培训,提高劳动者素质,从而提高社会整体效率,提高社会全体成员生活质量,促进经济社会可持续发展。

(五)可持续原则

社会保障的城乡一体化建设必须与生产力发展水平相适应。生产力与生产关系矛盾运动规律是人类社会发展的一个基本规律,也是马克思主义政党始终保持自己先进性和制定路线、方针、政策的客观依据。生产力决定生产关系,生产关系对生产力具有能动的反作用。社会保障作为对国民收入进行分配和再分配的重要手段,必须遵循可持续发展原则,社会保障水平应与我国的生产力发展水平相适应。我国处于并将长期处于社会主义初级阶段,人口基数大、增长快、老龄化问题突出,生产力发展水平总体不强,区域经济发展不平衡,所以,社会保障待遇水平在短期内不应定得过高,盲目照搬北欧国家的"高福利"政策不适应我国基本国情,不仅会加重国家财政负担,导致社会保障难以为继,而且最终会拖垮国民经济,破坏先进生产力的发展。党的十八大以来,党中央围绕全面建成小康社会提出了社会保障制度改革的基本原则和主攻方向,即坚持全覆盖、保基本、多层次、可持续的基本方针,"按照兜底线、织密网、建机制的要求,全面建成覆盖全民、城乡统筹、权责清晰、保障适度、可持续的多层次社会保障体系"①。

鉴于城乡、区域经济社会发展的显著差距,社会保障的城乡一体化建设必须分阶段推进,首先,在承认适度差别的基础上建立多层次的一体化制度模式,并将这种差别控制在社会可承受范围内。然而,社会保障支出具有刚性,一旦设立就需要持续供给,需要政府有足够的财力保障长期供给。在加大财力投入时,要做好社会保障制度的顶层设计,确保社会保障可持续发展。其次,在经济发展水平不断提高,城乡居民收入不断增长的条件下,逐步提高社会保障的待遇水平和社会统筹水平,不断发展和完善社会保障体系。

三、我国社会保障城乡一体化制度创新的目标

建立健全社会保障体系,实现社会保障城乡一体化不可能一蹴而就,必须结合国情,整体筹划,逐步过渡。在此基础上,坚持全覆盖、保基本、多层次、可持续的基本方针,按照兜底线、织密网、建机制的基本要求,逐步实施社会保障城乡一体化制度创新三阶段战略目标。

(一)近期目标:逐步提高,覆盖城乡

目前,我国的社会保障项目已经比较齐全,几乎覆盖所有人群,但是在具体的制度设计和政策制定中部分困难群体仍然被"弃"于社会保障网络之外。因而,我们必须继续完善和调整社会保障制度以及相关配套制度的改革(户籍制度),着力扩大社会保障的覆盖面,到 2021 年中国共产党成立 100 周年时,基本建立覆盖城乡所有居民的社会保障体系,由制度全覆盖走向人人全覆盖,让每一个劳动者都能在因为年老、疾病、失业、

---

① 习近平:《决胜全面建成小康社会 夺取新时代中国特色社会主义伟大胜利——在中国共产党第十九次全国代表大会上的报告》,人民出版社 2017 年版,第47 页。

工伤等其他社会风险而陷入生存危机时,可以享受到国家和社会对其提供的经济援助和福利性服务。同时,我们必须要随着经济发展水平的不断提高,国家财政实力的不断增强,结合实际情况逐步提高社会保障的社会统筹水平以及待遇水平。由低层次的市、县级统筹向省级统筹转变是我国目前迫切需要解决的问题,因为统筹层次的提高不仅会带动待遇水平的提高,而且有利于缩小城乡差距,为城乡社会保障的制度并轨,建立全国统一的社会保障制度奠定坚实的基础。

(二)中期目标:缩小差距,制度并轨

为了能够把每一个劳动者都纳入社会保障体系,扩大社会保障覆盖面,我国针对不同的社会群体设立不同的社会保障制度,但是社会保障细化、城乡分割、地区分割、群体分割现象越来越严重,这种"碎片化"格局不仅拉大了收入差距,导致某种程度的社会不公,而且制度分割的现象必然会形成分散管理,从而给整个制度体系的健康、协调、可持续性运转带来混乱。

因而,在基本建立覆盖城乡所有居民的社会保障体系的战略目标实现的同时及之后,由"碎片化"向制度并轨整合转变将是我国社会保障制度发展的主要趋势。各级人民政府必须顺应时代潮流,依据"统筹城乡发展,实现城乡一体化"的理念指导,将城乡相同社会保障内容的不同制度进行并轨,并优化整合,完善体制机制,在统一管理参保对象的基础上,统一筹资渠道、统一缴费方式、统一计发办法、统一基金管理,实现社会保障的服务一体化,逐步消除各种制度壁垒,着力解决城乡各种社会保障关系接续转移困难的问题。在建立统一的城乡居民基本养老保险、城乡居民基本医疗保险以及城乡居民最低生活保障制度的基础上,到2035年城乡居民社会保障与城镇职工社会保障制度最终整合,基本实现社会保障城乡一体化。

（三）远期目标：城乡一体，全国统一

随着社会保障制度的全覆盖以及"碎片化"制度的整合优化，社会保障的统筹层次在省级统筹的基础上将过渡到全国统筹，碎片化格局不复存在，到 21 世纪中期新中国成立 100 周年时，建立完备的、公平的、有序的全国统一的社会保障体系得以真正实现。这样的社会保障体系已实现从一般普惠向公平普惠的转变，马克思主义社会保障城乡一体化制度真正确立，在统一领导、统一组织、统一管理、统一运行、统一监督的条件下，城乡居民在基本养老保险、医疗保障以及综合性救助制度上的差距基本消除，每个劳动者都能得到相应的公平的国民待遇。

此外，在这一阶段，与社会保障相关的社会服务将十分完善，针对老年人、残疾人、妇女、儿童专门设立的各种公益性机构和福利性生活服务设施都获得快速发展，社会保障不再是仅仅追求保障国民的基本生活，而在向生活质量型转变，努力保证国民不断增长的各种需求都能得到较高水平的满足，切实维护每一个公民的自由、平等和尊严，为迈进中国特色社会主义福利社会而奋斗。

四、我国社会保障城乡一体化制度创新的路径

新中国成立后，我国一直在探索社会保障制度建设，一直没有停止过，即使是在十年"文革"的动乱时期，社会保障事业仍在曲折中艰难发展，经过改革开放四十多年的努力，我国社会保障体系已经取得了举世瞩目的成就，但是在城乡二元的社会经济结构的长期影响之下，城乡分割的社会保障制度弊端逐渐暴露，已经成为经济社会协调发展的桎梏，因此，随着新型城镇化步伐的加快，我国必须顺应改革发展要求，遵循"以人为本、公平正义、共建共享"的价值理念，实现我国社会保障城乡一体化制度创新的路径。

（一）夯实物质基础，实现资金筹集渠道多元化

社会保障作为一项重要的社会经济制度，必须以生产力发展水平作为其正常运行的重要支撑。改革开放以来，我国的综合国力、经济实力和人民生活水平有了很大提高，国家财政实力的增强使社会保障事业在全国财政支出中的占比越来越大，社会保障事业取得了很大发展。但是，我们必须承认，在改革逐渐深入、经济快速发展的同时，经济社会发展不协调、不平衡、不可持续性问题突出，尤其是城乡、区域、行业、群体之间的差距越来越大，已经成为全面建成小康社会、实现社会主义现代化的主要障碍。据粗略统计，2016 年城市居民的收入水平约是农村居民的 3 倍，消费水平是农村居民的 2 倍，农村的贫困发生率远高于城市，而导致这种差距形成的制度因素之一就是城乡分割的社会保障制度。因此，我国必须着力破除城乡二元结构，逐步缩小城乡差距，让全体国民合理分享社会经济发展成果。要实现这一目标，我们仍然要坚持以经济建设为中心，坚持解放和发展社会生产力，推动经济健康持续发展，为构建城乡一体化社会保障制度提供坚实的物质基础。

社会保障制度要获得可持续性发展，必须保证资金的充分供给，确立多元化的基金筹集渠道。首先，有效落实"个人缴费、集体补助、政府拨款"的筹资方式，中央和地方政府一方面要加大对社会保障事业的投入力度，另一方面要对社会保障基金的征缴进行强制性法律规范，保证参保人及其单位能够按时缴纳费用，对社会保障费用的征收和计发要进行统一管理，防止社保基金被挪用或挤占，甚至导致个人账户"空账"等问题，保证社保费用能够按时、足额发放。

其次，开征社会保障税，将筹资办法从直接缴费型转变为国家税务机关依法征收社会保障税。这种以法律手段来强制征收社会保障费用的方式，不仅可以保证社会保障基金较高的到位率，提高基金的统筹水平，促进社会保障制度的定型、稳定发展，而且国家统一征收和管理社会保障税

强化了政府的管理职能,增强了社会保障事业发展和运行的公开性和透明性,有效克服个人或用人单位拒缴、逃缴、欠缴问题以及改善管理分散、各自为政的混乱局面。

此外,在保证基金保值增值的前提下,利用社会力量进一步拓宽社会保障的投资渠道,如发行社会保障彩票或债券;国家将中央和地方国有及国有控股大中型企业、金融机构的国有股权划转充实社会保障基金;增加房地产、体育、娱乐、饮食等其他服务业的税收,将征收的多余部分转换为社会保障费用;鼓励并支持社会公益组织、慈善团体以及个人或其他非正式群体积极开展的社会捐赠、公益宣传等慈善活动,在全国范围内借助所有人的力量广泛募集社会保障基金。

(二)改革农村社会保障制度,缩小城乡差距

伴随着社会主义市场经济的快速发展以及各种自然风险、社会风险的逐渐增多,农村社会保障的供求矛盾日益突出,成为建立健全社会保障体系、实现社会保障城乡一体化的桎梏。新农保、新农合以及农村最低生活保障制度的建立,实现了农村基本养老保险、基本医疗保险从无到有的转变,填补农村制度漏洞的任务基本完成,现行的农村社会保障体系几乎可以覆盖到所有农村人口。然而,由于我国社会保障制度是以"低水平,广覆盖"为目标指向,较低的待遇水平不能从根本上抵御自然灾害和市场风险对农产品和农民造成的巨大冲击,农民对社会保障的需求激增。面临城乡差距越来越大,农村社会保障供求矛盾越来越尖锐的情况,我们必须对农村社会保障制度进行更加深入的改革和更加全面的完善,真正实现家庭养老向社会养老的过渡,逐步缩小城乡社会保障的待遇差距,为建立全国统一的社会保障制度做好准备。

就具体的改革措施来说,建立以大病统筹为主的新型农村合作医疗制度,逐步提高医疗保险基金的统筹水平,落实个人缴费、集体补助、政府补贴的缴费方式,对困难群众实施门诊保险和住院保险相结合,真正解决

"看病难、看病贵"等问题,消除农民的疾病忧患;完善新型农村养老保险制度,实施"统账结合"的缴费模式,着力解决社保基金的挤占、挪用问题,逐步做实个人账户,在提高待遇水平的同时,将新农保与城市居民养老保险进行并轨,保障农民的个人账户养老金能够在不同地区实现有效转移;建立健全农村社会救助体系,使所有符合最低生活保障标准的困难群众都能获得政府和(村)集体提供的最低生活保障,加快完善其他专项救助措施,消除农民的生活后顾之忧,此外,要加快推进经济援助与救助服务的有效连接,帮助农村贫困对象真正摆脱贫困。

(三)深化户籍制度改革,完善农民工社会保障

1. 深化户籍制度改革,推进社会保险的有序转移

从 20 世纪 50 年代开始,我国一直实行的是城乡二元的户籍制度,将城市居民和农村人口划分为不同的社会群体,限制人口的自由流动,并且将户籍与住房、教育、医疗、就业、社会保障等进行挂钩,对不同群体赋予不同的福利待遇和竞争机会。这种封闭式的户口管理方式严重阻碍了城市化进程,限制了生产要素的合理配置,不利于建立全国统一的劳动力市场。改革开放以来,随着经济体制改革的深入,我国对城乡分割的户籍制度做出了相应的调整,伴随着户籍制度的改革以及城乡统筹工作的进行,我国的社会保障制度取得了很大的成就。但是,由于城乡二元的社会结构没有从根本上改变,城乡、地区差距仍然存在,农民市民化的高昂成本使流动人员和失地农民的合法权益受到损害,社会保障体系中不公平、不合理问题逐渐增多,这些改革中的深层次矛盾日益突出,成为全面建设社会主义现代化国家的障碍。为了顺应改革要求,我国必须加快户籍制度改革,建立城乡统一的户口登记、管理制度,着力解决由僵化的户籍制度形成的社会保障待遇水平存在差距,以及不同地区社会保险关系接续转移难等问题,为建立社会保障城乡一体化制度铺平道路。

首先,我们要保持户籍制度改革和社会保障制度改革的协调发展、同

步推进。努力促进具有合法稳定职业或生活来源、固定住所的外来人员在城市落户,一旦转换为城镇居民,不管是新移民还是原城镇居民都应该平等享有社会保障权利并履行缴费义务,促进劳动力的自由流动,加快城镇化步伐。其次,鉴于我国经济发展水平不是很高,城乡、区域、行业差距比较明显,户籍制度改革不可能一步达成,只能结合发展现状分步推进,现阶段,应该在全国范围内建立居住证制度,根据居民的实际居住地进行户口登记,实施注册制,社保关系则根据居住证进行有序转移。最后,在统一居民户口改革的基础上,将户口管理与附着在户籍上的住房、教育、社会保障、公共服务等各种经济利益进行完全脱钩,将他们纳入各自的领域进行专门管理和安排,消除"碎片"户籍背后的社会福利待遇不均等隐患,逐渐缩小城乡、地区、群体之间的社会保障待遇水平,遵循"全覆盖、保基本、可持续、多层次"的基本方针,逐步构建全国统一的社会保障城乡一体化制度。

2.结合农民工的流动性特点,提高农民工的社会保障水平

据统计,截至 2016 年年底,我国的流动人口数有 2.45 亿人,解决并完善这一群体的社会保障制度十分重要,既关系到农民工的合法权益,也体现出执政党的工作理念。就国情来说,将农民工全部纳入城镇社会保障体系还是农村社会保障体系在现阶段都不具备可行性。农民工数量大、流动性强,不同的工作和居住条件显示出它们对融入城市生活的不同态度,因此,我们应该针对农民工的不同情况和不同需求做出不同的制度安排。依据农民工对城市生活的融入程度,将那些具有正规工作、稳定住所的农民工纳入城镇社会保障体系,与城镇职工享有同样的保障水平。而对于暂时没有稳定工作和住所、流动频繁的农民工来说,最好办法是设立专门的农民工社会保障制度,依据他们的工资收入水平确定相应的缴费标准和待遇水平,适当放宽准入条件,简化社保基金转移手续,待他们在城市稳定下来之后,再将它们归入"城保",个人账户基金全部转移,缴费年限不累积计算。如果最终还是要回到农村,同样可以将他们的个人账户基金直接转移到农村,按照农村的相关规定给予保险待遇。这样做,不仅很好地维护了农民工的社会保障权益,防止农民工被边缘化,实现从制度全覆盖向人人全覆盖的转变,而且在城乡社会保障之间建立新型的农民工社会保障制度有利于缩小城乡差距,为农村社会保障向城市社会保障的并轨做好准备。

3. 改革"土地换社保"模式,保障失地农民的社会保障权益

从当前情况来看,以"土地换社保"的城市化政策并不能切实保障失地农民的福利待遇。一方面,失地农民社会保障不到位。农民以拥有永久承包权的土地"购买"的社保比较单一,而且保障水平较低,与城镇社保的待遇水平存在很大差距。另一方面,农转非人员生活压力增加。土地被征用之后,地方政府对失地农民的"农转非"安排没有有效落实,导致失地农民面临新的再就业压力以及城市快节奏、高消费的生活压力。在双重压力以及社会保障不到位的情况下,失地农民将面临更大的生存威胁。目前,我国已经进入全面深化改革的攻坚阶段以及全面建设社会主义现代国家时期,完善失地农民的社会保障对于建立社会主义新农村,实现城乡一体化具有极其重要的地位。

首先,要努力解决历史遗留的失地农民社会保障的缺失等问题,适当减免失地农民进入城镇社会保障体系所需要补缴的费用。所谓的"土地换社保"并不是说农民仅仅通过土地就可以获得和城镇居民同样的待遇水平,他们还必须从土地补偿款中提取一部分来补缴社会保险费,只有满足 15 年的缴费年龄才能在退休时领取养老保险金。其次,完善征地补偿政策,加大征地补偿力度,"对于征地的土地补偿收益,统一政策,明确界定村集体和农民的分配比例"①。土地补偿款中的集体保留部分主要用于农转非人员的安置工作,保证失地农民的参保以及促进农转工人员的再就业,剩余部分为农村人口提供公共服务。此外,失地农民有权从利用

① 姜爱华、马静:《北京市城乡结合部社会保障的问题与对策研究》,《中国行政管理》2012 年第 8 期。

土地补偿款兴办的乡镇企业中获取一定比例的利润份额,变一次性土地补偿为终生保障。① 最后,逐渐改变"土地换社保"的保障模式。现阶段,我国已经进入以工哺农,以城带乡的城乡统筹发展阶段,党和各级人民政府必须加大对农村社会经济发展的投入力度,着力解决城市化进程中产生的一系列问题,无论是农民还是市民,无论拥有土地还是没有土地,都应该平等地享有社会保障权,用土地换城市户籍进而换取城镇社保的政策要逐步改变,切实维护农转非人员的合法权益。

（四）全面建成城乡一体化的三维社会保障体系

我国城乡分割分治的社会保障体系是计划经济时代的产物。新中国成立伊始,我国采取优先发展重工业的战略,以农补工,对农产品实行统购统销以及工业产品与农业产品"剪刀差",由此产生中国独特的城乡经济社会二元结构的各项规章制度,例如户籍制度、劳动就业制度、分割的医疗制度、社会保障制度,等等。随着我国改革开放事业的深入推进、工业化和城镇化的快速发展,原来城乡分割的二元社会保障制度造成了社会保障统一性与公平性的先天不足,导致了效率低下与资源浪费,阻碍了城乡融合发展,也延缓了城市化进程,还衍生出新的社会问题或矛盾,亟须变革。因此,打破城乡二元分割社会保障体制,改革农村社会保障制度,全面建成城乡一体化的社会保险、社会救助和社会福利三维社会保障体系。

全面建成城乡一体化社会保障体系,就要坚持全覆盖、保基本、多层次、可持续的基本方针,"按照兜底线、织密网、建机制的要求,全面建成覆盖全民、城乡统筹、权责清晰、保障适度、可持续的多层次社会保障体系"。② 实

---

① 参见刘广兴:《北京市失地农民社会保障政策研究》,《劳动保障世界》(理论版)2010 年第 9 期。

② 习近平:《决胜全面建成小康社会 夺取新时代中国特色社会主义伟大胜利——在中国共产党第十九次全国代表大会上的报告》,人民出版社 2017 年版,第47 页。

现制度框架基本定型、体制机制更加完善、保障项目基本完备、制度衔接顺畅有序,管理服务更加高效便捷,建成覆盖城乡、更加公平可持续的社会保障体系。社会救助、社会保险和社会福利是社会保障体系的三个基本组成部分。坚持农村与城市有机衔接,在保障项目上以社会保险为主体,以社会救助保底层,以社会福利为辅助,借助国家、社会、农村集体、个人家庭四种力量协同建设覆盖城乡的三维社会保障体系。

第一层次是社会救助。它是国家依法对因疾病伤残、死亡、灾害等不同情况而长期或暂时陷入困境的社会成员无偿提供物资、资金、服务等形式帮助,以保障最低生活需要的一种制度。社会救助处于国家社会保障网的最低端,承担着托底线救急难、缓解社会矛盾、维持社会稳定的重要作用,被称为整个社会的"最后一道安全网"。第二层次是社会保险。它是国家依法为丧失劳动能力、暂时失去劳动岗位或因健康原因造成损失的人员提供基本生活保障的一种社会和经济制度。社会保险对象是整个社会成员中最基本、数量最大的部分,也是国家社会保障体系的最重要组成部分。与其他社会保障类型相比,社会保险所面对的风险最多,所要解决的问题最多,因而成为社会保障体系的主干,居于核心地位,其主要项目包括养老保险、医疗保险、失业保险、工伤保险、生育保险。第三层次是社会福利。它是国家依法在既定的生活水平的基础上,在国家财力允许的范围内,提高公民物质生活和精神生活质量的福利性措施。

(五)建立全国统一的社会保障监管服务体制

实现社会保障城乡一体化,必须建立全国统一的社会保障监管服务体制,因为只有对社会保障的制度设计、政策制定、组织实施、基金收发进行统一、规范管理和严格、全面监督,社会保障事业才能顺利开展。社会保障的监管体制由三部分组成,分别掌握行政权、执行权和监督权,三权相互独立又彼此制约。首先是社会保障的行政机构,主要负责制度设计、制定政策和筹划实施方案,为执行机构提供指导和监督。其次是社会保障的经办机构,坚持政事分开的原则,经办机构主要负责将社会保障的发展规划付诸实践,以及办理基金征缴、计发、管理等具体业务,为了防止地方政府因权力过大而损害人民群众利益情况的发生,我们应该对社会保障的业务经办机构进行垂直管理,避免政出多门、管理混乱的现象,建立全国统一的社会保障公共服务平台,减少运行成本,提高工作效率和服务水平。此外,为满足人民群众对社会保障服务质量的更高要求,加强加大人员队伍的建设工作,着力提高工作人员的专业素质和服务水平。最后是社会保障的监督机构,政府通过设立专门的监督机构,主要负责对社会保障的行政管理工作、日常业务执行工作进行全方位的监督,保证社会保障制度和政策制定过程中的公平、合理以及基金征缴和发放的正常运行和健康发展,尤其是对社保基金的管理和运行的监督丝毫不能马虎。

第五章　我国社会保障城乡一体化制度创新的对策措施

当前,我国已经进入全面深化改革的攻坚阶段和全面建设社会主义现代化国家时期,彻底破除城乡二元体制,建立覆盖全民城乡一体化的社会保障体系,保障农村居民享有与城市居民同等的社会保障权益的要求已经愈加迫切。本章主要从社会保险、社会救助、社会福利三个方面论述如何构建城乡一体化的社会保障制度。

一、社会保险城乡一体化制度创新的对策措施

社会保险是国家依法为丧失劳动能力、暂时失去劳动岗位或因健康原因造成损失的人员提供收入或补偿的一种社会和经济制度。社会保险的主要项目包括养老保险、医疗保险、失业保险、工伤保险、生育保险。社会保险是社会保障体系的主干,在整个社会保障体系中居于核心地位。

(一)养老保险城乡一体化制度创新的对策措施

养老保险制度是我国为避免社会成员因退休或年老等风险无法维持基本生活,保障人人"老有所养"的一种制度安排,是社会保险体系的核心。因而,推进养老保险制度城乡一体化是构建城乡一体的社会保险制度的重要环节。

1. 我国养老保险发展的现状及成就

我国养老保险制度始建于新中国成立初期,长期以来,我国养老保险一直采取城乡分割的制度模式和管理体制。改革开放以来,经过不断充实和调整,我国养老保险制度发生了很大变化。进入新世纪,我国养老保险制度取得很大成就。目前,在城市主要实行社会统筹与个人账户相结合的城镇职工基本养老保险制度以及国家事业单位退休养老制度。农村从 20 世纪 90 年代以来是由民政部主导建立的农村社会养老保险制度。2009 年随着新型农村社会养老保险制度(以下简称新农保)和 2011 年城镇居民养老保险制度的试点展开,填补养老保险制度空白的任务基本完成,新农保、城镇居民养老保险和城镇职工基本养老保险构成了我国基本养老保险体系的主干,我国不仅实现了养老保险的制度全覆盖,而且在覆盖范围不断扩大的同时,城乡居民的养老待遇水平也在不断提高。2014 年 2 月,新型农村社会养老保险与城镇居民养老保险合并为城乡居民养老保险制度。2014 年 10 月,国家事业单位养老保险制度改革为社会统筹和个人账户相结合的方式,城镇各类职工基本养老保险制度实现了统一。截至 2016 年年末,全国参加基本养老保险人数达 88777 万人,同比增加 2943 万人。全年基本养老保险基金收入 37991 亿元,比上年增长 18%;其中征缴收入 27500 亿元,比上年增长 16%。全年基本养老保险基金支出 34004 亿元,比上年增长 21.8%,年末基本养老保险基金累计结存 43965 亿元。①

2. 我国养老保险存在的主要问题

改革开放以来,我国基本养老保障制度在取得巨大成就的同时,还未解决城乡二元分割基本养老保障制度以及碎片化等问题。

城乡多元化养老保险制度缺乏公平。在城乡二元结构的影响之下,

---

①　参见人社部:《2016 年度人力资源和社会保障事业发展统计公报》,见 ht-tp://www.mohrss.gov.cn/。

我国社会保障制度城乡分割、区域分割、社会人群分割,城乡之间、不同群体之间社会保障待遇存在差距。以基本养老保险为例,长期存在的"城乡分设""城市偏向"问题以及僵化的户籍制度安排导致城市居民与农村居民、农民工与城镇企业职工所能享受到的养老福利待遇是不平等的。全国外出农民工中单位或雇主为其缴纳养老保险、失业保险、医疗保险、工伤保险和生育保险的比例远远低于当年全国城镇职工的参保比率。加之未把城镇某些机关事业单位的国家工作人员纳入参保人数中进行城镇职工的参保率计算,实际上城镇职工的参保率更高。① 这些数据表明城乡养老保险在保障水平、待遇支付方面存在极大的不平等。其主要原因是城乡分设,统筹层次低,主要是市县级地区统筹或省级统筹,还没有实现基本养老保险的全国统筹。

多元化社会养老保险制度衔接困难。为保障养老保险的全覆盖,我国已经针对不同人群设立了不同的养老保险制度,如在农村,除了新型农村养老保险之外,还有针对特殊人群的养老保障(如"五保"供养、低保)、失地农民养老保险、农民工养老保险。在城镇,有针对国家机关工作人员的养老保险、城镇企业职工养老保险、城镇非就业人员养老保险,有些地区还有为城镇灵活就业人群单独构建的专门养老保险。在工业化、城镇化快速发展的背景下,多元化的养老保险制度虽然在一定程度上有利于弥补制度缺失、扩大覆盖面,但是随着流动人员的规模越来越大,速度越来越快,以及基于户籍身份制的限制,这种"碎片化"的养老保险体系不仅孕育出社会保障新的不公,使新型城镇化与农民市民化分裂成两个过程,而且缺乏衔接转换,导致农民工等流动人员重复参保现象以及退保现象严重,另外仍有很大一部分农民工游离于社会养老保险制度之外。②

---

① 参见国务院发展研究中心农村部课题组:《从城乡二元到城乡一体——我国城乡二元体制的突出矛盾与未来走向》,《管理世界》2014 年第 9 期。

② 参见刘阳阳、李三梅:《构建城乡一体化的基本养老保险制度的探究》,《湖南农机》2014 年第 9 期。

此外,由于社保关系转移不畅,导致重复参加养老保险,重复领取养老金现象。重复参保不仅加重了国家财政负担,而且导致资源浪费,影响养老保险风险分散、互助互济功能的有效发挥。

综上所述,鲜明的城乡二元体制是养老保障公平可持续性发展的严重桎梏,缩小城乡差距,整合碎片化制度,完善接续转移方案,建立统一的城乡养老保险制度已经成为我国基本养老保险制度改革和建设的必然趋势。

3.推进养老保险城乡一体化制度创新的对策措施

养老保险制度是社会保障体系的重要组成部分,实现养老保险的城乡一体化,不仅有利于维持社会和谐,而且有利于促进经济发展。目前我国养老保险存在板块分割的特点,不同人群的待遇差距、流动人员的养老保险转移难等问题突出。党的十八大以来,党中央围绕全面建成小康社会提出了社会保障制度改革的基本方向,即实现制度框架基本定型、体制机制更加完善、保障项目基本完备、制度衔接顺畅有序,管理服务更加高效便捷,建成覆盖城乡、更加公平可持续的社会保障体系。

实现基础养老保险金全国统筹,促进公平性。我国养老保险制度的公平性问题主要在于基金统筹层次低。实现基本养老保险全国统筹是解决这一问题的根本途径。2011年实施的《中华人民共和国社会保险法》规定基础养老保险基金逐步实现全国统筹,其他社会保险基金逐步实现省级统筹。党的十九大报告指出:"完善城镇职工基本养老保险和城乡居民基本养老保险制度,尽快实现养老保险全国统筹。"[1]建议首先建立一个强制缴费率门槛较低、各类劳动者都能参加的"国民基础养老金"。城乡各类劳动者都应参加基础养老金。城镇地区所有工资劳动者,包括机关事业单位职工和各类企业雇员应全部参加全国统筹的国民基础养老

---

① 习近平:《决胜全面建成小康社会　夺取新时代中国特色社会主义伟大胜利——在中国共产党第十九次全国代表大会上的报告》,人民出版社2017年版,第47页。

金,由雇主单位为他们缴纳相当于工资总额 12%的养老保险费。所有非工资劳动者,包括农业劳动者、城乡个体劳动者和非正规就业人员也应强制参加基础养老金,但是允许非工资劳动者以工资劳动者的社会平均工资为缴费基数,由本人按标准缴费率(12%)的一定折扣率向基础养老金缴费[①]。其次,做实个人账户。我国养老保险制度从传统现收现付制向社会统筹和个人账户相结合的改革,转轨成本较大,即养老隐形债务。面对养老金缺口不断扩大,建议利用国有资本收益充实社会保障基金,消除养老隐形债务,做实个人账户。

整合多元养老保险制度,建立全国统一的国民养老保险制度。推进新农保与城镇居民养老保险制度、城镇职工养老保险制度的并轨整合,实现城乡一体化。首先,由碎片化向有序组合转变。将农村的农保和特殊养老保障按实际情况并入新农保;取消各地区建立的农民工、失地农民社会养老保险制度,将具备参加城镇职工养老保险的流动人员直接转入城镇职工养老保险,个人账户基金全部转移,缴费年限不进行折算,不具备参加职工养老保险条件的城乡居民可在户籍所在地自愿参加新农保或城居保;在碎片化整合的基础上,逐步扩大各养老保险的覆盖面,打破户籍限制,将所有符合条件的城乡居民全部纳入多元化养老保险体系,"实现从现行杂乱无序、交叉与遗漏并存的多元制度窄覆盖,到有序组合的多元制度全覆盖的转变"[②]。其次,推进新型农村养老保险制度与城镇居民养老保险制度并轨。经对比发现,新农保与城镇居民养老保险在制度模式、筹资办法以及待遇支付方面基本一致,这说明我国已经充分认识到这两个养老保险制度的未来整合趋势,并且为二者的衔接做好了超前谋划和预留了整合空间(如表 5-1 所示)。

---

① 参见沈开艳等:《中国社会保障》,清华大学出版社 2018 年版,第 59 页。

② 郑功成:《中国社会保障改革与发展战略》(总论卷),人民出版社 2011 年版,第 101 页。

表 5-1　三种养老保险制度的比较

	新型农村养老保险	城镇居民养老保险	城镇职工养老保险
试点时间	2009 年	2011 年	20 世纪 50 年代初
保障对象	年满 16 周岁、不是在校学生、未参加城镇职工养老保险的农村居民	年满 16 周岁、不是在校学生、未参加城镇职工养老保险的城镇非就业居民	各类企业职工或者其他有能力有意愿参加的社会成员
制度模式	社会统筹与个人账户相结合	社会统筹与个人账户相结合	社会统筹与个人账户相结合
筹资办法	个人缴费、集体补助、政府补贴（以政府为主）	个人缴费、政府补贴（以政府为主）	个人与用人单位缴费，政府补贴（以用人单位为主）
养老金待遇	按月领取；基础养老金（55 元）+ 个人账户基金（全部储存额/139）	按月领取；基础养老金（55 元）+ 个人账户基金（全部储存额/139）	基础养老金 =（全省上年度在岗职工月平均工资+本人指数化月平均缴费工资）/2×缴费年限×1%；个人账户养老金 = 全部储存额/本人退休年龄相对应的计发月数
法律强制性	自愿原则	自愿原则	依法强制参加

但是这两项养老保险制度与城镇职工养老保险制度仍存在不同，在短期内很难实现三者的统一并轨。因此，要建立全国统一的城乡居民养老保险制度，可以以新农保与城居保的衔接为切入点，在有效促进二者的衔接中，逐步实现对农民和城镇非就业人员的居民的养老保险制度统一，然后建立全国统一的城乡居民养老保险制度。① 最后，做好城乡居民养老保险制度与城镇职工养老保险制度和公职人员养老保险制度的衔接工作，待时机成熟时推进多元并轨，形成国民基本养老保险制度。随着城市化和现代化步伐的加快，我国劳动力结构发生了很大变化，许多人员在不同所有制、不同行业、不同地域之间频繁流动，人们的职业、身份经常变

———————

①　参见姜宏大:《城乡养老保险一体化问题探究》,《前沿》2015 年第 1 期。

动,这已经成为社会发展不可逆转的潮流。地域、职业的变动必然会带动养老保险关系的转移,在当前仍需要多元化养老保险制度支撑所有社会成员的养老保障权益的情况下,为促进养老保险的公平可持续性发展,我们必须做好社会养老保险关系的接续转移工作,取消固化户籍限制下转移社保关系的附加条件,允许参加新农保或城居保的居民一旦符合条件可顺利转入城镇职工养老保险,具体办法参照 2014 年 7 月正式实施的《城乡养老保险制度衔接暂行办法》。推进城乡居民养老保险与城镇职工养老保险的无障碍衔接,不仅可以切实维护参保人尤其是流动人员的养老保障权益,而且可以避免重复参保现象的发生,节约资源。在推进新农保和城居保"双保"并轨与促进城乡居民养老保险和城镇职工养老保险统筹发展的基础上,在有条件的地区,逐步将城乡居民养老保险与城镇职工养老保险制度进行整合,待时机成熟一举建立全国统一的国民养老保险制度。

推进城乡养老保险经办管理体制的统一。实现基本养老保险制度的城乡一体化不仅需要在制度设计上统一制度模式、筹资办法、基金计发,还需要统一养老保险的业务经办机构,实现管理、经办一体化。首先,我们要将多元化的养老保险制度置于统一的基本养老保险经办机构和行政机构进行管理和监督,打破不同群体、不同险种分设监管体制的"碎片化"管理格局,只有这样,才能提高基本养老保险经办机构的办事效率,减少管理成本,而且只有建立了全国统一的基本养老保险经办机构,城乡二元分割体制才能彻底根除,养老保险制度之间才能真正实现畅通衔接。其次,由统一的经办机构对养老保险基金进行统一征缴和管理,不仅可以有效防止养老基金被肆意挪用或挤占,保证养老基金参保人达到领取养老金待遇条件之时可以按时、足额发放,还可以将养老保险基金在全国范围内进行统一投资运营,基金的保值、增值得以保证。与此同时,还需要建立城乡一体化的基本养老保险网络信息平台。长期以来的城乡二元体制和碎片化格局使养老保险的信息共享不畅通,参保人员不能随时查看自己的个人账户信息,导致重复参保或重复缴费现象频繁。因此,我们需要将各种养老保险的信息化系统整合成全国统一的网络信息共享平台,供经办机构、相关部门、个人、社会办理社保业务、查询信息,实现社保信息资源在全国范围内的有效共享。①

(二)医疗保险城乡一体化制度创新的对策措施

医疗保险是社会保险体系的又一主要内容,目的是通过对社会成员提供医疗保障来减轻国民的医疗负担和保障国民的身体健康。构建城乡一体化的社会保险体系,必须整合城乡居民基本医疗保险制度,并做好与城镇职工基本医疗保险的衔接工作,才能有效促进基本医疗服务的均等化,实现医疗保障的公平普惠性,真正解决全体国民"看病难、看病贵"以及"因病致贫、因病返贫"等问题。

1.我国医疗保险发展的现状及成就

我国传统的医疗保障制度始于新中国成立初期,基于城乡二元分割的状态,主要由公费医疗保险、劳保医疗保险和农村居民合作医疗保险共同构成。随着经济体制改革与经济社会发展,我国建立起了较完善的城乡医疗保险体系,目前具体包括城镇职工医疗保险、机关事业单位公费医疗保险、城镇居民医疗保险和新型农村合作医疗保险。

以中共中央、国务院 2009 年印发的《关于深化医药卫生体制改革的意见》为标志,我国开始新的医疗卫生体制改革进程,针对我国医疗服务资源城乡、地区发展不平衡问题,明确提出要做好城镇职工医疗保险、城镇居民医疗保险及新农合之间的衔接工作。2011 年 7 月正式实施的《中华人民共和国社会保险法》明确提出"省、自治区、直辖市人民政府根据实际情况,可以将城镇居民社会养老保险和新型农村社会养老保险合并

---

① 参见张勉:《从城乡统筹到城乡一体化,基本养老保险的实现路径研究》,《经济与社会科学研究》2015 年第 1 期。

实施",为统筹城乡居民基本医疗保险制度奠定了法律基础。2012年11月,党的十八大报告明确提出要"整合城乡居民基本医疗保险制度",到2020年之前全面建成覆盖城乡居民的社会保障体系,为进一步统筹城乡医疗保障指明了前进方向。2013年3月28日,国务院办公厅发布《关于实施〈国务院机构改革和职能转变方案〉任务分工的通知》,《通知》要求6月底前完成整合城镇职工基本医疗保险、城镇居民基本医疗保险、新型农村合作医疗的职责等。① 2013年5月24日,国务院批转发展改革委《关于2013年深化经济体制改革重点工作的意见》,《意见》提出在基本民生保障制度改革领域,要"整体推进城乡居民大病保险,整合城乡基本医疗保险管理职能,逐步统一城乡居民基本医疗保险制度,健全全民医保体系"②。2013年11月12日,党的十八届三中全会在《中共中央关于全面深化改革若干重大问题的决定》中再次强调要"健全城乡发展一体化体制机制""整合城乡居民基本医疗保险制度""完善社会保险关系转移接续政策""加快健全社会保障管理体制和经办服务体系"。可见,在当前社会保障改革的深水期,健全城乡医疗保障体系,推进基本医疗保障制度由多元并存向二元制度过渡,再向一元制度的最终并轨是实现基本医疗保险城乡一体化的必由之路。③

自2009年新的医疗卫生体制改革以来,我国的基本医疗保险体系取得了很大的发展,覆盖范围逐步扩大,保障水平越来越高,基金结余越来越多。截至2016年年底,我国全民医保体系已经基本建立起来,城镇职

① 参见国务院办公厅:《关于实施〈国务院机构改革和职能转变方案〉任务分工的通知》,2013年3月29日,见 http://news.china.com.cn/txt/2013-03/29/content_28392242.htm。

② 国务院批转发展改革委:《关于2013年深化经济体制改革重点工作的意见》,2013年5月24日,见 http://finance.people.com.cn/n/2013/0524/c1004-21604877.html。

③ 参见王春光:《统筹城乡医疗保障制度的新思考》,《农学学报》2015年第2期。

工医疗保险、城镇居民医疗保险和新型农村合作医疗保险三项基本医疗保险的覆盖人数已经超过13亿,参保率达到95%以上。①

2. 我国医疗保险存在的主要问题

我国的基本医疗保险体系虽然取得了很大成绩,但是深受城乡二元户籍制度影响,我国的医疗保险制度存在城乡分割、地区分割、人群分割、管理分割的情况,导致参保人群待遇悬殊、制度转移接续困难、资源配置分散、经办管理体制重复低效等问题。

城乡制度分割,待遇悬殊。我国城镇职工医疗保险、城镇居民医疗保险和新型农村合作医疗保险三项基本医疗保险制度在筹资模式、缴费标准、费用支付比例上存在较大的差异,这就必然会使不同医疗保险覆盖的人群所享受到的医疗保障水平存在差距。城镇职工基本医疗保险支付比例高达85%;城镇居民基本医疗保险支付比例在60%左右;新农合的住院补偿比例在50%左右。② 城镇职工基本医疗保险的待遇水平最高,其次是城镇居民基本医疗保险,新农合待遇水平比较低。从基金构成来看,与城镇居民基本医疗保险不同,城镇职工基本医疗保险采取的是社会统筹与个人账户相结合的制度模式,个人账户基金只用于职工个人的自付医疗费用,不用于统筹区范围内的互助互济,这不仅不符合社会保险的大数法则,而且会在城镇职工和城镇居民存在收入差别的基础上进一步拉大差距,这就违背了基本医疗保险调节国民收入、维护社会公平的价值理念。

管理分散,衔接困难。我国的三大基本医疗保险制度分属于不同的主管部门,新农合的管理部门是卫生部门,城镇居民基本医疗保险和城镇职工基本医疗保险的管理部门是人力资源和社会保障部门。这种分散式

---

① 参见《我国基本医疗保险覆盖人数超 13 亿》,见 http://www.gov.cn/guowuyuan/2017-10/05/content_5229626.htm。

② 根据人力资源和社会保障部网站、财政部网站、国家统计局网站数据计算得到。

管理不仅会降低工作效率,增加管理成本,而且各自封闭运行的多头管理模式一方面导致信息资源不能有效共享,无法避免不必要的重复工作,浪费资源,另一方面各个管理部门之间在行使权限时很可能产生矛盾和冲突,导致制度衔接困难。①

管理分割增加了城乡基本医疗保险制度之间的衔接困难,尤其对广大农民工来说,由于制度分设,多头管理,长期徘徊于城镇职工基本医疗保险和新型农村合作医疗保险之间,即使在获得稳定工作和固定住所的条件下参加了城镇职工基本医疗保险,如果没有当地户籍,仍然享受不到与持有本地户籍的企业职工同等的医疗保障待遇。与此同时,制度衔接困难导致重复参保、重复补贴现象,存在应报未保问题。农民工为了不被遗漏于基本医疗保险体系之外,他们会选择在参加新农合的同时继续参加城镇职工基本医疗保险,其在城镇上学的随行子女也会同时参加城镇居民基本医疗保险和新型农村合作医疗保险。截至 2011 年年底,共有 1086.11 万人重复参加新型农村合作医疗、城镇居民或城镇职工基本医疗保险,造成财政多补贴 17.69 亿元,9.57 万人重复报销医疗费用 1.47 亿元。② 这种重复参保、重复补贴不仅会加重参保人的缴费负担,而且会增加国家财政负担,浪费资源。此外,新农合的管理部门卫生计生委扮演了多个角色。首先,它作为一个行政部门对新农合的工作进行管理和监督。其次,它作为经办机构,既以乡镇卫生院为定点对农村居民提供医疗服务,又作为第三方代表新农合参保人购买医疗服务,供方、需方的身份交叠必然不能有效发挥其公正严明的监督职能。

城乡医疗保险的统筹层次不同。新农合与城镇居民基本医疗保险和城镇职工基本医疗保险的统筹层次不同,新农合实行的是较低层次的县级统筹,而后两者属于较高层次的市级统筹。首先,不同的统筹层级必定

---

① 参见王春光:《统筹城乡医疗保障制度的新思考》,《农学学报》2015 年第 2 期。

② 参见李唐宁:《全国医保重复参保人数超一亿》,《经济参考报》2014 年 8 月。

会支配不同的医疗保险基金,城市的资金量一般要高于农村,所以城市居民的医疗保障水平必定会高于农村居民。其次,不同的统筹层次表明城乡医疗保险的定点医疗机构的属地级别是不一样的,而且我国各地区经济发展水平参差不齐、基本公共服务不均等,因而在医疗水平、医疗设施、医务人员素质等方面,农村不及城市,显然,农村居民与城市居民所能得到的医疗服务质量存在差别。2012年中国社会科学院发布的《中国药品市场报告》蓝皮书指出:从整体看,中国城乡医疗资源的差距比较大,城市人口平均拥有的医疗资源是农村人口的2.5倍以上。① 鉴于此,越来越多的农村居民一旦患病就直接涌入市级大医院或省级重点医院就医,一方面会加大城市大医院的医疗负担和工作压力;另一方面需要注意得是,参加新农合的人员如果跳过定点医疗机构直接转入大医院就诊,其医疗费用的报销比例会大大缩减,甚至得不到保证。

3. 推进医疗保险城乡一体化制度创新的思路

推进医疗保险制度城乡一体化,就是实现城镇职工医疗保险、城镇居民医疗保险和新型农村合作医疗保险三项基本医疗保险由三元制度过渡到二元制度,再向一元制度并轨,最终建立全国统一的国民医疗保险制度。不分"城里人""乡下人",实现筹资模式一体化、管理机制一体化、医疗服务一体化、保障待遇一体化、费用支付一体化。

整合多元医疗保险制度,建立城乡统一的国民医疗保险制度。首先,改革机关事业单位医疗保险制度,建立全面的职工基本医疗保险制度。以城镇居民基本医疗保险制度为基础,将机关事业单位人员纳入职工医疗保险范围。同时参照新型农村合作医疗保险的缴费标准,将农民工、失地农民的医疗保险制度并入这一层次。其次,在优化新型农村合作医疗保险制度与城镇居民基本医疗保险制度的基础上,将两者并轨为城乡居

---

① 参见中国社会科学院:《我国城乡人均医疗资源相差2.5倍以上》,人民网,2012年12月28日,见 http://www.nbd.com.cn/articles/2012-12-28/703915.html。

民基本医疗保险制度。最后,推动城乡居民基本医疗保险制度与城镇职工基本医疗保险制度并轨,建立全国统一的国民医疗保险制度。①

整合医疗保障管理机构,实现统一管理。目前,我国基本医疗保障制度分属于不同的管理部门,这种多头式管理在制度运行的过程中会产生诸多弊端,所以要推进医疗保障统一管理,将不同部门管理的医疗、医保、医药进行整合,归并一个专门机构管理。这就是将原国家卫生和计划生育委员会的新型农村合作医疗职责、民政部的医疗救助职责、人力资源和社会保障部的城镇职工和城镇居民基本医疗保险生育保险职责、国家发展和改革委员会的药品和医疗服务价格管理职责进行整合,组建统一管理的国家医疗保障局,实现"一站式"管理。

完善不同医疗保险制度之间的转移接续办法。在新型城镇化与农业现代化大势所趋的时代,对于"两栖"生活的农民工和其他流动人员来说,做好不同医保制度之间的衔接工作非常重要,这不仅关系到流动人员身体健康是否得到切实保障,而且关系到城市化进程能否顺利发展。所以,必须尽快出台关于城乡基本医疗保险制度衔接办法的法律法规,对城乡居民基本医疗保险与城镇职工基本医疗保险如何跨地区接续与跨制度衔接做出明确规定,让农民工以及城乡居民异地就医直接结算。

确立公平合理的筹资模式,以开征健康税代替直接缴费制。目前,我国三大基本医疗保险体系的筹资模式存在较大的差异,不同的筹资方式意味着所能支配的资金量不同,而医疗保险基金的收入、支出以及累计结余数额将直接影响到医保制度的保障水平和服务水平,所以说,能否建立公平合理的筹资模式直接关系到基本医疗保险制度能否实现城乡一体化。健康税与一般个人所得税不同,它是为基本医疗保险筹

---

① 参见郑功成主编:《中国社会保障改革与发展战略》(总论卷),人民出版社2011年版,第107页。

资而专门设立的一个税种,其所征收的款项只用于为参保人提供医疗保障,不得被挪为他用。健康税以参保人的劳动所得为课税对象,根据不同的收入区间设立不同的税率标准,不同的税率对应着不同的医疗待遇水平,健康税率的弹性原则一方面有利于将所有社会成员都纳入基本医疗保险体系,推动城乡医疗保障的全覆盖;另一方面,税率与待遇的对等性会促使低收入成员为了得到更高的医疗保障水平而更加努力地工作,有利于逐步拉近与高收入者的收入差距,参保人的医疗保障水平将会随之提高。

与当前基本医疗保险自愿缴费不同,健康税实行强制征收,每个人只有按时缴纳健康税,才能享有获得医疗保险的权利。基本医疗保险与其他社会保障内容一样都具有极强的刚性,一旦基本医疗保险的缴费标准和待遇水平被确定下来,医疗保险经办机构就必须按照这个标准或者更高的标准为参保人支付医疗费用和提供医疗服务,这就要求基本医疗保险的筹资模式必须采取强制原则,政府向所有参保人强制征收健康税,作为基本医疗保险的专用基金,并且纳入专门机构进行管理和运营,保证医疗保险费用能够按时、足额支付。

当然,我国各地区的经济和社会发展不平衡,目前在全国范围内推行统一的健康税还不太现实,尤其对于经济欠发达地区的居民来说,微薄的收入已经很难维持日常的基本生活,不可能自愿缴纳健康税,所以,国家应暂时给予医疗补助。在经济比较发达的东部地区和部分中部省市,可以加快推行健康税的基本医疗保险筹资模式,待城乡差距、地区差距、群体差距逐步缩小之时,再推广到其他地区,直至全国统一。

改革费用支付方式,采取以总额预付制为主的多元化支付方式。在基本医疗保险制度城乡一体化的建设过程中,建立一个统一的、以总额预付为主的混合支付方式是保证医保公平、健康发展的关键。根据人社部文件要求,我国现有的费用支付方式主要有按人头支付、按病种支付和总额预算支付,其中,总额预付方式最能有效协调医、保、患三者之间的对立与统一关系,对提升医疗服务质量和水平、控制医疗费用不合理增长、维护患者医疗保障权益的影响力度最大。从理论上来说,总额预付制是指医疗保险机构与医疗服务提供方通过协商,确定一个总的医疗费用预算额度,在一定的时期内(通常为一年),医疗服务提供方在完成规定的医疗服务范围、数量和质量的情况下,不论医疗服务提供方的实际费用是多少,医疗保险机构都按预算总额支付费用。① 其特点就是将一定的经济风险转嫁给医疗服务提供者,减少医疗服务提供方引导病人过度消费,导致医疗费用飞涨的可能性,因而被认为是一种最能发挥医疗服务供方参与管理医疗费用作用的费用支付方式。② 简单来说,在当前经济发展水平总体不高、城乡医疗服务资源不均等、医疗保障水平不高的条件下,以总额预算支付方式代替弊端重重的按实际费用进行补偿的后付费制是实现基本医疗保险城乡一体化的必然选择。

合理配置卫生资源,促进基本医疗服务城乡均等化。基本医疗保险城乡一体化不仅仅是单纯追求制度模式和管理机制的一体化,医疗卫生资源的城乡合理配置也是城乡一体化的重要组成部分。当前,我国正处于并将长期处于社会主义初级阶段,经济社会发展不协调、不平衡、不可持续性问题突出,尤其在城乡二元分割体制和政府投资力度不同的条件下,城市与农村的经济发展水平和城乡居民享受到的公共服务水平差别很大。以医疗保障为例,相对于城市来说,农村医疗机构的设施水平、医务人员的专业水平以及服务质量都比较落后,这种差距不仅导致农村居民享受不到与城市居民同等的医疗服务水平和健康保障水平,降低对新农合的参合积极性,而且会促使农村居民越来越多地前往城市和大医院就医,这就增加了城市医疗机构抬高医疗费用的空间,最终还是损害了患

---

① 参见张笑天等:《总额预付是控制医疗费用上涨的必然选择》,《中国医疗保险》2011 年第 7 期。

② 参见钱海波等:《医疗保险支付方式的比较及对我国的发展前瞻》,《中国医疗前沿》2007 年第 1 期。

者的利益。① 所以,合理配置医疗卫生资源,实现医疗资源向乡村分配,加强农村医疗卫生服务建设,是建立统一的基本医疗保险制度的强大基础。

(三)失业保险城乡一体化制度创新的对策措施

失业保险制度是指国家通过设立失业保险基金,专门对非本人意愿而失业的劳动者提供必要的经济帮助,保障劳动者在失业期间的基本生活,为他们提供职业介绍、职业培训等服务,以帮助失业者实现就业和再就业的一项社会保险制度。它是社会保障体系的重要组成部分,是社会保险的主要险种之一。推进失业保险城乡一体化就是将城乡劳动者纳入失业保险范围。

1. 失业保险发展的现状及成就

新中国成立初期,为了解决大规模失业问题,出台了一系列救济失业的制度,并发挥了较好的作用,也具有一定程度的失业保险性质。随着改革开放进程,社会主义市场经济体制改革不断推进,我国开始试点失业保险制度,1999 年以国务院颁布的《失业保险条例》及《社会保险费征缴暂行条例》为法律依据,到 20 世纪末失业保险制度的总体框架基本确立。2010 年 10 月全国人大通过《中华人民共和国社会保险法》,2011 年 7 月 1 日开始实施,标志着中国社会保障体系建设开始由长期试验性状态走向定型、稳定与可持续发展阶段。经过四十多年来的调整和完善,失业保险制度取得了显著成就,成为社会保障领域不可或缺的重要项目之一,为推进社会主义市场经济体制改革、建立现代企业制度、应对国际金融危机、全面建成小康社会发挥了十分重要的作用。据人社部统计,2016 年年末全国参加失业保险人数为 18089 万人,比上年末增加 763 万人。其

① 参见刘畅:《收入分配视角下的城乡一体化社会保障体系》,《宏观经济管理》2011 年第 2 期。

中,参加失业保险的农民工人数为 4659 万人,比上年末增加 440 万人。全年失业保险基金收入 1229 亿元,比上年下降 10.2%,支出 976 亿元,比上年增长 32.6%。年末失业保险基金累计结存 5333 亿元。[1]

2. 我国失业保险存在的主要问题

现阶段,我国已经进入全面深化改革的攻坚时期和全面建设社会主义现代化国家阶段,在新的社会经济环境下,失业保险制度在覆盖范围狭窄、统筹层次较低、待遇水平不高、征缴保费难、基金监管服务弱,影响了失业保险制度的全面健康发展。

失业保险制度不能覆盖所有劳动者。我国失业保险制度是基于城镇劳动者和传统就业模式设计的,覆盖范围主要局限于城镇经济范围的企事业单位员工。国家对农民工的失业保险没有给与足够的关注,虽然有些地方将农民工纳入失业保险范围,但是待遇有别于城镇劳动者,只是给予农民工一次性失业救济。这种制度设计,导致劳动者就业形式的差异,或被排除或被游离于失业保险覆盖范围之外,不能享受同等就业保障待遇。没有把短期就业、季节性就业、家庭就业、非全日制就业等灵活就业者纳入失业保险。大学生的就业和失业问题缺乏关注。

失业保险统筹层次较低,给付水平过低。目前失业保险国家要求是按设区的市实现全市统筹,但是绝大多数省(市)仍然以县市为统筹单位。过多的统筹单位一方面会导致管理分散,权限冲突,制度运行成本增加;另一方面不同统筹区的制度衔接困难,不仅阻碍了劳动力的自由流动,而且不利于基金的统一管理和运营,从而有效抵御失业风险。统筹层次较低,管理分散,基金规模小,调剂能力弱,不仅影响失业保险功能的发挥和劳动力的自由流动,而且不利于基金的统一管理和运营,从而有效抵御失业风险。现行失业保险金标准是按照低于当地最低工资标准、高于

---

① 参见人社部:《2016 年度人力资源和社会保障事业发展统计公报》,见 http://www.mohrss.gov.cn/。

城市居民最低生活保障标准。各省(区、市)通常按最低工资的60%—80%发放失业保险金,有的地方仅略高于低保标准,保障生活的水平有限,没有很好地体现社会保险抵御收入风险的功能。

失业保险费率需要优化。目前失业保险费可能过高,没能随着经济形势变化及时调整缴费率。失业保险缴费率过低不足以保障失业者生活的作用,而过高的缴费率也会影响企业吸纳就业的能力和生产积极性。确定一个较为合理的标准,是发挥失业保障体系作用的重要保障。

3. 推进失业保险制度城乡一体化制度创新的建议

为了顺应统筹城乡发展、促进社会和谐的发展潮流,需要对失业保险的制度模式和基金运营进行深化改革和合理调整,保证每一个失业劳动者都能平等享受失业保险待遇,充分发挥失业保险制度保障生活、预防失业、促进就业的功能,从而有效促进以保障和改善民生为重点的社会建设。推进失业保险城乡一体化,将从以下几个方面给出改革建议。

扩大失业保险覆盖面。伴随着我国经济发展水平的快速提高,以及中央财政对社会保障投入力度的不断加大,失业保险制度的参保人数在不断增加。但是,在全球经济格局深度调整、产业竞争异常激烈的时代,我们必须清楚地认识到失业保险距离全覆盖还有很长的一段路要走。我国的失业保险覆盖率较之于英美等发达国家来说偏低。在城镇仍有很大一部分工薪劳动者没有参加失业保险,尤其是城镇化进程中产生的大批流动人员。因此,为了保证城乡每一个从业人员能在失业期间得到国家帮助,不至于因为失去生活来源陷入生存危机,必须采取有效措施进一步扩大失业保险的覆盖面,将外来务工人员、农民工、大学生、灵活就业人员,在乡镇企业、外商投资企业、个体和私营企业工作人员纳入失业保险范围。

提高失业保险的统筹层次,确立公平合理的待遇标准。将失业保险的统筹层次推进省级,为全国统一作铺垫。统筹层次决定着社保基金统一调剂使用的范围,统筹层次越高,基金调剂范围越大,越能有效发挥其分散风险、互助互济的社会功能。反之,基金的规范管理和合理调剂将会受到不同程度的影响。因此,必须着力提高失业保险制度的统筹层次,逐步由县级统筹向市级统筹过渡,然后朝着省级统筹的方向不断努力,建立统一的失业保险管理机构,在统一管理参保对象的基础上,结合各省、各地区的实际状况合理调配失业保险基金。

依据现实情况确立公平合理的待遇标准,适度提高失业保险的待遇水平。失业保险制度的待遇水平是由各省(区、市)依据"低于当地最低工资标准、高于城市居民最低生活保障标准"的基本原则而确定的。失业保险水平之所以高于最低生活水平,一是为了保护失业者的正当权益,确保劳动者在失业期间的基本生活;二是使失业者除了维持基本生活之外,还有多余的资金用于寻找合适的工作,从而有利于劳动力资源的合理配置。失业金有最低支付标准,当然也有最高支付限额,而且具有明确的支付期限。因为如果把失业保险金定得太高或者无限期支付,就会助长失业者"不愿就业、坐等保险"的不正之风,甚至鼓励在业雇员主动失业,培养许多懒汉。此外,有些省份将失业保险金统一定为当地最低工资的一定比例,或是比低保金更高的比例数额,这种硬性规定不仅没有考虑到参保人失业之前的工作性质和工资收入,而且是以假定所有参保人的个人及家庭情况相同为基础。简言之,这种规定是在忽视参保人特殊性的前提下,单纯追求失业保险待遇的普遍性,既不符合我国的现实国情,也违背了兼顾公平和效率的基本原则。因此,我国可以其他国家的成功做法为借鉴,以我国的实际情况为现实依据,确立公平合理的待遇标准,以"高于当地最低生活保障金,低于本人失业前工资"为总原则,将失业劳动者本人缴费年限和缴费工资挂钩,并把失业者的家庭生活情况纳入发放失业保险金所考虑的因素中。国际劳动组织在 1988 年召开的第 75 届劳动大会发布公告,建议失业金应不低于失业者原工资的 50%。有的国家规定如果失业者的家庭负担比较重,既要养小,又要养老,或者家庭生活成员因为患病需要大笔的医疗费用,那么失业保险金和失业救助金可适当调高,切实保障参保人的基本生活。

适时调整费率,保持收支适度平衡。合理确定和及时调节缴费率。失业保险基金缴费由政府、用人单位和个人三者共同负担,一般来说,城镇企事业单位按照职工工资的2%缴纳失业保险费,职工本人按照工资的1%缴纳失业保险费。随着我国对外开放深化和世界经济全球化加速,国际经济环境变动对我国的经济结构调整和劳动力资源配置的影响越来越大,因此,为了适应国际国内经济形势,适当减轻企业和员工的负担,必须及时、合理调节失业保险费率,贯彻落实失业保险"援企稳岗"政策,从而有效化解过剩产能过程中可能出现的失业风险。如在经济下行时,为了减轻企业负担,帮助企业稳定就业,维持正常生产,国家(通过政府)应该适时降低费率,共同应对经济危机。在经济过热时期,为了防止企业盲目生产,破坏市场秩序,政府应该及时调高费率,适当抑制国民消费需求。当然,我们还可以借鉴其他国家的做法。如为了鼓励企业减少裁员,稳定用人,美国联邦政府允许各州根据企业上一期裁员人数,在失业保险费率为5.4%的基础上下波动。企业解雇人员越多,税率越高,反之,越低。

"以收定支、收支平衡、略有结余"。失业保险基金是确保失业保险制度充分发挥"保障生活、预防失业、促进就业"等功能的最基本物质条件。充足的失业保险基金不仅体现其强大的支付能力,确保每一个参保人都能获得适当的福利待遇,而且还会增强参保人对失业保险的信心,其缴费积极性也会大大提高。但是,基金累计结余过多,并不值得"可喜可贺",反而说明失业保险内部存在严重的制度问题。一方面,我国的失业保险基金在迅速增长的同时,仍有许多高风险失业人群游离于失业保险制度之外,而且失业保险的待遇水平与失业保险基金的支付能力完全不相适应。另一方面,我国失业保险制度的覆盖面从2012年的1.52亿人扩大到2016年的1.80亿人。失业保险基金的征缴和计发必须遵循"以收定支、收支平衡、略有结余"的普遍原则,防止"基金率"(基金结余与当年支出的比例)继续上升。努力将最需要失业保险的人群纳入失业保险体系,依据基金的支付能力来权衡失业保险金的待遇标准。

进一步完善预防失业、促进就业的政策措施。我国的失业保险制度逐步从保障失业者基本生活向"保障生活、预防失业、促进就业"三者相融的社会功能转变。2009年,为了应对席卷全球的国际金融危机,我国失业保险制度开始实施"援企稳岗"政策,以此减轻企业负担、稳定就业岗位。2013年党的十八届三中全会在《中共中央关于全面深化改革若干重大问题的决定》中明确指出要"增强失业保险制度预防失业、促进就业功能,完善就业失业监测统计制度"。2014年11月,《关于失业保险支持企业稳定岗位有关问题的通知》决定,失业保险基金将对实施兼并重组企业、化解产能严重过剩企业、淘汰落后产能企业等给予"稳岗补贴"。这一系列的法规和政策措施丰富了失业保险制度的内涵,扩展了失业保险制度的功能,对促进就业、稳定社会发挥了重要作用。经过10年的改革探索之后,失业保险制度的"预防失业、促进就业"功能已经成为常态化,现行《失业保险条例》明确将失业保险制度的功能定位定义为为了保障失业人员失业期间的基本生活,促进其再就业。

目前,我国已经进入改革深水区,结构调整和产业升级的力度会进一步加大,越来越多的劳动者将面临较高的失业风险和较大的就业压力,这不仅不利于以改善和保障民生为重点的社会建设,也不利于国民经济高质量发展。就业是民生之本,是保障民生的第一件大事,更关系着党和国家的战略全局。因此,必须采取多种措施,扩大就业规模,提高就业质量,努力实现充分就业。在社会保障体系中,失业保险与就业的联系最为紧密,既是预防失业、稳定就业的战略性决策,也属于积极就业政策的重要内容,所以国家(通过政府)需要进一步深化失业保险制度改革,着力增强其促进就业的社会功能。如放宽领取失业保险津贴和享受就业服务的准入条件。不分就业单位性质,不分城乡户籍,只要解除或中止劳动合同,就应该有资格享受失业保险基金提供的职业介绍和职业培训等就业服务项目,补贴标准由当地政府确定。其次,适当增加促进就业的失业保险基金支出项目。比如,为高校毕业生设置专门的求职补贴和实习补贴;利用失业保险基金对转岗转业的劳动者提供转业培训和就业服务,以此来鼓励劳动者离开浪费资源、污染环境的企业,促进产业升级。

(四)工伤保险城乡一体化制度创新的对策措施

所谓工伤保险,也称职业伤害保险,是国家和社会为劳动者在生产经营活动期间因意外事故或职业病而暂时或永久失去劳动能力、死亡时,由工伤保险机构利用用人单位依法事先上交的工伤保险费所构成的工伤保险基金来对工伤职工及其供养家属给予及时的医疗救治、提供经济补偿和职业康复的一种社会保障制度。这种补偿包括工伤治疗费用、康复治疗费用以及保障工伤职工及其家属基本生活费用。工伤保险是社会保险制度的一个重要险种,是国家依法强制要求用人单位参加的一种保险内容,一方面为企业职工因工面临意外伤害或职业病时依法获得工伤保险待遇提供切实保障,对消除劳动者及其家属的后顾之忧,提高生产劳动积极性,促进安全生产和社会安定与发展具有十分重要的作用;另一方面实施行业差别费率和浮动费率的缴费机制,对鼓励企业改善劳动环境和劳动条件,促进安全生产以降低事故发生率,减小工伤风险负担有重要意义。

1. 我国工伤保险发展的现状及成就

我国工伤保险制度建立于新中国成立之初。1951 年 2 月 26 日,中央人民政府政务院颁布了《中华人民共和国劳动保险条例》,首次以法规形式明确了我国建立工伤保险制度的必要性和重要性。随后,《中华人民共和国劳动保险条例实施细则》《关于中华人民共和国劳动保险条例若干修正的决定》等相关文件相继推出,对工伤保险待遇支付、适用范围、工伤认定等问题作出了明确规定,我国的工伤保险制度体系不断得到调整和完善。

随着市场化经济体制改革的不断深化,在计划经济时代建立的工伤保险制度已经不适应时代发展的要求,主要表现在覆盖面窄、待遇水平低、统筹层次低、工伤争议多等方面。为建立和市场经济体制相适应的工伤保险制度,1996年劳动部颁布实施《企业职工工伤保险试行办法》,第一次将工伤保险作为单独的保险制度统一组织实施。同年,中华人民共和国国家标准《职工工伤与职业病致残程度鉴定》出台。至此,工伤保险制度迈入体制创新和机制转换的全面改革时期,取得了初步成效。2003年国务院颁布了全国统一的《工伤保险条例》,于2004年1月1日正式施行。此后,劳动和社会保障部相继颁布了一系列法规文件,使工伤保险的各项工作和安排得到进一步完善。

随着工业化、城镇化的迅速推进,我国出现了大量从事非农产业的农民工群体。为了保障农民工这一群体的权利,2004年6月,劳社部发出了《关于农民工参加工伤保险有关问题的通知》,将农民工纳入工伤保险适用群体之中,并结合农民工特点提出了具有针对性的对策措施。2006年5月,为了进一步做好工伤保险的扩面工作,真正惠及农民工群体,劳动和社会保障部门组织实施了以推进建筑业、矿山、采掘业等高风险企业农民工参加工伤保险,实现高风险企业农民工全部享受工伤保险保障。2010年12月12日,中华人民共和国国务院在原有的基础上,对《工伤保险条例》若干条目进行了修改,并于2011年1月1日正式施行。新的《工伤保险条例》的颁布实施为工伤保险制度的进一步完善、成熟、定型提供了更大的机遇。自《工伤保险条例》实施以来,工伤保险工作取得很大成就。

工伤保险覆盖范围逐渐扩大,保障能力不断增强。依照《工伤保险条例》,我国境内的企业、事业单位、社会团体、民办非企业单位、律师事务所等组织和有雇工的工商个体户应当依规定参加工伤保险,为全部职工或雇工缴纳工伤保险费。2006年以来,劳动和社会保障部门推进建筑业、矿山、采掘业等高风险行业人员,特别是将农民工纳入工伤保险统筹管理之后,工伤保险的覆盖范围由小到大,保障能力由弱变强。目前,我国已基本实现将具有稳定劳动关系的农民工全部纳入工伤保险。如表5-2所示,截至2016年年底,年末全国参加工伤保险人数为21889万人,比2003年翻了2倍,其中农民工参保人数7510万人,比2006年农民工参保工作增加了36倍,全年享受工伤保险待遇人数为196万人;全年工伤保险基金收入737亿元,支出610亿元,年末工伤保险基金累计结存1411亿元。

工伤保险待遇不断提高。我国经济发展水平不断增长,经济实力不断增强,为工伤保险保障能力的提高奠定了雄厚的物质基础。2011年新《工伤保险条例》大幅度提高了工伤保险待遇,首先将一次性工亡补助金标准从"48个月至60个月的统筹地区上年度职工月平均工资"提高至"上一年度全国城镇居民人均可支配收入的20倍",还提高了职工工伤医疗和生活护理待遇。此外,新《工伤保险条例》将原由所在单位对工伤职工住院治疗所需的伙食补助费,异地就医所需的交通、食宿费用进行支付的规定调整为由工伤保险基金支付,一定程度上减轻了企业的负担。

表5-2 2006—2016年我国工伤保险各项数据统计情况

年份	单位:万人			单位:亿元		
	年末参保人数	农民工参保人数	年末享受工伤保险待遇人数	年末基金收入	年末基金支出	年末基金累计结余（不含储备金）
2006	10268	2537	78	122	68.5	193
2007	12173	3980	96	166	88	262
2008	13787	4942	118	217	127	335
2009	14896	5587	130	240	156	404
2010	16161	6300	147	285	192	479
2011	17696	6828	163	466	286	642
2012	19010	7179	191	527	406	737
2013	19917	7263	195	615	482	728
2014	20639	7362	198	695	560	939

年份	单位:万人			单位:亿元		
	年末参保人数	农民工参保人数	年末享受工伤保险待遇人数	年末基金收入	年末基金支出	年末基金累计结余（不含储备金）
2015	21432	7489	202	754	599	1285
2016	21889	7510	196	737	610	1411

资料来源:根据2006—2016年《人力资源和社会保障事业发展统计公报》数据制表。

工伤预防、工伤补偿和工伤康复相结合的"三位一体"的制度体系不断完善。工伤预防旨在通过一系列的职业安全措施,防止或减少工伤事故和职业病的发生,有效保障职工的生命安全。工伤赔偿是当企业职工在工作期间遭遇意外事故或职业病后,给予其物质上的补偿,帮助其进行医疗救治,减少人力资源损失。工伤康复是指综合运用各种医疗措施和康复机构对残疾人进行治疗、训练,使其最大限度地恢复生活自理能力及劳动能力,重新融入社会。三者有机结合,相辅相成,共同构成工伤保险的三大制度功能。我国从20世纪80年代开始,在不断扩大工伤保险覆盖面的同时,也不断加大对工伤预防和工伤康复的力度,并明确强调工伤预防和工伤康复在工伤保险制度体系中的重要性,改变重补偿而轻预防和康复的问题,逐渐形成了工伤预防、工伤补偿、工伤康复相结合的"三位一体"的工伤保险制度体系,并不断完善。

2. 我国工伤保险存在的主要问题

自《工伤保险条例》实施以来,工伤保险工作取得很大成就,同时我国工伤保险制度也存在不少问题。

工伤保险参保率较低,农民工权益缺乏充分保障。自新《工伤保险条例》实施以来,我国工伤保险的参保人数不断增加,但总体来说,参保率仍然较低。工伤保险不同于养老保险和医疗保险,不需要职工个人缴费。因此,一些用人单位为了节约企业成本,不交或者瞒报、少交工伤保险费用,剥夺了职工特别是流动性强的农民工享受工伤保险保障的权利。加之一些劳动者对工伤保险认识不足,缺乏个人维权意识,只顾眼前的短期利益,导致工伤保险参保率一直处于偏低层次。2016 年年末,全国就业人员 77603 万人,参加工伤保险人数为 21889 万人,工伤保险参保率为28.2%。伴随着工业化和城镇化进程的快速推进,农民工规模越来越大,受教育程度和文化水平的影响,他们往往从事的是劳动密集型行业和职业高风险行业,特别是在以层层转包的作业方式和灵活多变的用工方式为特点的建筑业和采掘业中,农民工最为集中。据人社部统计,2016 年年末全国农民工总量 28171 万人,参加工伤保险人数为 7510 万人,农民工参保率为 26.65%。①

工伤保险立法层级低,针对性不强。目前,我国工伤保险的主要依据是国务院颁布实施的《工伤保险条例》和 2011 年由人大立法出台的《中华人民共和国社会保险法》,以及其他一些相关文件。除《中华人民共和国社会保险法》之外,工伤保险的立法层级只限于法令、条例、规章等法规层面,没有最高立法机关制定《工伤保险条例》,因此,权威性强制性不够强,影响力不够大。许多地方对工伤保险工作征缴监督不力,导致出现一些问题。很明显,我国工伤保险在立法层面的重视力度不够,现有的法律法规也存在诸多漏洞,如《工伤保险条例》并没有将具有劳动关系的"雇员""临时工"等人群纳入工伤保险适用范围的规定中,致使这一类群体一旦发生工伤事故,只能享受一般的人身损害赔偿。此外,《工伤保险条例》对工伤保险待遇的规定是以职工个人工资为计算标准,这对流动性强、收入不稳定的农民工特别是以项目招人(项目接手,召集工人;项目结束,工人解散)的建筑业工人来说,操作性不强,农民工工伤待遇的计算和支付将会失去科学依据。因此,为了切实保障农民工群体权益,必

---

① 参见人社部:《2016 年度人力资源和社会保障事业发展统计公报》,见 ht-tp://www.mohrss.gov.cn/SYrlzyhshbzb/zwgk/szrs/tjgb/201805/t20180521_294286.html。

须采取更加灵活的费用结算方式。

工伤保险争议处理程序繁琐、周期长，赔付慢。新《工伤保险条例》在原基础上进一步简化了工伤认定程序，对于事实清楚、双方无争议的工伤认定申请的认定时限，由原来规定的 60 天缩短为 15 天，大大缩短了工伤认定时间，很大程度上维护了劳动者权益。但是由于当前很多企业尤其是建筑业、采掘业、矿山等行业的企业因为多种原因不与农民工签订劳动合同、不为农民工缴纳社会保险，导致农民工一旦发生工伤事故，在缺乏劳动合同，又不能举证证明职工个人与企业存在事实上的劳动关系的情况下，工伤认定申请很难进行，农民工所应享有的工伤保险待遇也就无法获得。即使农民工可通过劳动仲裁或诉讼的方式进行维权，也要经历十分漫长的过程，加上某些用人单位在调查过程中的不配合，工伤认定更是难上加难。据官方计算，走完所有的程序，最快也要 3 年 9 个月左右，最慢则要 6 年 7 个月。[①] 某些劳动者和用人单位无法等待也不愿等待这么长的时间，因此便会以"私了"的形式由用人单位一次性支付一定数额的赔偿解决双方争议，农民工的工伤待遇仍然得不到应有的保障。此外，新《工伤保险条例》将工伤认定范围从原来的上下班途中机动车事故伤害调整扩大到非本人主要责任的交通事故伤害、突然死亡、旧伤复发以及为维护国家利益、公共利益而受到伤害等，惠及了更多的职工群众，同时也加大了工伤认定的难度，某些规定还存在诸多争议。

3. 推进工伤保险城乡一体化制度创新的建议

首先，高度重视工伤保险，提高参保率。提高工伤保险参保率，离不开政府、用人单位、职工个人三者共同的努力。政府要高度重视工伤保险工作，必须加强立法，强制要求所有用人单位为员工按时、足额缴纳工伤保险费用，将所有具有劳动关系的社会群体全部纳入工伤保险覆盖范围，

①　参见吕学静：《中国农民工社会保障理论与实证研究》，中国劳动社会保障出版社 2008 年版，第 105 页。

逐步做到全覆盖;政府要运用各种宣传手段普及工伤保险相关知识,增强劳动者权益的保护意识;加强对工伤保险监督工作,加大对高风险行业参保工作的监督力度,对非法用工、不为企业职工参保、恶意推脱工伤赔偿责任等违法事件的用人单位施以严厉的惩罚,加大执法力度。用人单位必须增强法律观念和社会责任感,依法履行为企业职工办理工伤保险的义务,尤其要切实维护农民工的工伤保险权益,自觉与农民工签订劳动合同。用人单位必须把安全生产放在第一位,改善工人生产劳动环境,加强职业安全知识教育培训,以预防或减少工伤事故和职业病的发生。对忽视工伤预防、不切实履行工伤保险义务的企业追究其行政责任和民事责任,甚至追究刑事责任。劳动者要增强个人维权意识,了解相关法律法规,自行要求用人单位为自己购买工伤保险,在没有签订劳动合同的情况下,注意在工作期间收集证明存在劳动关系的相关证据,用人单位一旦侵权,劳动者必须依法维护自身权益。

其次,提高立法层次,制定工伤保险法。当前我国工伤保险的立法层次较低,现有《工伤保险条例》属于行政法规层级,并没有上升到人大立法层面,法律约束力、强制性不强,很多规定在实际操作中难以实现。因此,为了建立健全工伤保险制度,进一步明确用人单位参加工伤保险的法律强制性和加大工伤保险处理程序中的执法力度,必须提升立法层次,将法规上升到法律,为工伤保险各项工作的进行提供全国统一、规范的最高法律依据,突出工伤保险的强制性。尽快修订、补充、完善工伤保险的相关配套法律法规,增强工伤保险的实际可操作性。如完善《工伤认定办法》,规范工伤认定程序,缩短工伤认定时限,使工伤认定更加公正透明;完善《非法用工单位伤亡人员一次性赔偿办法》对非法用工单位向伤残职工或工亡职工支付一次性赔偿金的规定,补充违法成本的约束条款;为维护农民工工伤保险权益,制定《农民工工伤保险管理办法》,结合农民工流动性大、收入不稳定等特点重建农民工工伤保险缴费基数,细化农民工工伤保险待遇结算方式。

最后,继续完善工伤认定工作,结合农民工特点采取更加灵活的工伤保险处理方式。目前,按照我国《工伤保险条例》的规定,列举了七种情况认定为工伤,三种情况视同工伤,三种情况不属于工伤,对工伤认定范围的界定比较狭窄,建议在司法实践中应适当放宽认定范围。此外,由于工伤保险争议处理程序复杂,耗时长,很多劳动者尤其是农民工放弃享受工伤保险待遇。因此,应该简化工伤保险处理程序,缩短工伤保险申报、认定、赔付等相关程序的时间。特别是对农民工等高风险行业从业人员的工伤保险问题,应该结合实际情况为他们制定一套具有针对性的处理办法。如在工伤认定程序中,适当减轻农民工的举证责任,如果用人单位不积极配合劳动行政部门的调查,或者否认劳动关系存在,直接将举证责任转嫁给用人单位,只要单位不能提供农民工非工负伤的证据,则认定事实劳动关系的存在。为了避免用人单位恶意推诿或克扣工伤保险待遇,改进工伤保险基金给付程序,改变以往将保险金支付给用人单位的做法,直接支付给工伤职工本人,保障伤残职工、工亡职工供养家属能够按时、足额领取工伤保险待遇。由于农民工与正式工不同,流动性大,很难正确核定农民工参保人数及收入水平,不适用以职工工资来确定工伤保险缴费基数的规定,所以针对建筑业、采掘业等高风险行业农民工应该重建缴费基数,以施工项目标的额为工伤保险缴费和赔付的计算标准,并将工伤保险作为生产许可证的前置条件。①

(五)生育保险城乡一体化制度创新的对策措施

生育保险是国家通过立法规定,在妇女职工因怀孕、分娩而暂时失去劳动能力时,由国家和社会给予其必要的经济补偿、医疗服务和生育休假措施,帮助其尽快恢复劳动能力,重返工作岗位的一项社会保险制度。生

---

① 参见杭冬婷:《城镇化背景下农民工工伤保险制度研究》,《经济与管理》2014年第 3 期。

育保险制度的建立体现了国家和社会对妇女职工的一种关怀和保护,切实维护了生育女职工的社会保障权益,不仅表明社会对妇女生育价值的认可,而且为妇女职工的特殊困难时期提供基本生活保障,避免因生育而失业。在生育期间为妇女提供医疗服务项目,定期检查胎儿生长情况,有利于人口素质的提高。在当前,推进生育保险城乡一体化,为应对我国老龄化加快、生育率下降速度过快具有重要意义。

1. 我国生育保险发展的现状及成就

我国的生育保险制度创建于新中国成立初期。1951 年政务院颁布《中华人民共和国劳动保险条例》,1953 年修正《中华人民共和国劳动保险条例》,首次对企业女职工在怀孕、生育期间的产假、工资、医疗补助等生育待遇作出了明确规定。1955 年由国务院出台的《关于女工作人员生产假期的通知》指明国家机关、事业单位的女工作人员同样可以享受生育保险待遇。这两个文件虽然针对不同的保障对象,但是在保险项目以及待遇水平上基本一致,如规定正常产假 56 天,难产或双生增加假期 14天;怀孕不满 7 个月流产,给予 30 日以内的产假;产假期间,工资照发;等等。随后,1988 年国务院颁发《女职工劳动保护规定》,统一了国家机关、企业、事业单位、社会团体、个体经济组织以及其他社会组织等用人单位及其女职工的生育保险待遇,并且将正常产假天数从 56 天增加到 90 天。

1994 年《中华人民共和国劳动法》第七十条明确规定"建立社会保险制度,设立社会保险基金,使劳动者在年老、患病、工伤、失业、生育等情况下获得帮助和补偿",标志着生育保险将从企业保险走向社会保险。同年 12 月,为了维护企业女职工的合法权益,依据《中华人民共和国劳动法》及相关规定,劳动部制定了《企业职工生育保险试行办法》,明确提出"生育保险费用实行社会统筹",并对生育保险的基本原则、待遇标准、基金筹集、监管机制作出了具体说明。2012 年国务院颁布的《女职工劳动保护特别规定》对生育保险做出规定。此后,全国 31 个地区陆续结合当地实际情况出台了生育保险方面的地方性法规、规章等相关文件,规范管理本地区生育保险工作的各项安排。为进一步完善生育保险制度,推进生育保险实现全国统一,人社部、国务院法制办于 2012 年 11 月 21 日公布了《生育保险办法(征求意见稿)》,明确凡是与用人单位形成劳动关系的各类职工人群都有权参加生育保险,打破了生育保险待遇的户籍限制。由此可见,我国生育保险制度建设从未止步,始终在总结各地生育保险实践经验的基础上不断完善,取得很大成就。

覆盖范围不断扩大,参保人数不断增加。我国的生育保险制度体系不断完善,覆盖范围不断扩大,参保人数不断增加,从仅限于当地城镇就业职工扩大到与用人单位建立劳动关系的所有职工人群。据人社部统计,截至 2016 年年底,全国参加生育保险人数为 18451 万人,比上年末增加 680 万人;全年共有 914 万人次享受了生育保险待遇,比上年增加 272 万人次;全年生育保险基金收入 522 亿元,支出 531 亿元,分别比上年增长 4% 和 29%,年末生育保险基金累计结存 676 亿元。①

表 5-3　2012—2016 年生育保险各项数据统计情况

指标		总量指标				
	年份	2012	2013	2014	2015	2016
单位:万人	参保人数	15429	16392	17039	17771	18451
	享受待遇人数	353	522	613	642	914
单位:亿元	基金收入	304	368	446	502	522
	基金支出	219	283	368	411	531
	基金累计结存	428	515	593	684	676

资料来源:根据 2012—2016 年《人力资源和社会保障事业发展统计公报》数据制表。

生育保险待遇水平不断提高。生育保险是社会保险体系的重要组成部分,与每一个妇女职工的切身利益密切相关。随着我国经济发展水平

---

① 参见人社部:《2016 年度人力资源和社会保障事业发展统计公报》,见 http://www.mohrss.gov.cn/。

和医疗服务质量的稳步提高,许多地区开始调整提高本地生育医疗费用、生育津贴、生育补助待遇标准,以减轻生育保险参保职工的医疗负担,更好地惠及民生、服务民生。在产假方面,根据2012年国务院颁布的《女职工劳动保护特别规定》,女职工的生育产假延长到98天,难产增加15天,多胞胎生育的,每增加一名婴儿,产假增加15天,等等。在实际执行中还有所增加,难产的可增加产假至30天。作为一项惠民政策,生育保险待遇的提高不仅为妇女职工在生育期间的基本生活和医疗服务提供更加可靠的保障,而且对科学合理利用生育保险基金,增强抗风险能力,建立健全生育保险制度意义重大。但是,我国生育保险取得很大成就的同时也存在不少问题。

2. 我国生育保险制度存在的主要问题

立法层次比较低,制度建设相对落后。随着时间的推移,社会保险的各项制度安排也在随之调整,2010年10月,由人大常委会讨论通过的《中华人民共和国社会保险法》对生育保险作出了专章规定,这是目前我国生育保险工作的最高法律依据。可是,在操作细则上,现行生育保险办法依旧是1994年由原劳动部颁布实施的《企业职工生育保险试行办法》,经过20多年,此办法却一直没有得到补充和完善,不仅部分条款已然过时,亟待重新修订以适应新形势新要求,而且与《中华人民共和国社会保险法》的某些规定存在冲突,使生育保险的实施过程产生诸多问题。如《中华人民共和国社会保险法》第五十三条规定"职工应当参加生育保险"、第五十四条规定"职工未就业配偶按照国家规定享受生育医疗费用待遇",可见,国家法律已经将生育保险的覆盖人群延伸到各类职工人群及男职工未就业配偶,但《企业职工生育保险试行办法》还是停留在"仅适用于城镇企业及其职工",并没有将企业之外的未就业配偶人群纳入其中。此外,现行生育保险办法立法层次低,缺乏刚性约束力,导致地方在具体执行过程中缺乏统一管理,灵活性较大,尤其是经济较发达的东部地区与经济发展较落后的西部地区的生育保险制度存在差异。人社部曾于 2012 年 11 月研究起草了《生育保险办法（征求意见稿）》，对覆盖范围、违法成本、缴费比例等相关政策进行了调整，但是新办法依然属于法规层级，而且还处于公开征求意见阶段，何时下发执行并不清楚。

实际覆盖面狭窄，参保人数少。由于《企业职工生育保险试行办法》法律效力不高，所以在具体的实施过程中，只有极少数省份和地区真正将国家机关、企事业单位、社会团体用人单位全部纳入生育保险覆盖范围，某些省份并没有在实际上进行大力推广和强制执行。还有一些地区坚持传统的生育保险制度，依据《女职工劳动保护规定》，由用人单位负担生育医疗费用和产假工资，这种保险模式不仅缺乏法律强制力，致使一些企业只顾经济利益，逃避社会责任，女职工的生育保险待遇得不到稳定保障，而且会促使企业为了节约成本、减轻负担，在人员招聘中更倾向于男性，造成妇女就业率下降，损害了女性平等就业权。此外，现行生育保险办法仅适用于城镇企业及其职工、职工未就业配偶，具体包括国有企业、集体企业、私营企业、独资企业、合资企业、股份制企业等，而乡镇企业职工、自由职业者、临时工、农民工、农村妇女等群体没有纳入生育保险的覆盖人群中。而且随着经济体制的全面转型和城乡统筹的快速发展，流动人员的规模越来越大，社会保险需求也日益迫切，目前，针对农民工等特殊群体的养老保险、医疗保险已经建立，并走向完善，农民工工伤保险、失业保险也在逐步推进，唯独农村居民、农民工的生育保险制度依旧空白，延缓了社会保险制度的城乡一体化进程。据官方资料显示，2012—2016年生育保险的参保人数在同期五大社会保险制度中是最少的（见图 5-1），如 2016 年生育保险参保人数为 18451 万人，仅相当于基本养老保险参保人数的 20.78%，基本医疗保险参保人数的 24.8%，工伤保险参保人数的 84.29% 和失业保险参保人数的 102%。①

---

① 参见 2012—2016 年《人力资源和社会保障事业发展统计公报》，见 http://www.mohrss.gov.cn/。

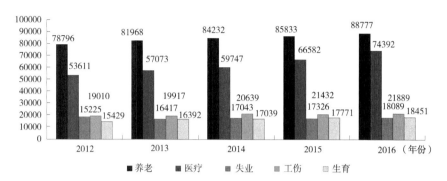

图 5-1　2012—2016 年我国各大险种参保人员情况

资料来源:根据 2012—2016 年《人力资源和社会保障事业发展统计公报》数据制图。

生育保险享受待遇人数少,受益率低①。从表 5-3 和表 5-4 可见,我国生育保险的享受待遇人数并不乐观,受益率(享受待遇人数/参保人数)很低,虽然 2012—2016 年五年间享受待遇人数在参保人数中的占比不断提高,但增幅较小。而且从生育保险基金收支情况来看,基金支出仅相当于基金收入的 60%—85% 之间,基金累计结余越来越多,远超于当年基金支出,这明显不符合"以支定收,收支平衡"的资金筹集原则。

表 5-4　2012—2016 年我国生育保险相关指标

指标	2012 年	2013 年	2014 年	2015 年	2016 年
享受待遇人数/参保人数	2.29%	3.18%	3.6%	3.61%	4.95%
基金支出/基金收入	72.04%	76.9%	82.51%	81.87%	101.72%

资料来源:根据 2012—2016 年《人力资源和社会保障事业发展统计公报》数据制表。

此外,生育保险基金是企业按照其工资总额的一定比例向社会保险经办机构缴纳的生育保险费及其基金利息收入所构成的。这里的工资总额包括单位女职工工资,也包括男职工工资,所以按照"权利与义务对

① 参见杨辉:《当前生育保险存在问题》,《中国管理信息化》2015 年第 2 期。

等"的原则,已参保男职工也应该享有一定的生育保险待遇。可事实上只有领取《独生子女优待证》的男职工才能享有 10 天的看护假假期津贴。另外,男职工未就业配偶按国家规定可享受生育医疗费用待遇,但在各地的具体执行过程中,这一规定并没有得到及时的落实。

社会化管理程度低,管理服务不到位。由于生育保险的社会化管理程度低,缺乏现代化管理手段,办理程序复杂,如参保职工在领取生育津贴时,为了筹集材料,常常往返于企业、社会保险经办机构、医疗机构之间,加重了企业职工的事务性负担,同时也降低了生育保险的工作效率。另外,生育津贴一般由社会保险机构回拨给用人单位,这就很难避免某些不良企业恶意克扣津贴,致使职工利益受到侵害。目前,我国生育保险医疗费用主要采取一次性定额支付和实报实销的方式,两者既有优点也有缺点,比如一次性定额支付方式较之前的先个人垫付,再到保险机构进行报销的方案有所进步,有效控制了医疗机构为追求利润不择手段以及参保职工假借生育保险而多报销的现象。但由于妇女在怀孕、生育期间,不可避免会出现一些特殊情况,一旦面临急难险重情况,妇女的生育费用则难以得到切实保障。

统筹层次低,基金抗风险能力差。《企业职工生育保险试行办法》第三条规定"生育保险费用实行社会统筹",但由于各地执行力度不一,导致各地生育保险发展不平衡,统筹层次很低。目前我国已经实现生育保险社会统筹的地区主要以县(市)级统筹为主,加上某些地区仍然实行企业内部统筹,生育保险基金只供本企业使用,使生育保险基金无法在大范围内调剂,致使基金抗风险能力差,难以起到互助互济的社会功能。另外,生育保险缺乏全国统一的信息化网络服务系统,增加了生育保险在不同统筹地区的接续转移难度,同时也阻碍了企业女职工的自由流动,不利于实现全国统一的劳动力市场。

3. 推进生育保险城乡一体化制度创新的建议

提高立法层次,加大监管力度。为了对生育保险工作进行规范管理,增强法律强制力,全国人大应该在总结各地生育保险实践经验的基础上尽快制定一部全国统一的《生育保险法》,作为全国各地、各行业、各类职工生育保险工作的最高法律依据。另外,依据社会和群众需求,对现行相关法律法规进行修订、补充和完善,使生育保险工作迈入法制化轨道。目前,世界上已有100多个国家制定了生育保险法律,为顺应国际立法趋势,履行国际公约义务,我国必须加快生育保险立法进程,切实保障妇女职工的合法权益。与此同时,加大生育保险工作的监督力度,增加生育保险违法成本势在必行。对不缴或欠缴生育保险费用、恶意克扣参保职工生育保险待遇、骗取生育保险金等情况进行严厉的惩罚,并责令其改正,真正实现对妇女生育价值的认可,切实维护参保职工的社会保障权益。这不仅是减少生育保险实施阻力、完善生育保险制度的有效措施,更是推动整个社会保险体系全面、健康发展的迫切需要。

扩大生育保险范围,实现全民生育保障。扩大生育保险范围,将城乡镇企业职工、非正规就业职工、临时工、兼职工、农民工、城镇灵活就业人群、农村妇女纳入生育保险参保人群中。结合我国社会保险实际情况,建议通过职工生育保险、城镇居民医疗保险和新型农村医疗保险实现全民生育保障。以职工生育保险制度覆盖城镇职工生育保险、以城镇居民医疗保险制度覆盖城镇未就业居民生育保险、以新型农村医疗保险覆盖农村居民生育保险,由此实现生育保险全民覆盖。① 扩大城乡居民生育保险报销范围,"流产"纳入报销范围。

构建科学合理的基金运行管理体系,真正惠及参保职工。首先,制定合理的费用支付方式。为保障参保职工的生育保险待遇能够按时、足额领取,需改变由企业与社会保险经办机构进行先头结算的做法,直接将生育津贴和生育医疗费用直接支付给职工本人。其次,借鉴养老保险、医疗

---

① 参见孙光德、董克用:《社会保障概论》,中国人民大学出版社2011年版,第189页。

保险实行统筹结合的基金管理模式,为参保职工建立生育保险个人账户,对妇女职工生育期间的产假工资进行先行支付,以保障参保职工在生育期间的基本生活和必要医疗服务。而且这种账户可以跟随参保职工的生育地而转移,避免生育妇女因异地生育而享受不到及时的生育保护。最后,结合一次性定额支付和实报实销两种方式的优缺点,按照"最多跑一次"工作要求,采取更加合理的费用结算办法。

建立健全社会化管理服务网络,加快城乡统筹。随着社会的发展和时代的变迁,各级相关部门应根据群众实际需求对生育保险管理工作的相关政策进行适时调整,为人民群众提高质量更高、效率更高的便利服务。企业及其职工在领取生育保险待遇时,经常往返于社保经办机构和定点医疗机构办理各种繁琐的程序,不仅浪费了人力、物力,增加了参保职工的负担,而且不利于提高企业的生产效率。因此,为充分发挥生育保险的保障作用,政府应引进先进的现代化管理方式,建立健全社会化管理服务网络,简化生育保险办理程序,降低管理成本。借鉴基本养老保险和基本医疗保险的成功经验,"建议生育保险实行社会化发放方式,独立于用人单位之外,逐步做到生育医疗费用与定点医疗机构直接计算,使女职工不因工作变动而无法享受生育保险待遇"①。另外,加强生育保险社会化管理建设,提高社会化管理水平,无疑为加快生育保险实现城乡统筹、顺应当前城乡一体化趋势提供了新的机遇。目前,我国生育保险工作主要在城镇企业及其职工中开展,还没有完全延伸到广大农村地区以及城乡结合地带。随着新型城镇化的快速发展,越来越多的农民逐渐脱离土地成为非农产业的主力军,越来越多的农村妇女从家庭重担中解脱出来成为国民经济的贡献力量。面临如此形势,做好非农产业人口以及农民工的生育保险工作,实现生育保险城乡统筹越发重要,必须提到各级政府

---

① 曲天娥:《现行生育保险制度亟待解决的问题及改进对策》,《南京人口管理干部学院学报》2004 年第 3 期。

的工作日程上来。

二、社会救助城乡一体化制度创新的对策措施

社会救助与社会保险、社会福利并列,是我国社会保障体系的三大基础之一。加快城乡一体化社会救助体系建设,对保障困难群众生活、促进社会公平正义、维护社会和谐稳定具有重要的现实意义。社会救助是国家依法对因不同情况而长期或暂时陷入困境的社会成员无偿提供物资、资金、服务等形式帮助和救援,以维系其最低生活需要的制度安排。社会救助体系内容主要包括"三大部分、九项制度"。"三大部分"包括:长期生活救助、分类专项救助和临时应急救助。"九项制度"包括:最低生活保障、"五保"供养、医疗救助、教育救助、住房救助、司法救助、自然灾害救助、流浪乞讨人员救助和临时救助等。所谓城乡一体化的社会救助制度就是不分地域、不分民族、不分职业、不分身份地位,将所有符合社会救助资格的社会贫困人员全部纳入统一、公平的社会救助体系,享受保障项目一致、待遇水平接近的基本生活保障。本书主要对最低生活保障制度、"五保"和特困人员供养制度、医疗救助制度和自然灾害救助制度进行探讨。

(一)城乡最低生活保障一体化制度创新的对策措施

1. 城乡低保制度发展的现状及成就

我国传统救助制度是 20 世纪 50 年代在计划经济体制下形成的,主要是对无生活来源、无劳动能力、无法定赡养人或者抚养人的城镇"三无"孤老、农村"五保"户、社会困难户、精简退职职工以及国家规定的一些特殊救助对象给予定期定量救助或临时救助。20 世纪 90 年代,我国推行大规模国有企业改革,国有中小企业破产、解体、转制,产生了大量下岗职工,为了保障下岗职工的最基本生活,缓和国企改革带来的社会矛

盾,国家开始探索建立保障人民最基本生活的低保制度。这项试点首先是在上海开始的。1993年上海市民政局、财政局、劳动局、社会保险局、市总工会联合发布《关于本市城镇居民最低生活保障线的通知》,明确从当年6月1日起,在全市实行最低生活保障制度。1997年,国务院下发《关于在全国建立城市居民最低生活保障工作的通知》,决定在全国范围内建立城市最低生活保障制度,妥善解决城市贫困人口的生活困难,对改革和完善传统社会救济制度、建立健全社会保障体系具有十分重要的意义。2007年7月11日,国务院再次出台《国务院关于在全国建立农村最低生活保障制度的通知》,通过在全国各地区建立农村最低生活保障制度,将符合条件的农村贫困人口全部纳入社会救助体系,稳定、持久、有效地解决全国农村贫困人口的温饱问题。继城乡低保制度在全国范围内建立以来,我国又陆续颁布了一系列的法律法规,进一步健全和完善了城乡最低生活保障制度。2012年9月1日,《国务院关于进一步加强和改进最低生活保障制度的意见》出台,《意见》强调,统筹城乡、区域和经济社会发展,不仅需做到最低生活保障标准与经济社会发展水平相适应,而且最低生活保障制度还要与其他社会保障制度相衔接。并且指出各省级人民政府可根据区域经济社会发展情况,研究制定本行政区域内相对统一的区域标准,逐步缩小城乡差距、区域差距。2013年11月12日,中共十八届三中全会审议通过了《中共中央关于全面深化改革若干重大问题的决定》,明确提出要实现发展成果更多更公平惠及全体人民,必须建立更加公平可持续的社会保障制度。推进城乡最低生活保障制度统筹发展,建立健全合理兼顾各类人员的社会保障待遇确定和正常调整机制。为贯彻落实党中央和国务院下发文件要求,我国许多地区相继开展统筹城乡最低生活保障制度的探索工作,旨在有效保障困难群众基本生活。2014年国务院颁布施行《社会救助暂行办法》,社会救助制度坚持托底线、救急难、可持续,与其他社会保障制度相衔接,在经济发展水平和国家财力状况的基础上,我国各地区不断扩大低保覆盖范围和提高低保保障标准,取得了历史性的进步。

首先,城乡低保对象不断增加,基本实现全覆盖。到 2016 年年底,全国城市低保覆盖对象 855.3 万户、1480.2 万人,基本实现"应保尽保";全国农村低保覆盖对象 2635.3 万户、4586.5 万人,绝大部分农村贫困居民的基本生活得到了保障。①

表 5-5　2009—2016 年我国城乡低保覆盖人数变化情况

（单位:万人）

指标	2009 年	2010 年	2011 年	2012 年	2013 年	2014 年	2015 年	2016 年
城市低保人数	2345.6	2310.5	2276.8	2143.5	2064.2	1877	1701	1480.2
农村低保人数	4760.0	5214.0	5305.7	5344.5	5388.0	5207.2	4903.6	4586.5
农村特困人员人数	553.4	556.3	551	545.6	537.2	529.1	516.7	496.9

数据来源:中华人民共和国民政部根据 2009—2016 年《社会服务发展统计公报》制表。

其次,财政投入力度加大,保障水平逐步提高。截至 2016 年,全国城市全年各级财政共支出城市低保资金 687.9 亿元,全国城市低保平均标准 494.6 元/人·月,比上年增长 9.6%。全国全年各级财政共支出农村低保资金 1014.5 亿元。2016 年全国农村低保平均标准 3744.0 元/人·年,比上年增长 17.8%。② 自党的十六大以来,伴随着中央及地方各级财政对城乡低保的支持力度越来越大,城乡最低生活保障制度的保障能力和保障水平稳步提高,对保障城乡贫困居民的基本生活、缓解社会贫困、促进社会和谐发挥了重要作用。

2. 城乡低保制度存在的主要问题

尽管我国最低生活保障标准日益提高,覆盖面扩大,但是由于我国经

---

① 参见民政部:《2016 年社会服务发展统计公报》,见 http://www.mca.gov.cn/article//sj/tjgb/201708/20170815005382.shtml。

② 参见民政部:《2016 年社会服务发展统计公报》,见 http://www.mca.gov.cn/article//sj/tjgb/201708/20170815005382.shtml。

济发展水平总体不高,地区发展不平衡,最低生活保障制度在具体的制度安排上和执行中仍然存在一些问题。具体体现在最低生活保障标准远低于城乡居民的平均收入水平,城乡差距依然较大,覆盖范围依然有限,同一地区不同群体救助水平不一致、不同地区同类群体保障水平不一致,城市居民和农村居民、流动人员与当地居民、新晋市民与传统居民等不同群体在低保待遇水平上存在严重的差别。

最低生活保障制度是社会保障安全网的最后一道防线,是实现国民收入再分配、推进社会公平、维护社会和谐稳定的基本制度安排。但由于各种消极因素影响,我国最低生活保障制度存在城乡差别和身份歧视,既没有完全实现社会公平正义的价值理念,也削弱了低保保障贫困居民基本生活的功能。为此,党中央和国务院必须加快城镇低保与农村低保的制度整合,去除社会贫困群体享受低保所受到的地域限制及身份歧视,在逐步缩小低保城乡差距的进程中,最终实现城乡居民最低生活保障制度一体化。

3. 推进城乡居民最低生活保障一体化制度创新的思路

推进城乡居民最低生活保障制度统筹发展,不分职业、不分地域、不分身份、不分种族,将所有符合最低生活保障标准的贫困人员纳入低保体系,这既是构建公平型社会救助制度的合理选择,也是健全城乡一体化体制机制的应然要求。实现城乡居民最低生活保障制度一体化,首先,对城市(农村)的低保制度进行内部调整,为城乡低保最终实现一体化奠定基础;其次,在统筹城乡发展取得巨大成就、各项配套措施改革顺利的条件下,从"两套制度,两套标准"过渡到"一套制度,两个标准";最后,待时机成熟,实现"一套制度,一个标准"。

(1)城乡低保制度的内部调整:统一保障,差别标准

当前,我国正处于并将长期处于社会主义初级阶段,生产力发展水平总体不高,物质基础薄弱,发展不协调、不平衡、不可持续性问题突出。城市(农村)最低生活保障制度表现出不同地区同类群体保障水平的不一

致、同一地区不同群体救助水平的不一致。以农村居民最低生活保障制度为例,首先,东部地区低保人群的待遇标准明显高于中西部地区。其次,农村低保的覆盖人数逐年增加,截至 2016 年年底,农村低保对象2635.3 万户、4586.5 万人。总体上来看,我国农村低保的覆盖范围较广,绝大多数农村贫困人口已经被纳入到最低生活保障体系,有效保障了农村贫困群体的基本生活。但是就不同目标人群的占比来看,农村低保基本以女性和老年人为主,而对残疾人和未成年人的关注程度不高,覆盖率较低。

城市居民最低生活保障制度同样存在着地区结构和对象结构的不均衡。城市低保的覆盖群体类型众多,包括老年人、在职人员、灵活就业人员、登记失业人员、未登记失业人员在校生以及其他,其中在职人员因为有固定的收入,所以比重较小,而其他对象人群由于失去工作或工作不稳定,而面临着更大的生存威胁,因此低保覆盖率较大。可见,为了避免城镇所有居民因各种风险而无法维持基本生活,城镇低保的覆盖范围十分广泛,无论身份、职业、年龄、地域,只要其家庭人均收入低于当地最低生活保障标准就可享受到低保福利,城镇居民最低生活保障制度在覆盖面层次保证了救助对象的公平性。然而制度保障群体之间的差异性尤其对特殊群体的关注度不够这一问题不容忽视,城镇低保的特殊人群具体包括女性、老年人、残疾人和"三无"人员,从历年数据来看,女性占比一直稳居第一,其次是老年人,残疾人比重最小。简单来说,我国大部分女性的基本生活需求得到了很好的保障,而残疾人和"三无"人员的覆盖面有待扩展,关注度有待提高,救助标准有待增加。

这种地区之间、群体之间的不平衡导致城市(农村)低保出现内部结构的不公平,既影响了城市(农村)低保制度的自身发展,也不利于城乡低保制度之间并轨整合。因此,实现城乡居民最低生活保障制度一体化,必须首先对城市(农村)低保的内部结构进行整合,消除中国城市(农村)居民最低生活保障制度内部结构的不公平。低保标准是衡量最低生活保障制度是否公平的重要指标,然而各地区的低保标准是与当地实际生产力发展水平密切相关的,确立完全统一的低保补助标准并不是公平型社会救助体系的内在要求。保证城市(农村)低保的保障水平在全国范围内的一致,坚持统一保障水平之下的差别性标准,才能体现我国城市(农村)低保内部结构的公平性。统一保障水平意指全国各地农村的当地低保支出与当地实际经济发展水平相适应,具体来说,就是低保支出在当地生产总值中的比重一致或相近。只有保持统一的保障水平,才能切实维护底线公平。差别性标准是指根据不同地区的实际生活水平以及不同群体(尤其是特殊人群)的实际救助需求实施差别性的待遇标准,即分类施保。只有做到在统一保障水平的前提下允许各地城市(农村)低保待遇标准存在适当差别,才能真正将尊重最低生活保障制度发展规律与尊重本国国情相结合。

(2)城乡低保制度之间的整合统一:制度并轨,优化整合

一直以来,由于城乡经济发展水平和人均收入水平存在巨大差异,我国对城市和农村分别实施了两套最低生活保障制度,在保障标准、资金筹集、待遇水平、运行监督等方面具有一定的差别,尤其是城乡居民的低保待遇标准差距明显。现阶段,推进城乡一体也已成为党中央和各级地方政府的明确共识。为了有效保障城乡所有贫困人员的基本生活,切实维护社会保障的底线公平,必须将城乡不同低保制度进行并轨整合,尽快破除"两套制度,两个标准"的城乡分割格局,实现"一套制度,两个标准",最终过渡为"一套制度,一个标准",全国统一。

统筹城乡居民最低生活保障制度是建立城乡一体的最低生活保障体系的重要手段和必然选择。实现城乡低保之间的整合统一,既要求城乡低保对象资格统一,即以同样标准对所有社会成员评定是否能享受低保福利,破除地域、城乡、职业、身份等限制因素;也要求资金筹集方式的统一,中央财政和省级财政按照统一标准(根据各地区低保对象实际数量)对各地区进行拨款,县级财政则结合实际生产力发展水平和居民消费水平采取城乡有别的低保资金支出标准。此外,还需要城乡低保实施统一

保障水平之下的差别性标准,一方面使城乡居民最低生活保障支出与当地生产总值的比例相当,确保城乡贫困人员平等共享经济社会发展成果;另一方面在统一低保待遇水平的基础上,采取城乡有别、群体有别的差别性待遇标准,符合现阶段我国经济发展不均衡、不协调等基本国情,对缩小城乡差距、促进底线公平意义重大;同时,适当提高特殊人群的救助标准,提高特殊人群的生存能力,切实保障他们的基本生活。

(3)推进城乡低保制度整合的配套措施

首先,健全待遇确定机制,科学界定低保对象。当前我国各地区的低保资格审定和低保救助水平不尽相同,尽管各地低保待遇标准正在稳步提高,但总体来说,仍属于偏低层次。尤其是农村低保标准的制定缺乏科学性,主观随意性较大,与城市低保的待遇标准差距颇大。例如,很多农村地区在确定低保保障标准之时,仅仅参照当地财政负担能力,而没有重点考虑低保对象的实际需求,特别是对于特殊人群,仍然以普通低保人群的救助标准进行拨付。这严重违背了具体情况具体分析的矛盾分析理论,不仅不能改变农村居民最低生活保障制度的待遇水平普遍较低的局面,而且会不断拉大农村低保与城市低保待遇水平的差距。因此,建立科学的最低生活保障标准制定机制已成为一种迫切需要,综合考虑国际上通行的几种确定贫困线的方法(包括市场菜篮子法、恩格尔系数法、国际贫困线法以及生活形态法等)并且结合本国国情,国际贫困线法似乎更符合现行低保的发展需要,即以社会中位收入一定比例来确定贫困线。通过这种机制,不仅可以适时提高我国低保标准,将更多的困难群众,包括低保边缘家庭纳入低保体系,而且使低保对象的生存需求甚至发展需求得到更充分的保障。①

最低生活保障制度是社会保障体系的最后一道安全网,其目的主要

---

① 参见邹东涛、李欣欣:《社会保障:体系完善与制度创新》,社会科学文献出版社 2011 年版,第 156 页。

是保障社会贫困人员的基本生活,而不是培养一批"懒汉",所以在低保目标群体的界定上一定要理性、科学。将地区经济发展水平、居民消费水平、不同救助对象的实际需求等方面都要统一纳入目标定位的考虑因素中。重点应对"三无"人员、残疾人、老年人等家庭人均收入长期低于最低生活保障标准的困难户,采取现金和实物救助相结合;对因各种社会风险或自然灾害而暂时陷入生活困境的群体施以一定期限的低保补助,一旦度过危机必须即刻脱离低保;对具有一定收入能力,但家庭人均收入水平仍然低于最低生活保障标准的群体进行差额补助,并且适当提供就业培训或副业支持以提高其生产自救能力;而对那些因过度挥霍、懒惰成性、游手好闲,最后无法维持生活,期盼"坐吃财政"的人不给予低保,鼓励其自食其力,必要时提供职业介绍。①

其次,建立健全城乡低保的准入机制和退出机制。最低生活保障制度并不是一种终身保障的制度措施,只有当家庭人均收入水平低于最低生活保障标准才能被纳入低保,享受基本生活保障;一旦救助对象的生活水平达到或高于贫困线,原则上就应该退出低保。目前,我国低保普遍存在着"进保难,退保更难"的难题,在农村则尤为突出。一是相对于其他社会保障项目,最低生活保障制度有着严格的准入机制,只有达到一定条件才能享受低保福利。近几年,低保覆盖人数不断增加,城市已基本实现应保尽保,农村正在努力实现全覆盖。但是由于我国目前低保待遇标准普遍偏低,导致低保对象覆盖有限,相当一部分群众实际上处于收入低下、生活困难的状态却因生活水平略高于贫困线而与低保失之交臂,我们称这一类家庭为低保边缘家庭。二是现行最低生活保障制度缺乏健全稳定的退出机制,导致应当退出低保的对象群体不能及时退出,应当被纳入低保的新困难群体只能通过不可持续的扩大覆盖面来受益。影响城乡低保退出难的因素主要有两个:第一,城乡居民的家庭收入核查难度较大,

①　参见童星、林闽钢:《中国农村社会保障》,人民出版社 2011 年版,第 214 页。

特别是农村家庭收入以粮食等实物为主,难以用货币形式表示,而且影响农作物收成的不可抗力因素(如季节、天气、水利)较多,增加了农民收入的不稳定性。第二,最低生活保障制度为贫困人群提供的无偿救助使许多人对低保产生了"福利依赖",而且低保待遇会随着救助对象收入的增加而逐渐减少,因此许多困难群众一旦被纳入低保,他们就不愿意退出。在低保金的诱惑之下,有一部分人可能会谎报家庭收入"骗低保",还有一部分贫困人员则可能会安于现状,放弃生产自救,企图不劳而获。如此下去,不仅扭曲了城乡低保保障贫困人员基本生活,促进社会公平,消除社会贫困的初衷,而且对我国人力资源市场造成破坏,导致就业率降低,阻碍经济增长。

建立健全低保的退出机制对于加强低保对象的动态管理、推进城乡低保制度整合至关重要,主要从以下两个方面开展工作。一是整合城乡低保信息资源,大力推进低保信息管理系统建设,及时、准确、科学地掌握和监测低保对象的家庭收入状况,对特殊人群每两年核查一次,普通对象每半年核查一次,当收入水平明显高于低保标准时,立即在网络系统自动取消其低保资格。二是贯彻落实积极的就业激励政策,帮助低保对象实现就业或再就业。在目前的城乡低保对象中,很大一部分人是具备一定的劳动能力的,通过实施积极的就业政策,促使这些群体在劳动中实现个人的社会价值,不仅可以提高收入水平,摆脱贫困,而且可以减轻财政负担,使更多更需要低保救助的困难群众得到更好的保障。

最后,政府主导筹资,各级责任分担,实现低保资金社会化发放。稳定、可靠的资金来源对充分发挥最低生活保障制度的"保底"功能的充分发挥,有效促进最低生活保障制度的可持续性发展,逐步推进最低生活保障制度的城乡一体化具有关键的作用。最低生活保障不同于社会保险,我国低保实行地方各级政府负责制,地方政府既是低保的组织管理者,也是低保资金的主要提供者。城镇居民最低生活保障资金以由区(市)、县两级承担为主,部分省份预留低保调剂金。农村居民最低生活保障资金以县、乡(镇)两级承担为主,在经济落后地区以中央财政转移支付为主,适当减少县、乡财政负担。总的来说,地方政府在最低生活保障资金筹集方面承担主要责任,中央财政的投入力度还比较小。[①] 尤其在经济欠发达地区,地方政府由于财政有限,在扣除自身行政支出之后已经没有更多的资金投入低保事业,在这样的情况下,低保对象很难得到有效的生活保障。

因此,在地区间经济发展不平衡的条件下,需要进一步加大中央财政的转移支付力度,如在中央设立最低生活保障制度专项基金,专款专用,对经济发展水平落后地区给予恰当补助,降低地方政府的负债率。

此外,最低生活保障制度作为一项社会事业,在坚持政府主导作用的同时,也要充分利用民间力量,动员全社会共同参与低保建设,实现低保资金社会化发放。政府能力有限,不可能包揽一切,伴随着社会救助对象需求的日益多样化以及越来越多慈善团体的蓬勃兴起,构建政府主导、民间补充、全民参与的多元救助模式已经成为我国最低生活保障制度的必然发展方向。如发行低保福利彩票、基金;建立专门的低保慈善机构,专门针对低保对象;发动社会成员以个人或团体形式开展低保募捐活动(现金、实物皆可)。"众人拾柴火焰高",广泛动员社会各界人士关注社会贫困群体,只要人人都献出自己的一份力量帮助他们脱离困境,我们离中国梦的距离就会更近一步。

(二)完善农村"五保"和城市特困人员供养制度

农村五保供养制度是对农村缺乏劳动能力或丧失劳动能力或者未满16周岁的村民、无生活来源又无法定赡养、抚养、抚养义务人,在衣、食、住、医、葬方面给予村民的生活照顾和物质帮助的制度。它是我国农村一

---

① 参见谢东梅:《农村最低生活保障的制度特征与筹资机制》,《未来与发展》2009 年第 3 期。

项长期的、重要的社会救助制度。完善五保供养制度应重视五保供养制度与农村农民最低生活保障制度之间的整合与协调,可将五保供养的基本生活需求内容与农村农民最低生活保障的基本生活需求内容或者新农保制度合并实施。在此基础上,根据五保供养和农村农民最低生活保障与新农保标准综合测算,选取较高制度标准发放。同时,将五保供养对象的特殊需求也测算为现金标准,并辅以社会服务保障衔接。[1]

城市特困人员是指持有城市非农业户籍的无劳动能力、无生活来源且无法定赡养、抚养、抚养义务人,或者其法定赡养、抚养、抚养义务人没有上述能力的老年人、残疾人以及未满16周岁的未成年人。国家对城市特困人员提供基本生活条件、疾病治疗、办理丧葬事宜以及对生活不能自理的给予照料。完善城市特困人员供养制度应重视城市特困人员供养制度与城市居民最低生活保障制度之间的整合与协调,可将特困人员供养的基本生活需求内容与城市居民最低生活保障的基本生活需求内容或者城市居民养老保险合并实施。在此基础上,根据城市特困人员供养和城市居民最低生活保障与城市居民养老保险标准综合测算,选取较高制度标准发放,并将城市特困人员供养对象的特殊需求也测算为现金标准,并辅以社会服务保障衔接。

(三)推进城乡医疗救助一体化制度创新的对策措施

医疗救助是由政府主导、社会参与,通过建立医疗救助基金,对农村"五保"、城乡低保、"三无"人员等因贫困而无经济能力承担医疗费用的患病者实施的恢复其健康、维护其基本生存能力的一种社会救助行为。它的建立不仅为所有贫困群众平等享有基本医疗服务,维持基本生存能力提供兜底制度,真正解决因病致贫、因病返贫等问题,而且对促进我国

---

① 参见丁建定等:《中国社会保障制度体系完善研究》,人民出版社2013年版,第263页。

社会保险制度、社会救助制度的全面、健康、可持续发展意义深远。

1. 我国医疗救助制度发展的现状及成就

我国医疗救助制度产生于计划经济时期。农村居民的医疗需求依靠农村合作医疗制度，这种互助合作医疗制度对解决农民的医疗问题发挥了重要作用。城市居民的医疗需求主要依靠公费医疗和劳保医疗。在计划经济体制下，政府在医疗保障中起到主要责任，医疗救助并不突出。随着改革开放的深入发展和医疗制度的发展，医疗救助问题日益凸显。2000年12月，国务院颁发《关于完善城镇社会保障体系的试点方案》，其中明确要求探索医疗救助制度，帮助解决困难群体的医疗问题。2003年11月，民政部、卫生部、财政部联合下发《关于实施农村医疗救助的意见》，农村医疗救助工作开始起步。2005年3月，国务院办公厅转发《关于建立城市医疗救助制度试点工作的意见》，明确开展城市医疗救助试点工作，探索建立城市医疗救助制度。再到2008年，城市医疗救助制度从地区试点向全国推广，农村医疗救助制度进一步规范完善，中国城乡医疗救助制度全面建立。

2008年以来，随着经济社会的发展、财政能力的增强、资金投入力度的加大，我国医疗救助制度逐步完善，不断发展：救助对象从农村"五保"、城乡低保逐步延伸到各类低收入家庭重病患者以及其他特困人群；救助内容从大病、重病逐步扩展到慢性病、多发病、常规病；人均资助参保（合）水平、人均医疗救助水平不断提高，保障能力不断增强。特别是2012年，为贯彻落实党中央、国务院深化医药卫生体制改革精神，做好医疗救助与医疗保险的衔接与结合，建立健全多层次的医疗保障体系，民政部、财政部、人社部、卫生部联合出台《关于开展重特大疾病医疗救助试点工作的意见》，开始积极探索重特大疾病医疗救助工作，切实帮助解决重特大疾病贫困患者的医疗困难，填补了我国社会救助制度体系的一个缺项和短板。

2015年4月21日，为顺应新形势，体现新要求，国务院办公厅转发民政部等部门《关于进一步完善医疗救助制度全面开展重特大疾病医疗救助工作的意见》,对 2015 年的医疗救助工作作出了具体部署。《意见》规定 2015 年年底之前实现城乡医疗救助制度整合,重点加大对重病、重残儿童的救助力度,健全"一站式"即时结算机制,等等。截至 2016 年年底,全国资助参加基本医疗保险 5560.4 万人,支出资助参加基本医疗保险资金 63.4 亿元,资助参加基本医疗保险人均补助水平 113.9 元。2016 年实施住院和门诊医疗救助 2696.1 万人次,支出资金 232.7 亿元,住院和门诊人次均救助水平分别为 1709.1 元和 190.0 元。2016 年全年累计资助优抚对象 409.2 万人次,优抚医疗补助资金 36.2 亿元,人均补助水平 885.5 元。① 地方政府积极贯彻中央文件,建立健全重特大疾病保障机制,目前,全国已有 30 个省份建立了疾病医疗救助制度,14 个省份已全面推开重特大疾病医疗救助试点,重点救助对象年度救助限额内住院自负医疗费用救助比例普遍达到 60% 以上。

综上所述,我国城乡医疗救助制度在近年来得到长足发展,全年累计救助人次、全年累计救助资金支出以及人均救助水平不断提高,救助能力大大增强。

2. 我国医疗救助制度建设存在的主要问题

我国在全面深化改革、加快推进城乡统筹的进程中,城乡医疗救助制度也逐渐出现一些问题。

第一,医疗救助基金来源单一,城乡投入力度失衡。我国医疗救助基金的筹集办法主要有两个:一是各级财政拨款,包括地方财政预算和中央转移支付;二是社会捐赠。由于社会募捐及其他公益基金来源不稳定,因此医疗救助资金主要以财政投入为主。近年来,随着经济增长和社会发展,各级财政对医疗救助的投入力度不断加大,但与实际需求仍然存在较

---

① 参见民政部:《2016 年社会服务发展统计公报》,见 http://www.mca.gov.cn/article//sj/tjgb/201708/20170815005382.shtml。

大差距,而且城乡、地区投入不平衡。首先,与城市相比,农村低保、"五保""三无"人员等低收入困难家庭较多,对医疗救助的需求也会更加迫切,但是政府对城市的医疗救助拨款和救助水平明显高于农村,农村医疗救助基金不足必然使一部分贫困患者无法享受到医疗救助而陷入更加贫困的境地,弱化了医疗救助的"兜底"功能。其次,地方各级财政对医疗救助基金的拨款与地区财力状况直接相关,导致医疗救助工作地域性差异突出。经济发展水平低的地区由于财政能力有限无法提供充足、稳定的医疗救助基金,而经济较发达地区的医疗救助不仅具备可靠的财政保障,而且享有较高的医疗水平,为贫困居民、重病患者提供更好的基本医疗服务。

第二,医疗救助趋于"保险化",救助功能发挥有限。我国的医疗救助制度是在弥补基本医疗保险制度缺陷的基础上逐步建立起来的,因此在政策导向、制度设计以及实际运行等方面必然会受到医疗保险的影响,甚至依附于医疗保险而运行,致使医疗救助趋于"保险化"。从 2008—2012 年全国城乡医疗救助运行情况分析可见,虽然直接医疗救助人次普遍呈上升趋势,但远远少于资助参保参合人数,且增幅较缓。其次,医疗救助是医疗保障体系的最后一道安全网,是保障贫病交加者享有基本医疗服务的"兜底"制度,可实际运行中对医疗救助起付线和封顶线的设立明显将很大一部分极端贫困者阻挡在医疗救助大门之外,这样就违背了医疗救助帮助减轻困难群众医疗负担的初衷,未能阻止因病致贫、无力治病、更加贫困的恶性循环。另外,我国的医疗救助制度对救助病种的规定过于刚性,贫困患者只有处在救助病种范围之内,才能享受医疗救助待遇,这就使得一些困难群众因为患病病种不在规定范围之内,自己又无力承担医疗费用而放弃治疗,小病拖、大病扛现象十分突出。

第三,医疗救助自身制度设计存在诸多缺陷。首先,医疗救助的覆盖范围不够全面。当前我国医疗救助对象包括四大类:一是城乡低保家庭、"五保户"和"三无"人员;二是参加基本医疗保险但个人负担医疗费用有困难的城市贫民、因自然灾害而导致伤病的农村灾民;三是伤残军人、烈军属、孤老复员军人等重点优抚对象;四是地方政府规定的其他特殊困难人员。但是各级政府都没有将低收入流动群体,特别是农民工群体纳入医疗救助范围之内,在缺乏医疗保险和医疗救助双重保障的情况下,从事高风险、低收入工作的他们一旦罹患大病、重病将面临更大的生命威胁。其次,随着大城市医疗服务水平的不断提高,越来越多的人会选择前往医疗设备更齐全、更先进的二级、三级医院就诊,在这种现象日益普遍的情况下,医疗救助对点医疗机构的设计无疑使得部分救助对象因病情需进行转诊治疗而享受不到足额的医疗费用救助。此外,我国目前最为普遍的救助时间仍是"医后救助",即贫困患者自己先垫付医疗费用,再向医疗救助机构申请报销,这种方式不仅导致许多患者因为没有能力垫付医疗费用而放弃治疗,而且某些地区报销时间过长,使得救助对象无法及时得到费用补偿。

3. 推进城乡医疗救助一体化制度创新的建议

提高立法层级,加快法制化建设。从2003年农村医疗救助工作开始起步,至今仍没有一部上升到人大立法层面的《医疗救助法》或《医疗救助实施办法》对全国范围内的医疗救助各项制度安排进行明确规定,导致在具体实施过程中,各地救助标准不一、群众抱怨起伏。因此,我们应该借鉴国外成功经验,加快立法建设步伐,尽快制定一部全国统一的医疗救助法来规范救助对象、救助标准、救助方式、资金筹集、监管体制等实施细则。此外,为了进一步规范管理医疗救助工作,必须建立健全医疗救助配套法律法规,加大监管力度,明确惩罚依据,防止或减少基金滥用、骗取基金等违规现象的发生,以促进医疗救助制度健康、可持续发展。

拓宽筹资渠道,实现基金筹集多元化。随着医疗救助覆盖范围的扩大和救助力度的深化,医疗救助基金支出也会相应增加,如果仅靠政府财政拨款来承担这一大笔救助基金,必然会出现"僧多粥少",救助水平偏低的现象,弱化医疗救助的福利性功能。因此,为了从根本上解决贫困居民"看病难、看病贵"问题,构建渠道多元、稳定健全的筹资机制势在必行。首先,要强化地方各级政府责任,加大财政投入力度,中央财政建立专项资金,对贫困地区予以适当补助。其次,综合运用广播、媒体等多种手段,向社会公众普及医疗救助知识,鼓励社会各界积极参与共同建设,通过社会募捐、慈善拍卖、专项彩票等方式实现多渠道筹集医疗救助基金。此外,政府还可以利用各种优惠政策来激发社会团体对医疗救助予以支持的主动性和积极性,如对发动捐款的企业、社会团体等社会组织减免企业所得税。①

完善医疗救助制度设计,实现制度优化。医疗救助制度作为一项福利性、公益性、普惠性的医疗保障政策,必须切实帮助解决城乡贫困居民无力承担医疗费用的问题,确保每一个救助对象都能平等享有基本医疗服务。因此,为了促进医疗救助事业的健康发展,必须尽快完善制度设计,取消不合理限制。首先,扩大救助对象覆盖范围,取消户籍限制,将符合救助条件的城乡所有低收入群体包括农民工群体纳入医疗救助范围内,积极开展重特大疾病医疗救助试点工作,适度拓展重特大疾病医疗救助对象范围。其次,取消医疗救助起付线,放开封顶线限制,提高救助比例,实现医疗救助"社会福利最大化",避免城乡贫困居民因无力承担起付线以下及封顶线以上的医疗费用而不敢看病、看不起病情况的发生,真正做到惠及民生、服务民生。再次,随着我国医疗水平的不断提高,人们的患病病种也更加多样和复杂,尤其是常规病、慢性病患者人数越来越多。为此,应该结合各地具体情况,适当拓宽病种范围,尤其是将慢性病、常规病等多发病归入救助病种目录,待条件成熟,逐步取消病种限制,做好医疗救助和基本医疗保险以及大病补充保险的无缝衔接,为城乡居民提供多层次的医疗保障体系,最大限度地分担医疗负担。最后,逐渐以

---

① 参见金姬、刘继虎:《新医改背景下公立医院医患关系法律性质研究——以患者权益保护为视角》,《中南林业科技大学学报》(社会科学版)2013年第4期。

"医前救助""医中救助"取代"医后救助",全面构筑城乡医疗救助"一站式"服务平台,提高医疗救助工作效率。

实现医疗救助经管机构统一,提高直接医疗救助水平[①]。当前,我国医疗救助采取的是行政管理的模式:民政部医疗救助的主管部门负责政策制定和组织实施;财政部负责基金筹集并进行监管;卫健委负责监督定点医疗机构,提高医疗服务水平;人社部负责医疗救助与医疗保险的衔接工作。这种管理模式看起来分工明确,职责明晰,实际上涉及部门过多,不仅协调难度大,而且存在多头管理的风险。因此,为了体现医疗救助的专业性,提高救助的工作效率,应该把医疗救助的管理职能从民政部门剥离出来,移交给全国统一的社会保险机构。社保机构成立专门的医疗救助司,负责界定救助对象、确定救助标准、筹集基金及费用补偿等工作,实现"一站式"管理服务,积极探索建立实时结算机制,实现医疗救助与医疗保险同步结算,真正实现减轻贫困人员医疗负担。另外,为充分发挥医疗救助的"无偿救助"功能,实现"社会福利最大化",应努力提高直接医疗救助水平,适当降低资助参保参合的资金投入比例,扩大普通门诊和住院救助费用补偿支出。

加大农村医疗救助力度,推进医疗救助城乡统筹。经过多年的探索和建立,我国的医疗救助事业取得了很大的进步和成就,但是在二元户籍制度、传统的"城市偏向"政策导向等其他体制机制障碍的影响下,依然没有逃脱城乡分割、地区分割的命运,这不仅不利于城乡医疗救助工作的健康发展,而且会增加贫困群众的不公平感,恶化城乡关系,激发社会矛盾。因此,为了加快推进医疗救助城乡一体化,必须坚持城乡统筹的理念先导,加大农村医疗救助力度,扩大农村医疗救助面,在政策目标、救助对象、救助标准、资金筹集等方面加快城乡统筹,打破城乡医疗救助基金分

---

① 任屹、曾理斌等:《城乡医疗救助制度之现状、问题与对策》,《南京医科大学学报》2015年第1期。

设局面,将城市医疗救助和农村医疗救助整合为城乡医疗救助制度,实现救助对象、救助标准、经办体系城乡一体化,让城乡贫困居民在医疗救助制度中的机会公平和过程公平。

(四)完善城乡灾害救助制度

灾害救助是国家或社会对因遭遇各种自然灾害及其他特定灾害事件等袭击而陷入生活困境的灾民给予一定现金或实物或援助,帮助灾民度过特殊困难时期的一项社会救助制度。灾害救助是社会保障体系不可缺少的重要组成部分,也是社会保障体系中的特殊保障制度安排。其目的是帮助灾民摆脱生存危机,使灾区的生产、生活等各方面尽快恢复正常秩序。

1. 我国自然灾害救助制度发展的现状及成就

我国有较早的灾荒救助历史,早在西周统治阶级就制定了相当完备的救灾措施。近年来,我国对自然灾害应急救助的能力有极大提高,在抗击自然灾害中发挥了巨大作用,特别是在自然灾害应急救助管理体系方面取得重大进展,基本上建立了应急救助法律体系。1997年《中华人民共和国防震减灾法》(后于2009年修订)、2004年民政部发布了《应对突发性自然灾害工作规程》,按照灾情发生规模制定了三级响应程序。2010年国务院颁布了《自然灾害救助条例》,为自然灾害救助及时、有效、有序进行提供了法规依据。2018年国务院机构改革设立中华人民共和国应急管理部,为防范化解重特大安全风险,健全公共安全体系,整合优化应急力量和资源,推动形成统一指挥、专常兼备、反应灵敏、上下联动、平战结合的中国特色应急管理体制,提高防灾减灾救灾能力,确保人民群众生命财产安全和社会稳定发挥重要作用。

我国人口众多,自然灾害频发,是世界上受自然灾害影响最为严重的国家之一,自然灾害不仅给灾区人民的生产、生活造成巨大冲击,而且会引起社会动乱,激化社会矛盾,对我国的经济建设和社会发展产生很大影响。据民政部统计,近10年来,全国农作物受灾面积累计达到3.67亿公顷,平均每年受灾3672万公顷;全国因灾死亡失踪人口累计113044人,倒塌房屋2337.9万间;全国直接经济损失累计43013.3亿元。尤其是2008年全国遭遇两次历史罕见巨灾,损失惨重,因灾死亡失踪人口达到88928人,是自1976年以来,因灾死亡人数最多的一年;倒塌房屋1097.8万间,比上年增长648.33%;直接经济损失11752.4亿元,比上年增长397.4%。

面对如此多发的自然灾害,灾害救助工作自然被提到党中央的工作日程上来,近年来,在党政组织的积极领导和社会各界的支持参与下,灾害救助工作取得了显著成效。首先,我国的自然灾害救助体系不断健全,法律法规逐步完善,已初步建立起包括灾前准备、应急救助、灾害救助、救灾款物管理、责任追究等多方面内容、并具有中国特色的防灾救灾体系。其次,救灾范围不断扩大,救灾力度不断加大。仅2016年,国家减灾委、民政部共启动国家救灾应急响应22次,向各受灾省(区、市)累计下拨中央自然灾害生活补助资金79.1亿元,紧急调拨15万床棉被、1.6万件棉大衣、4.1万顶救灾帐篷、2.5万个睡袋、2.3万张折叠床等生活类救灾物资,切实保障了受灾群众的基本生活。

2. 我国灾害救助制度存在的问题

党中央、国务院历来重视自然灾害救助工作,对保障灾区群众的基本生活,维护社会安定团结发挥了重要作用,但是在具体的工作实践中,依然存在一些问题,亟待解决。主要表现在以下方面。

自然灾害救助倾向农村,忽视城市。主要原因是在我国社会发展过程中城市居民更多的将自己原单位联系起来,由单位管理城市居民日常生活,而由于农村家庭联产承包制,人民公社解体,在发生自然灾害时更需要国家帮助。然而随着市场经济的发展,城市居民逐渐与单位分离,因此构建城乡统一的自然灾害救助制度成为必然。

救灾资金不足,供需矛盾突出。自然灾害救助资金是帮助灾民维持基本生活的专项资金,其来源以中央和地方政府财政拨款为主,辅之以社会捐赠和募集等其他形式。灾害救助工作能否有力开展,与救灾资金是否足额、及时发放直接相关。目前,我国的灾害救助工作普遍存在着救灾资金不足的问题。第一,地方财政投入力度不足。国家规定自然灾害救灾资金由中央财政和地方财政按一定比例共同负担,但在具体执行中,地方对救灾工作缺乏足够重视,救灾预算支出在地方财政预算总支出中占比较小,过度依赖中央下拨思想严重。第二,自然灾害救助需要社会各力量的共同参与,近年来,各种慈善机构、社会团体积极开展社会捐赠活动,为我国的社会救助工作作出了巨大贡献,但这些民间机构基本属于自成体系,独立运行,缺乏一个专门的机构对募集资金的使用管理状况进行系统监管,致使募集资金使用效率不高,群众对慈善机构的信任度下降,社会募捐活动进行困难。第三,现行救灾物资储备品种单一,无法满足重大灾区救援工作的实际需求。第四,缺乏有效的救灾资金监管体制,导致救灾资金挪用、挤占现象突出,如一些领导干部将救灾资金用于其他财政性项目支出,擅自扩大救灾资金的补助范围,专款滥用现象普遍。

救助准备工作不足,应急预案体系有待完善。古人云:凡事预则立,不预则废。做好充分的灾前救助准备工作,建立健全应急预案体系对最大限度地减少灾情损失、提升灾害救助保障能力具有十分重要的作用。总体来说,我国的灾前准备和应急预案探索时间不长,经验不足,防灾救灾功能发挥有限,主要体现在:一是政府及相关部门对救灾防灾知识的宣传力度不够,加上群众自身对突发性自然灾害的防范意识比较淡薄,致使他们在灾害发生期间,因缺乏相关自救知识和措施而损失惨重,甚至失去生命。二是《自然灾害救助条例》规定县级以上地方人民政府及其有关部门应当根据有关法律、法规、规章,以及本行政区域的自然灾害风险调查情况,制定相应的自然灾害救助应急预案。但实际上,由于自然灾害具有发生突然性和结果不确定性等特点,灾害风险评估和灾情数据分析都比较困难,致使应急预案制定缺乏科学依据,有效性不高。三是许多地区虽然制定了灾害救助应急预案措施,但是在具体的推行过程中难以得到有效落实,尤其是灾害爆发次数较少或者从未发生过灾情的地区防灾意识更加薄弱,应急预案演练形式主义,"走过场"现象存在。四是我国的灾害检测预警系统目前还不够完善,检测设备不够齐全、先进,预报结果精确度不高,从而严重影响到防灾救灾工作的有效性和及时性。

灾害心理援助体系相对滞后。自然灾害在造成人员伤亡、财产损失等有形伤害的同时,也会给灾区群众带来巨大的心理创伤,一夜之间,家园被毁,亲人遇难,灾民几近崩溃,他们需要的不单单是维持基本生活的物质帮助,还有心理援助和精神安慰。但我国目前从事自然灾害心理救助的专业人才比较奇缺,多为兼职志愿者,在没有进行专业培训的情况下,他们不仅对心理辅导、精神治疗方面的知识了解不深,致使心理援助有效性不高,甚至可能会误导灾区民众,造成二度创伤。①

灾害救援队伍素质参差不齐。目前,在我国的自然灾害救助人员队伍中,有一部分是来自各个地区、各个高校、各个专业的志愿者,而且随着灾害救助工作的深入开展,群众互助意识的增强,志愿者的数量和规模将会不断扩大,已经成为一支非常重要的灾害救助后备军。但问题是大部分志愿者对救灾知识了解甚少,人员素质参差不齐,还有政府及相关部门并没有在灾害救助工作之前对其进行专业培训和指导,导致志愿者在进入灾区之后,未能发挥有效作用,不仅造成志愿者服务资源的浪费,而且会降低志愿者的服务积极性。

3. 进一步完善灾害救助制度的建议

在目前灾害救助制度的基础上,立足城乡统筹发展,积极构建城乡统一的自然灾害救助制度。

---

① 参见陈雨平:《从雅安地震看我国自然灾害救助体系的建设》,《科技信息》2014 年第 15 期。

（1）构建多层次的自然灾害保障体系，实现救灾主体多元化

灾害救助工作是一项长期、复杂的系统工程，需要社会各力量的积极配合和共同参与。在强调政府主导地位的基础上，引入商业性灾害保险，积极鼓励和广泛动员非政府组织、慈善机构等民间团体或社会个人开展社会捐赠和募资活动，构建以国家救助和灾害保险为主要力量，以群众互助、社会援助和灾民自救为辅助力量的多层次自然灾害保障体系，实现救灾主体多元化。

国家救助是政府对灾区民众直接进行无偿生活补助的一种灾害救助行为，是灾害保障的主要方式之一。因此，为了提高国家救助的及时性和有效性，应该进一步完善救灾分级管理体制，明确各级人民政府的工作职责，严格遵循相关法律规定，做好地方灾害救助的专项预算支出，并对救灾资金的使用、分配进行专项管理，专款专用，避免与其他财政资金混合使用。

灾害保险是由中央、地方财政补贴，群众自己缴费共同构成的灾害保险基金，主要用于灾民的生产、生活保障和补偿，是我国灾害保障体系的重要内容之一，也是一种比较稳定的灾害救助筹资渠道。为了充分调动民众参加灾害保险的积极性，有效发挥其分散风险、互助互济的社会功能，我们可以借鉴养老保险和医疗保险的成功经验，实施"统账结合"，并完善个人账户异地存取制度。当灾害发生时，无论灾民身处何处，都可以享受到相应的灾害保险待遇。

社会资本是自然灾害救助的庞大后备力量，不容小觑。国家和政府应该充分吸收利用社会各方力量，建立健全社会援助机制，激励民间慈善机构、非政府组织、企业和社会个人自主承担起灾害救助的社会责任，与国内外相关机构、组织建立稳定持久的合作关系；通过发放灾害救助公益彩票广泛募集民间资本；科学合理利用税收优惠政策鼓励社会组织和社会群众积极参与灾害救助捐赠活动，为帮助灾区居民恢复生活、生产提供强大的资金保障。

（2）完善灾害救助工作管理体制，加大监督力度

为了促进灾害救助制度的健康可持续发展，建立完善的灾害救助工作管理体制，推进灾后救助实现制度化、规范化和透明化势在必行，也势在可行。健全灾害救助分级管理体制。首先，将不同种类的自然灾害依据危害程度划分为不同等级。其次，制定相关法律法规，严格明确中央和地方在不同级别的灾害救助工作中的职责以及具体的救助实施细则，使自然灾害救助工作更具针对性和可操作性。

完善灾害救助的组织机构。为避免出现政出多门，政策执行效率不高等问题，政府应该成立专门的自然灾害救助机构，对各地的救助工作进行统一管理和安排，包括灾情风险评估、救助对象的确定、救助资金的调拨、应急预案的制定等多方面内容。尤其是要加强对灾害救助资金的监管，确保救助资金的规范运行、专款专用，具体做法主要有：第一，积极贯彻落实《自然灾害救助条例》和《自然灾害生活救助资金管理暂行办法》，严格执行国家对自然灾害救助资金的使用管理规定，对违法违规行为依法施以严厉的惩罚，强化法律约束力。第二，完善自然灾害救助资金专项管理机制，严格把关资金筹集、调拨、使用、公示等每一个环节，避免资金挪用、挤占现象的发生。第三，完善自然灾害救助资金监督机制，政府及相关部门不仅要及时向公众汇报灾害救助工作的进度和救助资金的使用分配情况，还应该将救助资金使用管理作为地方绩效考核的科目之一，同时纪检部、审计部必须定期开展救助资金的监察活动，对违法乱纪行为决不姑息。

（3）创新多种灾害救助形式，重视灾民心理援助

灾后重建是一个复杂的系统工程，除了直接的物质帮助之外，还应该重视灾民尤其是老人和儿童的精神救助，这类群体往往心理承受能力比较小，在自然灾害发生之后，会留下巨大的心理阴影和心理创伤。因此，我们必须创新多种灾害救助形式，全方位地帮助灾民从自然灾害中振作起来。政府应该出台相关法律法规，以强化精神救助在灾害救助工作体

系中的重要地位；政府及相关部门应该定期对灾民进行心理辅导，建立长期、稳定的精神救助机制；在自然灾害多发、频发地区，不定期开展心理知识讲座，为灾区民众事先打下预防针，最大限度地减少灾害发生后的心理创伤面积；为提高救援队伍的专业水平，避免二度创伤，医院、心理研究所、教育部门应该加大对灾害救援队伍的培训力度，加强人员队伍建设。①

（4）完善灾害救助应急预案体系，防患于未然

自然灾害救助的工作涉及灾前预防、应急救助、灾后重建等各个环节，而且任何一个环节都直接影响着灾害救助的整体效果，现阶段，我国的自然灾害救助应急预案体系还存在诸多问题，亟待解决。第一，做好灾情评估、风险分析以及灾情统计等工作，为地方制定应急预案提高科学合理的依据，提高应急预案的针对性和有效性。第二，建立和完善自然灾害的检测预警系统和机制，引进国外的先进预测设备和技术，加大对灾害多发地区，特别是地震、海啸、台风等活跃地带的监控力度，及时做出预警通知，减少损失。第三，通过电视、广播、报纸、多媒体等手段，向民众大力普及防灾救灾相关知识，定期开展灾害应急模拟演练，提高民众的防灾救灾意识和临灾应变能力。第四，完善自然灾害救助物质储备体系，提升储备物资的救灾保障能力。②

三、社会福利城乡一体化制度创新的对策措施

社会福利是国家和社会为保证和改善社会成员一定生活水平并尽可能提高他们的生活质量，向社会成员提供社会化的福利津贴、实物供给和

---

① 参见刘秀霞：《我国自然灾害救助制度的困境与出路探讨》，《商界论坛》2014年第5期。

② 参见陈雨平：《从雅安地震看我国自然灾害救助体系的建设》，《科技信息》2014年第15期。

社会服务的一种社会制度。它包括老年人、残疾人、儿童、妇女等特殊群体的保障性福利和以全体社会成员为对象涉及卫生医疗、文化教育等的全民性福利。社会福利作为社会保障重要组成部分，对保障社会稳定和谐和人民的富足有着重要意义。本书主要探讨老年人福利、残疾人福利和儿童福利等特殊人群社会福利城乡一体化制度。

（一）老年人社会福利城乡一体化制度创新的对策措施

所谓老年人社会福利，是指国家和社会为了安定老年人生活、维护老年人健康、充实老年人精神文化生活而采取的政策措施和提供的福利性设施和服务。它包括老年生活照顾、老年文化娱乐、老年优待、老年津贴、老年社会福利设施和特殊老年社会福利等。

1. 我国老年人社会福利发展的现状及成就

我国有悠久的养老传统。新中国成立后，政府在旧社会遗留下来的老年社会福利机构和社会慈善单位的基础上，建立了由国家有计划和统一管理的老年社会福利事业，形成了与计划经济体制相适应的"国家—单位（集体）"福利管理体制。改革开放以来，经过 40 多年来的探索与实践，我国基本建立了以居家养老为基础、社会服务为依托、机构养老为补充的老年人社会福利服务体系，民办老人社会福利机构得到快速发展，多渠道、多形式发展老年人社会福利事业格局初步形成。当前我国已经进入人口老龄化迅速发展的阶段，并且呈现三大特点：老年人口基数大、老龄化发展速度快、高龄化趋势明显。全国 60 岁及以上老年人口从 2009 年的 16714 万人增加到 2016 年的 23086 万人。截至 2016 年年底，全国 60 岁及以上老年人口占总人口的 16.7%，其中 65 岁及以上人口 15003 万人，占总人口的 10.8%。① （如表 5-6 所示）同时，"空巢化"现象凸显。

---

① 参见民政部：《2016 年社会服务发展统计公报》，见 http://www.mca.gov. cn/article//sj/tjgb/201708/20170815005382.shtml。

快速增长的老龄化、高龄化、空巢化对老年生活服务、健康维护、老龄文化、娱乐健身、家庭照料等都提出了新的要求。

表5-6 2009—2016年我国60周岁及以上人口在全国总人口中的比重

（单位：万人）

指标	2009年	2010年	2011年	2012年	2013年	2014年	2015年	2016年
60岁及以上人口	16714	17765	18499	19390	20243	21242	22200	23086
比重	12.5	13.26	13.7	14.3	14.9	15.5	16.1	16.7

我国在经济发展水平没有达到发达国家标准的情况下,率先进入老年型人口阶段。这种与经济发展水平不相适应的"未富先老"情况,明显给我国的经济、政治、文化以及社会发展带来了挑战和威胁,与此同时,人口老龄化使我国的养老问题日益突出,迫切需要加快发展老年人社会福利事业,为保障和改善老年人的物质生活和精神生活提供切实的保障。传统的家庭养老方式已经不能满足老年人日趋多样化、多元化的养老需求,加上缴费型的基本养老保险存在覆盖范围有限、保障水平较低等问题,发展社会养老势在必行。经过多年的探索发展,老年人社会福利的覆盖范围不断扩大,福利项目逐步扩展,现已初步建立了包括生活护理、医疗康复、卫生保健、文化教育、养老服务、精神安慰、权益保障等内容的老年人社会福利制度体系,基本实现了从"补缺型"向"基本普惠型"社会福利制度的转变。近年来,经过多方共同努力,我国养老行业规模不断扩大,养老服务能力和质量大幅提升,为实现"老有所养、老有所医、老有所学、老有所乐、老有所为"的发展目标迈出了一大步。据民政部统计,截至2016年年底,全国各类养老服务机构和设施14.0万个,比上年增长20.7%,其中,注册登记的养老服务机构2.9万个,社区养老服务机构和设施3.5万个,社区互助型养老设施7.6万个;各类养老床位合计730.2万张,比上年增长8.6%(每千名老年人拥有养老床位31.6张,比上年增

长 4.3%），其中社区留宿和日间照料床位 322.9 万张。全国共有老龄事业单位 1828 个，老年法律援助中心 1.9 万个，老年维权协调组织 7.0 万个，老年学校 5.4 万个、在校学习人员 710.2 万人，各类老年活动室 35.9 万个；享受高龄补贴的老年人 2355.4 万人，比上年增长 9.3%；享受护理补贴的老年人 40.5 万人，比上年增长 52.8%；享受养老服务补贴的老年人 282.9 万人，比上年增长 9.7%。①

表 5-7 2011—2016 年全国养老床位具体情况

时间	2011 年	2012 年	2013 年	2014 年	2015 年	2016 年
养老床位数（万张）	396.4	449.3	526.7	613.5	672.7	730.2
每千名老年人拥有床位（张）	19.1	21.5	24.4	27.2	30.3	31.6

2. 我国老年人社会福利存在的问题

在人口老龄化深入发展、养老问题日益突出的情况下，老年人社会福利制度的建立和发展为满足老年人多样化的福利需求、保障老年人的合法权益提供了新的机遇，并取得了一定的成效。但总体来说，老年人社会福利起步较晚，在很多方面仍然存在一些问题，亟待解决和完善。

老年人社会福利法律体系不健全，立法滞后。健全的法律法规是推进老年人社会福利更好更快发展的重要前提和制度保障，纵观其他老年福利发展较为成熟的国家，如美国、荷兰、日本、法国，无一不是立法现行。尤其是日本在 20 世纪六七十年代就已经建立了以《老人福祉法》《老人保健法》和《国民年金法》为三大支柱的老年福利政策法规体系，为老年人的合法权益提供了切实的法律保障。与之相比，我国的老年福利法律法规建设则比较滞后，除 1996 年出台的《中华人民共和国老年人权益保障法》属于人大立法层次之外，其他与老年福利相关的法律文件，如《关于加强老龄工作的

---

① 参见民政部：《2016 年社会服务发展统计公报》，见 http://www.mca.gov.cn/article//sj/tjgb/201708/20170815005382.shtml。

决定》《中国老龄事业发展"十二五"规划》《"十三五"国家老龄事业发展和养老体系建设规划》等,基本属于行政法规、部门规章、纲领性文件,缺乏法律强制力,致使某些老年社会福利政策在具体的推行过程中难以落实或落实不到位。此外,我国至今仍然没有一部专项的老年福利法律法规,虽然《中华人民共和国老年人权益保障法》从法律层面对老年人的合法权益做出了明确规定,为老龄事业的规范、稳定发展提供了原则性的法律保障,但是过于笼统,刚性约束力不强,其执行力度也会打折扣。

养老服务机构和设施数量不足,供需矛盾突出。近年来,随着我国社会经济的发展和国家的大力支持,我国的社会养老服务机构和设施的数量不断增长,供给能力有所提升。但与此同时,伴随着工业化、城市化和现代化进程的加快,老年人口数量越来越多,需求内容也日益多元化,加上我国家庭养老功能的逐渐弱化,老年福利供需矛盾越加显著。据统计,截至 2016 年年底,我国的社会养老床位数为 730.2 万张,每千名老年人拥有床位 31.6 张,这远远低于发达国家每千名老年人拥有 50—70 张床位的水平。而且一般来说,主要发达国家的养老床位为老年人口总数的 5% 左右,可目前我国所拥有的养老床位只占老年人口总数的 3.16%。可见,与不断增加的老年人口相比,养老服务机构和设施还存在很大的缺口。另外,老年人社会福利起步较晚,养老机构建设还处于初级阶段,因此在建设的过程中未免会出现一些问题,导致资源浪费。如现在很多养老机构由于过度强调硬件建设,导致入住费用颇高,这对"三无"老人、农村"五保"、低保等无力购买养老服务的低收入老年群体来说,无疑是一个巨大的门槛。还有一些养老机构出于降低运营成本的考虑,忽视基础设施配套建设和服务功能分类建设,致使老年人口多样化的实际福利需求难以得到满足,养老机构存在空置、资源利用效率不高等现象普遍。①

---

① 参见石磊、王炜:《我国老年人社会福利的发展现状及对策思考》,《劳动保障世界》2013 年第 10 期。

管理体制不完善,政策执行效率低。我国社会养老服务机构按照所属部门可以分为两大类:一类以生活护理照料为主,由民政部门主管,如敬老院、老年福利院等;另一类以医疗康复和卫生保健为主,由卫生部门主管,如老年医院、老年护理院等。这种分类管理的模式虽然有利于明确各部门的工作职责,强化养老服务机构的护理、保健功能,但由于老年福利专项法律法规至今尚未出台,部门之间又缺乏有效的协调联动机制,导致各部门在制定相关政策和规章的时候,主要考虑本部门的工作运行机制,随意性和灵活性较大,甚至出现相互冲突的问题。另外,伴随着工业化、城市化、现代化进程的加快,老年人口的福利需求日趋多样化和多元化,除了基本的生存需要之外,还需要医疗保健、心理辅导、文化体育、娱乐健身、权益保障等服务内容。但是民政部、卫生部等不同部门的职能分割不利于实现医疗、护理、生活照料等资源的有效整合,造成养老机构的服务功能比较单一,服务内容比较简单,不能满足老年人口日趋多样化的福利需求。

资金来源单一,政府投入不足。由于老龄事业的公益性和福利性质比较浓厚,其利润空间非常有限,我国养老服务机构和设施的建设资金主要依靠政府的财政拨款,资金来源比较单一,而且许多地方对老年福利事业并不重视,在财政预算支出中列支较少,甚至“列而不支”,再加上我国的老年福利事业起步较晚,社会投资运行机制还不健全,如银行拒绝给老年福利机构建设贷款,还有一些地方的老年设施不能享受当地的土地优惠政策,导致养老服务机构因为资金严重不足,不仅建设规模小、基础设施简陋,而且质量很难得到保证,养老服务机构与设施的供给能力与老年人多样化的服务需求的矛盾也愈加突出。①

人员队伍建设落后,服务水平低。虽然近年来参加社会工作的志愿

---

① 参见杨刚、闫慧娜:《中国老年人社会福利政策存在的问题及对策》,《长春大学学报》2013年第7期。

服务人员越来越多,壮大了老龄事业的服务队伍,但是从社会福利工作的岗位职责和专业技能要求来看,专业水平低,专门技术人员、专业社会工作者和管理人员严重缺乏。政府及相关部门并没有对他们进行相应的专业培训和知识普及,致使社会工作在开展过程中出现诸多问题,如服务内容单一、工作效率不高、服务质量较低等。

地区间差距大,发展不平衡。在城乡二元社会经济结构的影响之下,我国的老年人社会福利事业存在显著的城乡、地区发展失衡问题。由于我国老年福利的发展程度与当地的经济发展水平、财政负担能力密切相关,所以必然会使城市与农村、经济发达地区与经济落后地区在养老机构数量、规模,资金筹集,人员队伍建设、管理水平、服务质量等方面存在巨大的差距。这种差别不仅不利于老年人社会福利事业的健康、可持续发展,而且不符合"建立覆盖城乡的社会保障体系"的发展目标,给社会福利的城乡一体化建设带来了困难。

3. 推进老年人社会福利城乡一体化制度创新的思考

健全法律法规,完善制度建设。法律是治国之重器,良法是善治之前提,实现老年社会福利制度化、规范化的首要工作就是健全法律法规,完善制度建设。现阶段,除了《中华人民共和国老年人权益保障法》之外,其他法律法规基本停留在法规、条例、规章、政策文件等立法层次比较低的层面,而且缺乏专项的老年福利法律法规,导致相关政策在推行的过程中,因缺失统一具体规范和刚性约束而面临较大的实施阻力。所以,为了促进老年社会福利事业的健康、可持续发展,我国应该在借鉴总结国内外成功经验的基础上,加快老年福利立法进程,尽快出台老年福利专项法律,如《老年人社会福利法》,从指导思想、实施目标、覆盖范围、资金筹集、监督管理等方面对老年福利事业的具体操作细则做出明确规定,使老年人社会福利制度迈入法制化、规范化轨道。在制定专项法律的基础上,继续完善配套法规体系,加大监管力度,为老年福利的制度合法化和政策执行的高效率提供有力的支撑和保障。

构建多层次、多形式、多功能的城乡一体化的社会养老服务体系。伴随着工业化、城市化、现代化进程的加快，老年人口的福利需求日趋多样化，除了基本的生存需要之外，还需要医疗保健、心理辅导、文化体育、娱乐健身、权益保障等多种服务内容，而且每个老年人的实际需求也不同，具体与年龄、收入水平、身体状况、家庭情况密切相关。因此，我国必须结合实际情况，将家庭养老、社区服务、社会机构养老等福利资源进行优化整合，建立起多层次、多形式、多功能的城乡一体化社会养老服务体系，最大限度地满足不同老年人的服务需求。以居家养老为基础。自古以来，尊敬老人、赡养父母一直都是我们中华民族的传统美德，也是晚辈应尽的责任和义务。《中华人民共和国老年人权益保障法》第十三条规定"老年人养老以居家为基础，家庭成员应当尊重、关心和照料老年人"，第十四条再次明确"赡养人应当履行对老年人经济上供养、生活上照料和精神上慰藉的义务，照顾老年人的特殊需要"。虽然近年来，随着流动人口的增加，我国的家庭养老功能逐渐弱化，但是对承受着老年人口数量大、发展速度快、未富先老等巨大压力的我国来说，还不具备完全依靠社会养老的能力。另外，我国仍有很大一部分老人不仅身体健康、生活可以自理，而且具有稳定的收入、补贴和子女的帮助。所以，为了减轻国家财政负担，也为了弘扬中华民族的优良传统，必须巩固居家养老的基础性地位，加强政府、社会对家庭养老的援助，充分发挥家庭在养老服务体系中的有效作用。

以社区服务为依托。随着我国家庭结构的日益小型化，城乡"空巢老人""留守老人"越来越多，传统的居家养老方式已经不能满足老年人的养老需求，此时，突出和强化社区的养老功能则显得尤为重要。一方面，社区可以通过建立小型养老院或福利院对社区老年人提供护理照料、精神慰藉、卫生保健、日间托管等服务项目；另一方面，借鉴芬兰、瑞典做法，对不愿入住养老院的社区老年人，社区可以采取定点服务、上门服务等形式，第一时间帮助居家老年人解决问题。如相比于社会养老机构，社区服务更贴近老年人的实际需求，因为既可以享受到社区养老服务，又不需要远离自己熟悉的生活区域和家人,既有益于减少或消除老年人的生活后顾之忧,也有利于增加老年人的安全感和归属感,真正实现家庭养老和社会养老相结合。

以社会养老机构为补充。对于生活可以自理、子女愿意赡养的老年人来说,选择居家养老或社区养老比较理想,但是对于高龄老人、疾病老人、失能或半失能老人来说,应该接受社会养老服务。为了充分发挥社会养老机构的补充作用,使老年人能够得到全方位的照顾,政府可以利用市场机制与企业合作或政府购买等形式发展多样化的社会养老产业,缓解福利需求与服务供给的矛盾。当然,与居家养老和社区养老相比,老年人对社会养老机构的质量要求更高、专业要求更强,所以必须实现养老机构的基础建设和配套设施同步发展、硬件建设与软件建设并重。

加大公共财政投入,广泛吸纳社会资本。随着人口老龄化、工业化和城市化的快速发展,老年人数量日益增加,服务需求日趋多元,养老服务供给与老年福利需求的矛盾也愈加突出,而资金投入不足更给老年福利事业的发展带来了巨大困难。因此,为了有效促进老龄事业的持续发展,必须不断加大老年设施的资金投入力度,构建多渠道、多元化的筹资运行机制。首先,老年人社会福利作为一项公益性、非营利性的公共事业,政府必须承担起主要责任和义务,建立健全与经济发展水平相适应的老年福利财政投资持续增长机制,根据当地的实际经济社会发展,不断加大老年福利的公共投入,强化政府的主导作用。此外,为了有效提升养老服务机构的供给能力,政府应该出台相关政策或意见鼓励支持社会各界力量来兴办老年福利机构,贯彻落实政府给予养老服务产业的基础设施、用电用水、税收贷款、土地划拨、通信网络等方面的优惠政策,同时,严格把关养老服务机构的每一个建设环节,加强质量控制和管理。① 其次,在强调

---

① 参见杨刚、闫慧娜:《中国老年人社会福利政策存在的问题及对策》,《长春大学学报》2013 年第 7 期。

政府主导作用的基础上,积极吸收社会力量,广泛吸纳民间资本,实现资金筹集多元化和老年福利社会化。一方面,政府应积极落实各项优惠和扶持政策,引导、鼓励企业、非政府组织、社会团体(慈善机构)和个人积极参与养老服务产业,壮大养老服务机构兴办队伍。同时,加快建立"公办民营""民办公助"等经营新模式,实现政事分开,为养老服务行业营造良好的社会投资氛围。另一方面,通过发行老年福利专项彩票公益基金、鼓励开展社会捐助和募资活动来广泛募集社会资本,优化整合各种正式和非正式的福利资源,推进养老服务社会化。

加大工作人员培训力度,提高服务水平。养老服务专业人才缺乏、职业技能水平低是当前老年福利事业发展的重要阻碍之一,必须尽快采取相应措施,加强养老服务队伍建设,提高养老服务专业化水平。第一,政府及相关部门应重视对社会养老服务人员的技能培训和知识普及,具体培训内容包括生活护理、医疗保健、心理辅导、家政服务以及基本的职业道德和社会责任感塑造等,有针对性地满足老年人的不同服务需求。第二,完善专业等级和资格认证制度,社会养老服务人员必须经过专业技能培训、资格认证考试之后,持证上岗,并且根据不同的专业等级,从事不同需求的养老服务工作,真正实现"以老为本"。① 第三,政府还可以制定相关优惠政策,鼓励高等院校或职业技术学院开展社会养老服务相关课程,为老年人社会福利事业储备人才。第四,健全绩效考核机制,将养老服务工作人员的收入水平与服务质量以及老年人的满意度相挂钩。②

缩小城乡差距,推进老年福利城乡统筹。随着工业化、城市化进程的加快,人口流动规模越来越大,尤其在农村地区,大批青壮年纷纷前往城市谋生,农村"空巢"问题日益突出,迫切需要社会养老服务的支持和帮

---

① 参见蔡慧:《浅议我国老年人社会福利的困境与出路》,《信阳农业高等专科学校学报》2013年第1期。

② 参见石磊:《我国老年人社会福利的发展现状及对策思考》,《劳动保障世界》(理论版)2013年第10期。

助。但是深受城乡二元社会经济结构的影响,农村老人与城市老人在收入水平、社会保障、公共服务等方面相距甚远,农村老年人社会福利十分缺失,养老服务机构数量不足、质量堪忧,根本不能满足农村老年人的养老需求。为了保障农村老年人的合法权益,切实解决农村养老问题,必须打破城乡二元分割格局,缩小城乡养老服务差距,加快老年福利制度城乡统筹。老年福利政策应该向广大农村地区倾斜,加大农村养老服务业的投资力度,增加养老服务机构和设施的数量。发动社会力量,吸纳民间资本,大力支持农村老年福利事业,逐步建立起城乡统一、协调、均衡的老年人社会福利制度体系。

(二)残疾人社会福利城乡一体化制度创新的对策措施

残疾人社会福利是指国家和社会为残疾公民在年老、疾病、缺乏劳动能力及退休、失业、失学等情况下提供基本的物质生活需要基础上,并根据社会的经济、文化发展水平,提供残疾人相应的文化生活、劳动就业、教育、医疗、康复、社会环境等方面的设施、条件和服务。由于残疾人群的特殊性,残疾人社会福利是作为残疾人社会保障中关键的一部分存在着。

1.我国残疾人社会福利发展的现状及成就

新中国成立后,国家大力发展经济,一方面缓和长期战乱给民众带来的巨大伤痛,维护社会稳定;另一方面进行大规模的社会主义工业建设,提高国家的实力。在这一时期,保障残疾人基本生活的社会福利制度也应运而生。但是由于生产力水平低,物资匮乏,社会环境动荡,残疾人社会福利制度处于初创、发展停滞状态,覆盖面片面化,无法惠及全体残疾人群体。改革开放以来,我国残疾人社会福利取得了积极进展,政府出台了一系列措施,加大了对残疾人事业的重视。1988年由民政部、卫生部、国家教委等九部委组成了"全国残疾人三项康复工作协调小组",1990年出台了第一部专门保护残疾人法律《中华人民共和国残疾人保障法》,使残疾人各项工作走向法律化、规范化和制度化的轨道。21 世纪以来,残疾人社会福利制度在原有的基础上不断深化、改革,进入前所未有的蓬勃发展阶段。2008 年修订《中华人民共和国残疾人保障法》并颁布,2015年国务院印发《国务院关于加快推进残疾人小康进程的意见》,强调从各个方面保障和改善残疾人生活,推进残疾人小康进程。

目前我国残疾人社会福利发展呈现以下特点。一是我国残疾人人口数量众多。根据我国第六次全国人口普查总人口数量,以及 2006 年第二次全国残疾人抽样调查我国残疾人占全国总人口的比例和各类残疾人占残疾人总人数的比例,通过推算,2010 年年末我国残疾人总人数 8502 万人。二是收入水平低。与全国平均水平相比,城乡残疾人收入水平普遍较低,尤其是城镇残疾人与健全人的收入差距十分明显,约为全国平均水平的 50%—60%之间。三是残疾人老龄化趋势凸显。据 2006 年第二次全国残疾人抽样调查报告显示,在全国残疾人口中,0—14 岁的残疾人口为 387 万人,占 4.66%;15—59 岁的残疾人口为 3493 万人,占 42.10%;60 岁及以上的残疾人口为 4416 万人,占 53.24%,比 1987 年增加了 2365万人。在 60 岁以上的残疾人口中,65 岁及以上的达到 3755 万人,占45.26%。可见,残疾老年人口已经超过了全国残疾人口总数的 1/2,残疾人老龄化问题突出。[1] 改革开放以来,在各级党委、政府的重视和社会各界的支持下,我国残疾人社会福利事业取得了长足的发展,残疾人生活状态得以明显改善,生活质量得以明显提高。

残疾人康复能力不断提升,教育工作不断发展。各级残联认真贯彻党和国家关于残疾人工作的决策部署,建立健全社会化残疾人康复网络,开展了医疗康复、教育康复、职业康复、社会康复,提供功能技能训练辅助器具适配、心理辅导、知识普及和咨询等康复服务,取得了新的成绩。截

---

[1]　参见《2006 年第二次全国残疾人抽样调查主要数据公报》,见 http://www.cdpf.org.cn/sjzx/cjrgk/200711/t20071121_387540.shtml。

至 2016 年年底,全国已有残疾人康复机构 7858 个,其中,残联办康复机构 3049 个,康复机构在岗人员达 22.3 万人,残疾人康复能力不断提升。残疾教育工作不断发展。我国建立了针对残疾人的学前教育、义务教育、高中教育、职业教育、高等教育和成人教育体系。2017 年,配合国务院法制办、教育部修订《残疾人教育条例》,实施《第二期特殊教育提升计划(2017—2020 年)》,与教育部、农业部、共青团中央和全国妇联制定实施《"十三五"残疾青壮年文盲扫盲行动方案》。残疾人受教育权得到了更好保障,进一步提高了残疾人素质和平等参与社会的能力。截至 2016 年年底,残疾人事业专项彩票公益金助学项目的实施,为全国 1.4 万余人次家庭经济困难的残疾儿童享受普惠性学前教育提供资助。各地也多渠道争取资金支持,对 2607 名残疾儿童给予学前教育资助。全国共有特殊教育普通高中班(部)111 个,在校生 7686 人。残疾人中等职业学校(班)118 个,在校生 11209 人,毕业生 3855 人。全国有 9592 名残疾人被普通高等院校录取,1941 名残疾人进入高等特殊教育学院学习,4.3 万名残疾青壮年文盲接受了扫盲教育。①

残疾人就业保障不断进步,社会保障和社会服务不断改善。2007年,国务院通过《残疾人就业条例》,禁止在就业中歧视残疾人,决定采取分散和集中相结合的方式,多渠道、多层次、多形式安排残疾人就业,残疾人就业人数稳步上升。截至 2016 年年底,全国城乡持证残疾人就业人数为 896.1 万人。盲人按摩事业稳定发展,按摩机构迅速增长。2016 年度培训盲人保健按摩人员 18997 名、盲人医疗按摩人员 5267 名;保健按摩机构达到 18605 个,医疗按摩机构达到 1211 个。社会保障和社会服务不断改善。作为特殊群体,残疾人理应从政府和社会获得一定数目的养老保险补助和托养服务。2010 年以来,国家出台了一系列文件以保障和改

---

① 参见《2016 年中国残疾人事业发展统计公报》,见 http://www.cdpf.org.cn/zcwj/zxwj/201703/t20170331_587445.shtml。

善残疾人生活,2015年1月,国务院下发《国务院关于加快推进残疾人小康进程的意见》,加快推进残疾人小康进程,促进全面建成小康社会,实现共同富裕。截至2016年年底,全国共有2370.6万城乡残疾居民参加城乡社会养老保险,参保率79.0%;参保残疾人中有482.1万重度残疾人,其中445.7万人得到了政府的参保扶助,代缴养老保险费比例达到92.5%。有269.4万非重度残疾人也享受了全额或部分代缴养老保险费的优惠政策。领取养老金待遇的人数达到936.1万人。残疾人托养服务工作稳步推进,残疾人托养服务机构达到6740个,共为20.4万残疾人提供了托养服务。接受居家服务的残疾人达到83.8万人。①

残疾人扶贫开发成效显著。贫困残疾人生产生活状况得到进一步改善,贫困残疾人得到国家社会有效扶持。截至2016年年底,有87.8万人通过扶贫开发实际脱贫;接受实用技术培训的残疾人达到75.6万人次。康复扶贫贴息贷款扶持2.2万农村残疾人,残疾人扶贫基地达到7111个,安置11.6万残疾人就业,扶持带动24.9万残疾人户。完成8.2万户农村贫困残疾人危房改造,各地投入危房资金8.9亿元。

总之,改革开放以来,在党中央、国务院的正确领导和组织下,各级政府大力支持下,残疾人社会福利的各项工作稳步推进,管理更加规范,为保障残疾人的合法权益,改善残疾人的生活状况作出了巨大贡献。但是随着残疾人规模的日益扩大,需求内容的日趋多元,我国的残疾人社会福利体系在制度安排和实际操作过程中仍然存在一些问题。

2. 我国残疾人社会福利体系存在的主要问题

制度建设不完善,专项法律法规欠缺。为了推进残疾人社会福利事业的顺利发展,我国已颁布了大约50多部与残疾人福利有关的法律法规,基本形成了以残疾人保障法为核心,以政策文件、行政法规、地方法

---

① 　参见《2016年中国残疾人事业发展统计公报[残联发(2017)15号]》,见 http://www.cdpf.org.cn/zcwj/zxwj/201703/t20170331_587445.shtml。

规、部门规章为支撑的残疾人社会福利法律体系,为残疾福利工作的制度化、规范化提供了重要的制度保障。但是,随着时代的变迁和社会的发展,残疾人权益保障和福利服务的工作日趋复杂化,为了适应新形势、新要求,残疾人社会福利的法律法规体系仍需进一步改进和改善。目前,我国仅有一部《中华人民共和国残疾人保障法》专门对残疾人的康复、教育、劳动就业、文化生活、社会保障、无障碍环境和法律责任做出了明确规定,其他法律法规虽然也包含残疾人权益保障的内容,但是立法层次较低,执行力度不够,如《残疾人教育条例》《残疾人就业条例》等。《中华人民共和国残疾人保障法》的规定较为原则和笼统,可操作性不强,实施阻力较大,在法律责任方面对违规、违法行为的惩罚也没有做出严格的明确规定,缺乏刚性的法律约束力。①

残疾人社会保障落实不到位。笔者认为,残疾人社会福利体系可以分为两类,一类是生存型救助,如社会保险、社会救助,旨在以"兜底"机制来保障和维持残疾人的基本生活;另一类是发展型服务,如康复、教育、就业,旨在改善残疾人的生活质量,拓宽残疾人的发展空间。经过二次修订的《中华人民共和国残疾人保障法》明确规定"国家保障残疾人享有各项社会保障的权利。政府和社会采取措施,完善对残疾人的社会保障,保障和改善残疾人的生活"。可见,国家对残疾人的社会保障工作十分重视,但是在实际推行过程中,由于种种原因,残疾人社会保障仍然存在覆盖面有限、保障水平不足的问题。根据官方统计资料,2014年城乡居民养老保险并轨实施,截至该年年末,城乡居民基本养老保险参保人数为50107万人,参保率85.19%。而同期城乡残疾居民的参保率只有74.2%,在60岁以下的参保残疾人中,有450万属于重度残疾人,其中84.27%享受到了政府的参保扶助,还有70.8万重度残疾人仍需自费参

---

① 参见杨方方:《残疾人社会保障如何走出困境》,《中国社会保障》2014年第5期。

保,家庭负担十分沉重。① 2014年度,城乡残疾居民参加最低生活保障的人数分别为261.5万和844.1万,仅占全国低保总人数的13.91%和16.21%。② 尽管我国一直在向"实现社会保障城乡居民全覆盖"这个目标不断努力、不断前进,但是对于残疾人这类社会弱势群体来说,社会保障缺失屡见不鲜,在保障水平上,残疾人与健全人仍然存在较大的差距,亟待改进和完善。

覆盖面小、受益率低,供需矛盾突出。近年来,残疾人社会福利的各项福利服务和福利措施的惠及人群越来越多,群众的满意度也越来越高,但是面对着残疾人群体基数大、增长快的巨大压力,现行的残疾人社会福利仍然存在覆盖面小,受益率低的问题。在医疗康复方面,据2013年度全国残疾人状况及小康进程检测报告显示,残疾人康复服务覆盖率为58.3%,与上年相比有很大提高,但仍有41.7%的残疾人没有接受过一项康复训练或医疗服务。在文化教育方面,随着"两免一补"优惠政策的实施,残疾儿童接受义务教育的比例逐年上升,2013年,72.7%的6—14岁残疾儿童接受了义务教育,但是与全国适龄儿童的义务教育水平相比,仍有很大差距。尤其是18岁及以上残疾人的教育程度普遍偏低,36.3%的残疾人从未上过小学,38%的残疾人受过小学教育,22.7%的残疾人受过初、高中教育,而中专教育、大学专科以及大学本科以上的受教育人数基本不足2%。在就业服务方面,随着社会经济的发展,我国的就业形势日益严峻,就业压力越加膨胀,在这样的环境下,残疾人的就业前景十分堪忧。2013年,具备生活自理能力的城乡残疾人的就业比例分别为37.3%和47.3%,就业率普遍较低,而且城镇残疾人登记失业率比上年还增加

---

① 参见中国残联:《2014年中国残疾人事业发展统计公报》,2015年3月31日,见 http://www.cdpf.org.cn/zcwj/zxwj/201503/t20150331_444108.shtml。

② 参见中国残疾人网:《2014年全国两会特别关注,实现小康不能落下8500万残疾人》,2014年4月9日,见 http://www.chinadp.net.cn/datasearch_/journal/zc/2014-04/09-12987.html。

了 1.6 个百分点。① 此外,社会的严重歧视使残疾人享受不到与健全人同样的就业机会,以教师资格认定为例,许多地方将"四肢有明显缺陷"或"视力、听力有障碍者"作为资格认定的限定条件,导致许多有能力从事教育教学工作的残疾人仅仅因为体检不合格而被排斥在教师行业之外。再加上某些用人单位未与残疾人签订劳动合同,导致残疾人一旦出现工作事故却无法享受到应有的保障和赔偿。②

城乡发展不平衡。残疾人社会福利的差距不仅体现在残疾人与健全人之间,还表现在城乡、地区之间的发展不平衡。首先,深受城乡二元分割的社会经济结构的影响,农村残疾人的福利项目和福利水平远远落后于城镇残疾人。据 2006 年第二次全国残疾人抽样调查数据显示,有 275 万城镇残疾人口中享受到当地居民低保,占城镇残疾人口总数的 13.28%,而享受到当地低保的农村残疾人口仅占 5.12%。参加基本养老保险、基本医疗保险、工伤保险、失业保险的城镇残疾人比例分别为 30.32%、39.27%、1.22%、1.77%,而农村残疾人的参保比例分别只有 2.06%、29.18%、0.55%、0.08%。其次,不同地区之间由于经济发展水平不同,其社会福利水平也存在一定差距。如 2006 年度参加养老保险比例最高的地区是上海,参保比例达到 69.57%,而同期参保比例最低的地区是西藏,只有 0.43%。另外,残疾人康复办公室的一项调查数据显示,残疾儿童入学率、城镇残疾人就业率和农村残疾人在业率在东部、中部和西部地区分别为 25%、49.1%、45%。③ 可见经济发达地区与经济落后地区的残疾人社会保障差别十分明显。

---

① 参见中国残联:《2013 年度全国残疾人状况及小康进程检测报告》,见 http://www.cdpf.org.cn/sjzx/。

② 参见中国残疾人网:《2014 年全国两会特别关注,实现小康不能落下 8500 万残疾人》,2014 年 4 月 9 日,见 http://www.chinadp.net.cn/datasearch_/journal/zc/2014-04/09-12987.html。

③ 参见王江曼:《我国残疾人社会福利的问题及对策》,《法制与经济》(中旬刊)2011 年第 8 期。

3. 推进残疾人社会福利城乡一体化制度创新的思考

残疾人是社会的特殊弱势群体,由于自身条件和社会环境等因素的影响,教育程度低、就业机会少、收入水平低是他们面临的普遍问题。我国是世界上残疾人最多的国家,也是历史悠久的文明古国,建立完善残疾人社会福利制度,努力改善残疾人生活状况,着眼解决残疾人最关心、最直接、最现实的利益问题,是建立健全社会保障制度体系,实现"鳏寡孤独,废疾者皆有所养"的一项重要任务,也是全面建设社会主义现代化国家的迫切需求。

完善残疾人社会福利法律体系。完备的法律体系是残疾人社会福利工作顺利开展的重要前提和基础,也是残疾人社会福利实现制度化、规范化的内在要求,更是衡量残疾人社会福利事业发展程度的重要基石。因此,为了促进残疾人社会福利体系全面、健康、可持续发展,必须把完善法律法规、加强制度建设放在政府工作的突出位置,为残疾人社会福利事业提供重要的法律保障。一是完善《中华人民共和国残疾人保障法》及其配套法律,根据残疾人的实际需求,尽快修改和调整《中华人民共和国残疾人保障法》中概念比较模糊、随意性较大的部分条款和规定,使之更好地保障残疾人的合法权益。二是在合理调整《中华人民共和国残疾人保障法》的基础上,尽快制定残疾人社会福利的专项法律《中华人民共和国残疾人福利法》,对残疾人社会福利体系的政策目标、制度安排、服务对象、资金筹集、保障标准、组织实施以及监督管理等内容做出专项规定,增强残疾人社会福利相关政策的法律约束力,加大各地残疾人社会福利工作的执行力度。三是由于残疾人社会福利事业是一项复杂的系统工程,内容包罗万象,为了确保每一项工作的落实到位、切实保障残疾人的利益,应继续完善残疾福利的单项法律法规,如《残疾人教育条例》《残疾人就业条例》《无障碍环境建设条例》和《残疾预防和残疾人康复条例》,适当加强政策制定的刚性安排,避免地方政府在具体实施过程中产生较大的灵活性。建立健全残疾人社会福利的监督机制。第一,政府应成立专门的监督机构,对法律、法规、政策的落实情况进行实时跟踪和及时反馈,减少或防止违法违规行为的发生;第二,利用广播、媒体等舆论监督手段,增强残疾人社会福利工作的透明性、公开性,真正做到"谋残疾人之利、解残疾人之难";第三,残疾人作为特殊的社会弱势群体,理应得到政府和社会更多的关爱和照顾,所以政府应该为残疾人建立专门的权益保障机制,便于其合法利益受到侵害之时,可以更好、更快地寻求司法保护。

建立健全残疾人社会福利服务体系。残疾人社会福利是一项长期的系统工程,只有在社会各方力量的共同支持和协调配合之下,其福利性、保障性功能才能得到最大限度的发挥。因此,我们应该整合现有福利资源,构建起以政府为主导、以社区为依托、以社会为支撑的残疾人社会福利服务体系。首先,强化政府的责任意识,转变传统的工作理念。残疾人本身作为社会的一种弱势群体,保障其基本生活、维护其合法权益是各国政府不可推脱的一项责任与义务。残疾人社会福利作为一项公益性、福利性事业,其建立、运行、管理、监督等每一个环节也都离不开政府的大力支持,所以要建立健全残疾人社会福利服务体系,首先必须坚持政府对残疾福利的主导作用,加大政府对残疾福利的财政投入力度,逐步建立起包含医疗康复、卫生保健、文化体育、社会保障、劳动就业、娱乐健身、权益保障等内容的残疾人社会福利制度体系。另外,为了促进残疾人社会福利事业的健康发展,避免残疾人对政府产生过度的依赖性,必须转变传统的救助、施舍理念,引入发展型福利理念,在保障残疾人基本生活的同时,注重提高残疾人参与社会生活的能力,为其营造平等、公平的社会竞争环境,激发其融入社会、劳动自助的主动性和积极性。①

其次,以社区为依托,建立健全残疾福利社区保障机制。在人口老龄化急剧发展的今天,仅靠政府的扶持和帮助不足以满足残疾人日益多元

---

① 参见谈志林:《我国残疾人社会福利的发展模式与路径选择》,《残疾人研究》2011 年第 1 期。

的福利需求,需要创新多种福利服务方式,充分发挥社区成员的力量,以残疾人居住的社区为中心,建立健全残疾福利社区保障机制,近距离地为残疾人提供更方便、更及时的服务和帮助。第一,政府应该加大残疾福利的宣传力度或者通过一些优惠政策,来积极鼓励和广泛动员社区自觉承担起发展残疾人社会福利事业的社会责任,同时尽快制定社区残疾福利工作办法,使残疾保障工作得到规范管理和法律约束。第二,拓宽残疾人社会福利的服务项目,建立全方位的社区残疾福利服务体系。设立了生理残疾康复项目,成立了精神健康信托机构,使残疾人在进行生理治疗康复的同时,可以得到教育、就业、体育等方面的指导和服务,同时还能使患有精神疾病的残疾人得到专业治疗和特殊护理。第三,社区应该充分发挥其自身的组合优势,定期开展居民喜闻乐见的社区文化活动,加强残疾人与健全人之间的沟通交流,逐步增强健全人对残疾人的理解和关爱,消除社会对残疾人的偏见和歧视。

最后,广泛动员社会各方力量,吸引社会组织积极参与残疾人福利服务建设。随着社会的发展,残疾人的福利需求日渐多样化和复杂化,给残疾福利公共服务的供给方式带来了新的挑战,实现残疾人社会福利社会化势在必行,为此可以从以下几个方面开展。第一,为了突出政府对残疾人社会福利工作的管理角色,应将政府从残疾福利的具体业务中脱离出来,专门负责政策制定和监督管理工作,将具体的服务供给职能移交给从事慈善、公益事业的非营利组织,实现残疾福利政事分开。第二,为鼓励企业、社会团体、非政府组织和社会个人积极参与残疾人社会福利事业,政府应该放宽残疾福利准入机制,建立健全公共服务优惠政策体系,从人力、财力、物力等多方面对发展残疾福利事业的社会组织予以支持和援助。第三,为增强残疾人社会福利工作的有效性,应该注重培养残疾人福利社会工作人员、志愿者的专业素质和职业技能,从而提高残疾人社会福利工作的专业化水平。

加大残疾人福利社会供给,提高受益率。在医疗康复方面,首先,必须坚持以残疾人的实际需求为工作导向,依据残疾人的不同需求开展不同的医疗服务和康复训练,提高医疗康复工作的针对性和有效性。其次,强化医疗康复与医疗救助、医疗保险三者之间的协调联动机制,充分发挥医疗卫生机构、乡镇卫生院、残疾福利院、社区康复中心等残疾福利机构和设施的作用,旨在为残疾人提供全方位的卫生保健。最后,强化社区康复的依托作用,建立社区康复人才队伍,引进先进医疗康复设施和技术,普及医疗康复相关知识,并逐步培养和增强残疾人自主生活、参与社会的能力。在文化教育方面,首先,应明确政府在义务教育阶段的责任主体地位,加大残疾儿童的早期教育和义务教育的力度,逐步缩小适龄残疾儿童与健全儿童的义务教育入学率差距。其次,大力发展残疾人职业教育与培训,根据残疾人的特殊需求开展有针对性的教育和指导,并鼓励动员社会力量积极参与残疾人职业教育事业。在劳动就业方面,政府应该与企业、非政府组织、社会团体和个人共同努力,创新多种方式促进残疾人实现就业,加大残疾人的职业培训力度,提高残疾人的职业技能和专业素质。积极鼓励残疾人自主创业,政府和社会予以扶持和帮助,同时广泛动员社会各方力量为残疾人拓宽就业渠道。①

缩小城乡差距,加快城乡统筹。当前,我国已经进入全面深化改革的攻坚阶段和全面建设社会主义现代化国家时期,必须把缩小城乡差距,实现城乡一体化放在政府工作的突出位置。深受传统户籍制度和城乡二元经济结构的影响,我国的残疾人社会福利在城乡之间存在显著的差距,这对推进社会福利城乡一体化来说是一个巨大挑战和重要障碍,因此必须加快城乡统筹,实现残疾福利公共服务均等化。据第二次全国残疾人抽样调查数据显示,我国共有8296万残疾人,其中农村残疾人占比75%,城镇残疾人占比25%,可见,与城市相比,广大农村地区的残疾福利需求更

---

① 参见周庆行、张新瑾:《浅谈我国残疾人社会福利存在的问题及其发展的路径选择》,《中共杭州市委党校学报》2008年第6期。

加迫切,政府应该在残疾人社会福利相关政策上对农村和中西部地区有所倾斜,完善农村等其他贫困地区的残疾人社会福利服务网络,逐步提高农村残疾人的救助水平和福利水平,进而缩小城乡、地区之间的社会福利差距。

(三)儿童社会福利城乡一体化制度创新的对策措施

儿童的生存发展状况是各国重大的社会问题之一,关乎国家未来。从 2010 年开始,儿童人口在全国总人口中的比重基本维持在 16% 左右,但由于我国人口基数大,所以总体来说,儿童人口的规模还是十分巨大。从广义来说,儿童福利是指政府和社会为了促进儿童生理和心理的健康成长而提供的各项社会服务和福利津贴的总和。从狭义来说,儿童福利是指政府和社会向特殊儿童(如孤残儿童、留守儿童、流浪儿童、被遗弃或被虐待的儿童等)提供的各种特殊福利、服务和保护。这种意义上的特殊困境儿童由于无法通过家庭或其他机构满足其需求而更加需要国家和社会予以特别的关爱和救助。本书是以广义的儿童福利为主线,以狭义的儿童福利为补充,对我国的儿童福利事业的发展现状和存在问题进行系统的分析。依据《中华人民共和国未成年人保护法》对儿童社会福利的规定,我国儿童福利的主要内容包括:儿童医疗保健设施和服务、儿童活动场所和条件、普及义务教育、儿童日常生活保障、孤残儿童福利事业、儿童村等。

1. 我国儿童社会福利的发展现状及成就

新中国成立后,民政部门承担了孤儿、弃婴、伤残儿童的照顾工作。国家拨出专项经费给儿童福利事业,并配备工作人员和生活、教育、医疗等设备,努力使孤残弃儿受到保育和教育,使残疾儿童得到照顾和医治。随后,国家又开展儿童保健服务,推进幼儿园建设。改革开放以来,国家高度重视社会弱势群体尤其是少年儿童的社会保障问题,实施了儿童免疫计划、儿童保健、儿童免费义务教育等一系列保障儿童健康教育的措施,出台了儿童大病医疗和早期教育等政策措施,留守儿童问题也纳入了民政工作的范畴,使我国的儿童福利事业取得了长足发展。

在儿童收留抚养救助服务方面,根据民政部《2016 年社会服务发展统计公报》资料显示,截至 2016 年年底,全国共有儿童收留抚养救助服务机构 705 个,床位 10.0 万张,年末收留抚养各类人员 5.4 万人。其中儿童福利机构 465 个,床位 9.0 万张;未成年人救助保护中心 240 个,床位 1.0 万张,全年共救助流浪乞讨未成年人 5.2 万人次。另外,截至 2016 年年底,全国共有孤儿 46.0 万人,其中集中供养孤儿 8.8 万人,社会散居孤儿 37.3 万人。2016 年全国办理家庭收养登记 1.9 万件,其中内地居民收养登记 1.6 万件,港澳台华侨收养登记 131 件,外国人收养登记 2771 件。总的来说,通过社会供养、家庭领养、收养等方式,我国的儿童救助工作,特别是孤儿问题的解决取得了显著成效。①

表 5-8　儿童救助工作开展部分情况说明　　（单位:人）

指标	2011 年	2012 年	2013 年	2014 年	2015 年	2016 年
集中供养孤儿数量	108000	95000	94000	94000	92000	88000
家庭收养儿童数量	31329	27310	24460	22876	22000	19000

资料来源:民政部 2011—2016 年《社会服务发展统计公报》。

在儿童教育方面,根据教育部 2016 年全国教育事业发展统计公报,全国共有幼儿园 23.98 万所,比上年增加 1.61 万所,学前教育毛入园率达到 77.4%,比上年提高 2.4 个百分点。全国共有小学 17.76 万所,招生 1752.47 万人,比上年增加 23.42 万人;在校生 9913.01 万人,比上年增加 220.83 万人;小学学龄儿童净入学率达到 99.92%。全国共有初中学校 5.21 万所,在校生 4329.37 万人,比上年增加 17.42 万人;毕业生

① 参见民政部:《2016 年社会服务发展统计公报》,见 http://www.mca.gov.cn/article//sj/tjgb/201708/20170815005382.shtml。

1423.87 万人,比上年增加 6.27 万人。初中阶段毛入学率 104.0%,初中毕业生升学率93.7%。① 从近年统计数据可以看出,在党中央、国务院的坚强领导和大力支持下,各地教育系统积极贯彻落实教育规划纲要,全面普及城乡义务教育,大力开展学前教育和特殊儿童教育事业,在促进教育公平、提高教育质量、培育优秀人才等方面不断做出新的成绩。

表 5-9　2011—2016 年各阶段教育招生人数　（单位:人）

指标	2011 年	2012 年	2013 年	2014 年	2015 年	2016 年
在园幼儿	3424.45	3685.76	3894.69	4050.71	4264.83	4413.86
普通小学招生	1736.80	1714.66	1695.36	1658.42	1729.04	1752.47
初中招生	1634.73	1570.77	1496.09	1447.82	1411.02	1487.17

资料来源:教育部 2011—2016 年《全国教育事业发展统计公报》。

在儿童福利政策法律方面,新中国成立以来,为了切实保护儿童的合法权益不受侵害,党和政府高度重视儿童福利的法律法规体系建设,经过多年的努力,我国已基本建立了以国家根本大法为基础,以《中华人民共和国未成年人保护法》为主体,以《中华人民共和国义务教育法》《中华人民共和国婚姻法》《中华人民共和国刑法》《中华人民共和国收养法》等基本法规以及行政法规、地方法规和其他政策文件为配套的儿童社会福利法律体系,旨在为保护未成年人的基本权利、促进少年儿童的健康成长提供全方位的法律保障。除此之外,基于困境儿童的特殊性,我国政府还陆续出台了一系列专门面向特殊儿童的政策文件,如《流动儿童少年就学暂行办法》《关于进一步做好进城务工就业农民子女义务教育工作》《城市生活无着的流浪乞讨人员救助管理办法》《关于加强流浪未成年人工作的意见》等,使我国的儿童社会福利工作具备更强的针对性和可操

---

①　参见教育部:《2016 年全国教育事业发展统计公报》,见 http://www.moe.gov.cn/jyb_sjzl/sjzl_fztjgb/201707/t20170710_309042.html。

作性。

综上所述，改革开放以来，我国的儿童社会福利事业发展迅速，在文化教育、医疗康复、基本生活、文化娱乐等多方面都取得了显著的成就。然而，对比其他国家的儿童福利发展情况，我国的儿童社会福利体系还存在诸多问题，而且随着社会的变迁和发展，儿童福利将会不断面临新的挑战和要求。

2. 我国儿童社会福利存在的主要问题

法律法规体系不够健全。尽管我国已基本建立了儿童社会福利的一整套法律法规体系，为我国儿童社会福利事业的发展提供了重要的法律保障，尤其是 2006 年颁布实施的《中华人民共和国未成年人保护法》从家庭、学校、社会、司法、法律责任等方面对未成年人的权益保护做出了明确规定和法律约束，使我国的儿童社会福利事业迈向了一个新的阶段。但是这些法律法规较为笼统，针对性和有效性不够强，在实际操作中难以完全落实。严格来说，我国至今还没有一部统一的儿童福利法律，对儿童福利的政策目标、基本原则、实施细则、法律责任以及政府、社会、学校、家庭对儿童的责任与义务等内容做出专项规定和统一规范。另外，虽然我国已经制定了一系列保护特殊儿童的政策措施，但依然存在立法滞后、执行不力等诸多问题。例如，面向留守儿童的专门性法律缺失；对困境儿童的救助水平偏低、救助内容单一；对特殊儿童的心理健康关注力度不够；现有法律的部分条款过于刚性，政策适应性不强；等等。

资金投入不足，供需矛盾突出。改革开放四十多年来，我国在经济发展方面取得了显著的成就，与此同时，也带来了一些棘手的社会问题。随着家庭结构、家庭收入、自然环境、社会意识等多方面因素的变化，我国儿童的生存发展和福利需求也在发生着深刻的变动。一方面，在城市化、工业化快速发展的背景之下，残疾儿童数量庞大，留守儿童和城乡流动儿童数量大幅度增长，以及流浪乞讨儿童、自闭症儿童等，他们往往面临着权益保障、文化教育、卫生保健、心理健康、生命安全、基本生活等诸多问题，给儿童社会福利事业带来了巨大的压力。另一方面,随着人们生活水平的提高、权利意识的增强,单纯的吃、住、行等基本的物质帮助已经不能满足儿童日趋多样化的福利需求,这就对儿童福利机构和服务提出了更高的要求。虽然近年来,我国政府对儿童福利事业的财政支出力度有所增长,但我国公共财政支持力度仍显不足,一些发达国家与中国周边亚洲发展中国家在儿童福利方面的财政支出也远高于中国。如2003年,中国学前、小学和中等教育的总支出水平与北欧国家存在较大差距,只相当于挪威的39%,尤其是学前教育和经合组织成员国差距悬殊,只相当于日本的41%、挪威的5.9%。① 再加上我国儿童人口基数过大,当有限的投入在全国范围内进行一定比例的分配之后,每个个体儿童所能享受到的福利待遇不足。总的来说,尽管我国的儿童福利事业取得了一定发展,但是总体水平偏低,与日益增长的福利需求相距甚远,供需矛盾十分突出。

缺乏专门的管理机构。健全的管理体制和规范的组织结构是儿童社会福利事业走向制度化、规范化的重要保证。纵观其他儿童福利发展较为完善的国家,无一不是以专门的管理机构作为儿童福利体系良性运行的基本保障,如日本设有中央儿童福利理事会,挪威设有儿童与平等事务部,美国设有儿童局,等等。然而历经70多年的沿革和发展,我国至今尚未成立一个专门负责儿童福利事业的管理机构或组织。儿童福利事业是一项复杂的系统工程,其运行流程涉及民政、教育、财政、妇联、人社等多个部门,只有各部门之间协调统一、相互合作才能促进儿童福利各项工作的顺利开展和有力落实,但事实上由于缺乏统一管理,各地政府及其职能部门之间缺乏有效的协调和联动机制,导致政出多门现象普遍,甚至出现政策冲突的局面。另外,我国儿童人口数量巨大,儿童信息十分繁杂,建立全国性的儿童福利信息网络系统十分必要,但在这一方面,目前我国依

---

① 参见陆士桢、徐选国:《适度普惠视阈下我国儿童社会福利体系构建及其实施路径》,《社会工作》2012年第11期。

然处于空白。没有全面、系统的儿童信息作为基本依据,各部门难以开展儿童救助和福利服务等具体的工作安排,"应救未救"问题仍存在。

儿童福利城乡发展失衡。我国城乡二元结构造成的矛盾依然存在,加上不同地区经济发展不平衡,现有法律法规缺乏整体规划,导致儿童福利水平城乡差异较大。一方面,广大农村地区由于财政拨款不足、公共资源有限,儿童福利机构和设施远远落后于经济较为发达的城市地区。"占全国儿童总数30%的城市儿童享受了95%以上的儿童福利资源;而占全国儿童总数70%以上的农村儿童却只享有5%的儿童福利资源。"[1]另一方面,社会服务工作人员一般不愿前往地处偏远、工资水平较低的农村地区,致使农村儿童缺乏专业化的福利服务,尤其对于需要特别救助的困境儿童来说,简陋的福利机构和较低的服务水平不仅不能满足他们的实际需求,甚至会产生负面作用。此外,深受传统的城乡户籍制度的影响,流动儿童及农民工子女很难享受到与城市儿童同等的义务教育机会,虽然在"以流入地为主,以公办为主"的政策指导之下,我国流动儿童的义务教育事业取得了一定成就,但是依然存在因城市生活成本过高,社会歧视流动儿童等原因而中途辍学的现象。而且城市中由社会力量兴办的农民工子女学校硬件设施和教学质量较为一般,不能从根本上解决流动儿童的教育福利问题,而且还会在一定程度上拉大流动儿童与城市儿童的教育差距,最终会对推进城乡一体化、实现社会共同富裕产生极为不利的影响。

3. 推进我国儿童福利城乡一体化制度创新的建议

加快立法进程,制定儿童福利专门法。儿童社会福利法律体系的建立不仅是衡量一个国家福利水平的基本指标之一,也是反映一个国家社会文明发展程度的重要标杆。尽管我国已经建立了一套儿童社会福利政

---

① 章程、董才生:《家庭需求视角下中国残疾儿童社会保障研究》,《河北学刊》2015年第3期。

策法规体系,但目前尚未制定一部专门的、权威的儿童福利法。为此,党中央、国务院必须把加快立法进程,制定儿童福利专门法作为发展儿童社会福利事业的首要工作,以专门法律对儿童社会福利的对象人群、服务内容、权利与义务、部门职责、行业标准、职业标准、运行流程、管理监督等内容做出明确规定。其次,儿童社会福利是一项复杂的系统工程,其内容主要包括基本生活保障、义务教育、医疗康复、心理辅导、文化娱乐、权益保障等,因此在制定完善《儿童福利法》的基础上,应尽快出台一系列儿童社会福利各项工作的实施细则,如《儿童义务教育实施办法》《儿童医疗卫生保障实施办法》等,以确保每项工作都具备明确的法律依据,增强政策实施的有效性。另外,在具体推行中各地区可以结合本地实际做出相应的调整,但必须向上一级政府报备审核。最后,结合困境儿童的特殊性,建立健全面向留守儿童、流动儿童、孤残儿童等特殊儿童的政策法规体系。与健全儿童相比,特殊儿童在生活、教育、医疗、心理、安全等方面面临更大的威胁和更多的需求,因此国家和社会应该给予其特别帮助和重点照顾,加快完善特殊儿童福利的相关法律法规,使困境儿童在社会福利的制度保障下享有与健全儿童同样的权利和机会。

健全儿童福利管理体制,提高政策执行力度。在我国,儿童社会福利从政策制定到运行实施,从党中央、国务院到各地政府机关,经手多个部门和组织,但是缺乏一个统一、专门的儿童福利管理机构,导致多头管理,忽视信息沟通和资源整合,多头管理的混乱局面迟迟没有得到解决。为此,应该在结合本国国情的基础上,借鉴国际经验,成立专门的儿童福利管理中心,主管全国性的儿童福利工作。在管理中心内部下设相应的职能部门,明确不同部门的工作职责。如政策法规司负责制定完善相关法律法规和政策文件;救助保护司负责制定特殊儿童救助和保护的政策措施、发展计划和救助标准;信息调研司负责全国范围内的儿童福利信息调查、管理和更新;福利服务司负责制定儿童福利事业的政策目标、发展规划,处理儿童福利的日常事务和具体业务,拟定儿童社会福利的行业标准和机构管理办法;人事教育司负责儿童福利工作人员的招聘、培训和考核;财务统计司负责儿童社会福利资金的筹集、管理和监督,负责儿童福利事业的财务、统计工作。① 另外,为增强儿童福利政策实施的有效性和适应性,各地政府应该在全国性的儿童福利管理中心的统一指导下设立相应的儿童社会福利主管部门,负责拟定本地儿童福利事业的地方法规和发展规划,贯彻落实中央文件精神和具体政策安排,监管地方儿童福利的财政拨款和资金分配,负责本地儿童福利的队伍建设和信息统计工作,等等。建立健全儿童福利管理体制,提高政策执行力度,这不仅是儿童福利事业健康、可持续性发展的重要保证,更是整个社会保障制度体系良性运行的本质要求。

加大政府财政投入,广泛吸收社会各方力量。随着社会的变迁与发展,对需要特殊帮助的困境儿童来说,建立儿童社会福利制度,实现儿童福利社会化是满足不同类型的儿童日益增长的福利需求的最佳选择。坚持政府主导作用,加大政府财政投入。首先,政府作为社会公共服务的主要供给者,必须承担起儿童社会福利事业的主要责任,必须建立起与经济发展水平相适应的儿童福利财政投入持续增长机制,完善儿童社会福利硬件设施和软件设施,根据实际需求扩充福利机构的数量和规模,同时,注重质量管理和控制,减少或避免出现安全隐患。其次,改进儿童福利的服务方式和服务内容,构建起全方位、高质量、效率高的儿童社会福利服务体系。除了单纯的"吃、住、行"等基本的生活保障之外,加强对文化教育、医疗康复、卫生保健、心理辅导、权益保障等方面的政策支持和资金投入,重视对社会服务工作人员的素质培养和专业培训,提高儿童社会福利的服务效率和服务质量。最后,政府要特别加大对特殊儿童服务项目的经费投入,将所有需要特别救助的不同类型的困境儿童全部纳入儿童社

---

① 参见郑功成:《中国社会保障改革与发展战略》(救助与福利卷),人民出版社2011年版,第236页。

会福利的覆盖范围之内,依据不同需求制定不同的服务方案和开展不同的服务工作,即在"普惠"的基础上进行适当的"特惠",以更好地保障特殊儿童的合法权益。基于困境儿童的特殊性,这类弱势群体需要更专业化的服务水平,所以应该建立健全特殊儿童社会福利的行业标准和职业标准,确保特殊儿童能够得到切实有效的服务。

广泛吸收民间资本,实现儿童社会福利社会化。关爱儿童、培育儿童,不仅是家庭和政府的责任与义务,也是社会的责任与义务。俗话说:众人拾柴火焰高,仅靠政府有限的财政拨款不能体现儿童福利的可持续性,所以为了促进社会福利制度的稳定、健康发展,必须要在强化政府责任主体意识的基础上,充分利用社会力量,通过广泛吸纳民间投资和积极鼓励资金募捐等活动,为儿童福利机构和设施的建立和发展注入源源不断的活力。为此可以从以下几个方面开展工作。第一,通过广播、网络、报纸等方式大力普及儿童福利相关知识、积极传播公益爱心,从而激起大型企业、非政府组织和社会个人的社会责任感,主动给参与儿童福利事业配建。第二,认真贯彻落实中央对投资兴办特殊教育学校、农民工子女学校、儿童医疗康复中心、儿童文化娱乐中心等儿童福利机构的企业、社会组织的优惠政策。政府应主动争取与社会慈善团体建立长久、稳定的合作关系,建立健全儿童福利社会投资机制。第三,特别重视社区儿童福利中心的支撑作用。儿童的内心特别敏感,尤其许多特殊儿童因种种原因在心理健康方面存在一些问题,如果再把这类群体置于陌生的福利院或其他机构,不仅不利于他们的身心健康,反而会激起他们内心的抵触,产生自闭、抑郁等其他问题。而熟悉的社区环境则可以使儿童卸下心灵包袱,自愿接受社会服务,重新融入社会生活。

缩小儿童福利城乡差距,加快推进城乡一体化。在统筹城乡发展的大背景下,如何有效配置城乡儿童福利资源对构建适度普惠型的社会福利体系十分关键。当前,深受城乡二元的经济结构影响,经济欠发达地区的儿童福利水平远不及财政充足、资源富裕的经济发达地区,为了改变这一状况,必须深化户籍制度改革,将户籍身份与福利待遇、义务教育、医疗保健等内容进行完全脱钩,使农村儿童、流动儿童享有与城市儿童平等的合法权益。在财政拨款和资源配置等方面,政府应该对农村地区适当倾斜,加大对农村儿童福利机构与设施的经费投入和建设力度,"适当采取'罗宾汉式'抽肥补缺的福利政策,从财政收入富庶的地区补贴福利支出存在缺口的地区",促进城乡儿童福利资源的有序流动和合理配置。

在义务教育方面,加快统筹城乡教育资源。科学规划农村校舍,改善农村教学条件,完善农村教学设备,加强农村师资力量,为农村儿童特别是留守儿童营造一个集学习、娱乐、交友并存的教育环境。在医疗康复方面,政府应加大对农村儿童医疗康复项目的经费投入,引入先进的医疗康复技术,配备齐全的医疗康复器材,培养专业的医疗康复人才队伍,为农村儿童特别是残疾儿童、自闭儿童提供健康、安全的医疗保健服务。通过促进城乡儿童福利资源的合理配置,缩小城乡儿童福利水平的差距,使城市儿童和农村儿童、残疾儿童和健全儿童都能享受到相应的福利待遇,最大限度地发挥儿童福利制度体系的普惠性和公益性。

第六章 农村社会保障发展状况调查研究
——以湖北省为例

　　农村与贫困地区社会保障的发展是整个社会保障体系建设的弱点和难点，也是实现社会保障城乡一体化的重点。为了准确了解和正确评估我国农村与贫困地区社会保障的发展现状，认清存在的问题与困难，为进一步完善农村社会保障制度提出可行对策，本书选择湖北省作为调查研究的目标省区，于2019年7月至12月期间，主要根据地区分布、民族、经济水平、农村社会保障发展情况等因素在湖北省选取了五峰县、大悟县、巴东县、洪湖市、鄂州市等五个样本县市对农村社会保障的三项重点项目即农村社会养老保险、新型农村合作医疗、农村社会救助进行了实地调研。问卷调查以户为单位，主要由调查员根据问卷内容对访谈对象进行访谈填写问卷，少部分文化素质较高的调查对象亲自填写问卷，总共收回有效问卷1143份。根据实地调研，尤其是来自四个县市1143份调查问卷，我们对当前湖北省新型农村养老保险、新型农村合作医疗和农村社会救助发展状况进行分析，并在此基础上提出完善农村社会保障的思考与建议。

一、湖北省农村社会保障的发展状况

(一)参加新型农村养老保险的情况

1. 参加情况及参加/不参加的原因

表 6-1 是否参加农村社会养老保险

是否参加	频率	百分比
未回答	1	0.1
参加了	759	66.5
没有参加	382	33.5
合计	1142	100.0

调查结果显示,参加养老保险的占调查对象总体的 66.5%,不参加的占 33.5%。可见湖北省农村养老保险的参保率较高。

表 6-2 参加养老保险原因

	频率	百分比
未回答	3	0.4
有利于未来养老	510	66.8
子女认为应该参加	99	13.0
周围很多人都参加了	142	18.6
其他	9	1.2
合计	763	100.0

进一步询问那些参加养老保险的受访者当时参加养老保险的原因,在参加了养老保险的受访者中,66.8%的受访者回答说有利于未来养老,

18.6%的受访者回答说周围很多人都参加了,另有13%的受访者回答说是子女认为应该参加。这说明多数参加养老保险的受访者参保的主要原因是内因,即让自己未来的养老有个保证,其次是外因,即一种随大流的从众心理或者身边子女的建议。

2. 参加人数及缴费情况

表6-3　缴纳养老保险费的情况

	频率	百分比
未回答	7	0.9
每年都缴费	654	85.8
缴过几次费	54	7.1
仅缴过一次费	31	4.1
其他	16	2.1
合计	762	100.0

多数受访者选择了每年都缴费,占受访者总体的85.8%。

3. 对养老保险的评价

表6-4　对养老保险的总评价

	频率	百分比
未回答	3	0.4
非常满意	46	6.1
满意	349	45.9
一般	330	43.4
不满意	27	3.6
非常不满意	5	0.7
合计	760	100.0

在所有参加了养老保险的受访者中,对养老保险"非常满意"或"满

意"的占52%,觉得"一般"的占43.4%,仅有4.3%的受访者选择了"不满意"或"非常不满意"。这说明多数受访者对社会养老保险持积极评价的态度。

表6-5 对养老保险不满意的地方

	频率	百分比
未回答	45	6.1
不划算	109	14.9
不知道今后能领多少钱	341	46.5
手续太繁琐	46	6.3
政府没有补贴	30	4.1
养老金不能保证年老后的基本生活	93	12.7
其他	70	9.5
合计	734	100.0

那么受访者对养老保险不满意的地方主要在哪里呢?统计结果显示,46.5%的受访者不满意的地方是"不知道今后能领多少钱",还有12.7%的受访者担心养老金不能保证年老后的基本生活,另14.9%的受访者不满意的地方在于认为不划算。这些不满意的方面其实都可以归结为一点:在比较了参加养老保险的付出和收益后,担心投资报酬率过低。

表6-6 没有参加养老保险的主要原因

	频率	百分比
未回答	155	26.4
当时没钱参加	116	19.7
缴费太高	42	7.1
待遇太低	82	13.9

续表

	频率	百分比
不信任养老保险	82	13.9
能够自我养老	46	7.8
其他	65	11.1
合计	588	100.0

在本部分的最后,我们询问了没有参加养老保险的受访者不参加的主要原因,按照选择人数从多到少排列如下:当时没钱参加的占19.7%,选择不信任养老保险或认为待遇太低的各占13.9%,选择能够自我养老的占7.8%。

(二)参加新型农村合作医疗的情况(以下简称新农合)

1. 参加情况和参加/不参加的原因

表6-7　是否参加新农合

	频率	百分比
未回答	4	0.3
从某年起,每年都参加	886	77.5
从未参加	61	5.3
曾经参加,后来退出	121	10.6
参加了,但中间有间断	71	6.2
合计	1143	100.0

绝大多数人(77.5%)选择了"从某年起,每年都参加","参加了,但中间有间断"的占6.2%,还有15.9%的受访者选择了"从未参加"或是"曾经参加,后来退出"。可见,新农合的参保率非常高。

237

表 6-8　参加新农合的原因

	选择人数	百分比
响应国家号召	206	21.6
干部强制参加	57	6.0
周围多数人都参加了	340	35.8
可以报销或减免医疗费用	609	63.9
给自己健康买个保险	363	38.2
其他	17	1.8

进一步询问参加新农合的受访者的参加原因。按照选择人数多寡由多到少排列依次是:可以报销或减免医疗费用(63.9%)、给自己健康买个保险(38.2%)、周围多数人都参加了(35.8%)、响应国家号召(21.6%)、干部强制参加(6.0%)。由此可见,与参加养老保险的原因类似,受访者参加新农合主要原因来自内在:为自己健康买个保险,方便在自己生病时,可以报销或减免医疗费用。同时,受访者参与新农合也会受外在因素的影响:出于一种从众心理,周围人都买了,如果自己不买好像说不过去。

表 6-9　没有参加新农合的原因

	频率	百分比
未回答	2	3.4
不知道新农合是干啥的	21	35.6
付不起参加费用	6	10.2
不生病就亏了	13	22.0
报销太麻烦	4	6.8
除了报销,自己还要掏很多钱	7	11.9
其他	6	10.2
合计	59	100.0

询问了没有参加新农合的受访者不参加的原因。35.6%的受访者不参加是因为"不知道新农合是干啥的",22.0%的受访者表示"不生病就亏了",还有11.9%的受访者不参加是因为"除了报销,自己还要掏很多钱",另有10.2%的受访者不参加是因为"付不起参加费用"。

对于参加过新农合,后来又退出的人,他们是出于什么原因而中途退出呢?调查员让受访者列举中途退出的原因,并按重要程度排序。第一位的原因中,52.8%的受访者选择了"很多病不能报销"或"没有病,没享受到报销";第二位的原因中,39.6%的受访者选择了"报销比例太低"或"除了报销,自己还要掏很多钱",另有19.8%的受访者选择了"报销手续太麻烦"。由此可见,排在第一位的原因是新农合对病种的覆盖面有限或当事人认为自己不大生病不需购买医疗保险,而排在第二位的原因主要是报销比例过低或报销手续过于复杂。

2. 对于新农合的评价

(1)对缴费金额的评价

表 6-10　新型农村合作医疗个人缴费金额是否合理

	频率	百分比
未回答	2	0.2
太高了	227	23.6
差不多	660	68.8
太低了	29	3.0
说不清	42	4.4
合计	960	100.0

多数受访者(68.8%)认为新农合的缴费金额"差不多",也即缴费额度的设定比较合理。不过,也有23.6%的受访者认为缴费金额过高。

（2）对报销过程的评价

表6-11　新农合报销是否方便

	频率	百分比
未回答	8	1.3
很方便	155	24.5
还行	358	56.6
比较麻烦	108	17.1
不清楚	4	0.6
合计	633	100.0

对于有过在新农合指定医疗机构报销经验的人，调查员询问了他们对报销手续便利程度以及报销额度的评价。统计结果显示，多数人（56.6%）认为报销新农合医疗费用比较方便，还有24.5%的人认为很方便。认为比较麻烦的仅占17.1%。我们还询问了受访者对不同级别医疗机构的住院费用报销水平的看法，统计结果如表6-12所示。

表6-12　受访者对不同级别医院住院费用报销水平的评价

	未回答	很低	较低	一般	高	不清楚
乡级医院	1.3	3.5	23	29.7	35.4	7.1
县级医院	1.4	1.6	12.1	37.1	24.3	23.5
市级医院	1.8	3.2	14.9	20.5	12	47.7
省级医院	2.3	9.1	8.4	7.7	6.1	66.4
省外医院	2.3	8.9	5.5	3.7	3.4	76.2

结果显示，医院的级别越高，受访者对其住院费报销水平的了解程度越低。有接近一半（47.7%）的受访者不了解市级医院的报销水平，绝大多数的受访者并不了解省级或省外医院的报销水平。说明受访者或其家属在生病时很少去市级及以上级别的医院看病。那么，对于他们曾经报

销过医药费的乡级和县级医院,他们对报销水平作何评价呢? 调查结果显示,受访者中,较多人(35.4%)认为乡级医院的报销水平高,认为其报销水平一般的占 29.7%,说明他们对乡级医院的报销水平是比较满意的。与此不同,较多人(37.1%)认为县级医院的报销水平一般,认为其报销水平高的仅占 24.3%。由此可以得出结论,级别越低的医院,报销水平越高,人民群众对报销水平就较为满意;级别越高的医院,报销水平越低,老百姓生病也较少前去治疗,对其报销水平也不大满意。

(3)对报销范围和报销封顶线的评价

表 6-13　对报销目录的了解情况

	频率	百分比
未回答	1	0.1
非常了解	13	1.4
大概了解	225	23.5
不了解	718	75.0
合计	957	100.0

表 6-14　报销范围是否合理

	频率	百分比
未回答	7	2.8
非常合理	1	0.4
比较合理	91	36.3
一般	106	42.2
不太合理	45	17.9
很不合理	1	0.4
合计	251	100.0

我们首先询问了受访者对可报销的药品目录、诊疗目录、医疗服务设施目录的了解情况。结果显示,多数人(75.0%)是不了解的。而在了解目录的人(占调查总体的25%)中,认为报销范围一般的占42.2%,认为报销范围比较合理或非常合理的占36.7%。可见在了解报销目录的人中,绝大多数对报销目录覆盖的范围还是比较满意的。

表6-15 报销封顶线是否合理

	频率	百分比
未回答	3	0.3
非常合理	44	4.6
比较合理	360	37.6
一般	391	40.8
不太合理	143	14.9
很不合理	17	1.8
合计	958	100.0

受访者对于报销封顶线的评价与对报销目录的评价类似,较多的人(40.8%)选择的是认为封顶线一般(介于合理与不合理之间,一种模棱两可的态度),认为封顶线比较合理的占37.6%,两个人群加起来占受访者的大多数。说明大多数受访者对于报销封顶线的设置是比较满意的。

(4)存在的问题

调查员询问了受访者"您认为当前新型农村合作医疗急需解决的问题有哪些?",让他们从一组答案中最多选出四项,并按照重要程度排序。结果显示,第一位的原因中,36.6%受访者选择"许多疾病都不能报销";第二位的原因中,20.7%受访者选择"医药费价格过高";第三位的原因中,18.4%的受访者选择"看病不自由,必须到定点医院";第四位的原因中,8.2%受访者选择"出了县报销比例太低"。

（5）对新农合的总评价

表 6-16　对新农合的总评价

	频率	百分比
未回答	18	1.6
非常满意	26	2.3
满意	434	38.1
一般	532	46.7
不满意	91	8.0
非常不满意	6	0.5
说不清	33	2.9
合计	1140	100.0

接近一半（46.7%）的受访者对新农合的评价为"一般"，38.1%的受访者对新农合的总体评价为"满意"，选择"不满意"或"非常不满意"的仅占8.5%。可以说，受访者对新农合的评价在总体上是比较积极的。

（三）农村社会救助的情况

1. 对农村社会救助的需求

表 6-17　您家目前面临的最大困难

	频率	百分比
未回答	27	2.4
吃不饱、穿不暖	13	1.1
住房紧张	175	15.3
子女上学难	238	20.8
交通不便	177	15.5
看病难	120	10.5
结婚困难	56	4.9

续表

	频率	百分比
缺少劳动力	134	11.7
缺少技术	168	14.7
缺乏生产工具(包括牲畜)	35	3.1
合计	1143	100.0

调查员在了解受访者对社会救助制度的评价之前,先询问了他们的基本生活状况("您家目前面临的最大困难?")。结果显示,排前四位的困难依次是:子女上学难(20.8%)、交通不便(15.5%)、住房紧张(15.3%)、缺少技术(14.7%)。这些问题主要是并不涉及基本生活的问题,而涉及基本生活的选项,比如吃不饱、穿不暖,或者缺乏生产工具等,选择的人极少。这说明绝大多数调查对象的生活还是有保障的,同时也说明多数受访者并非农村社会救助工作主要服务的人群。

2. 对农村社会救助制度的了解情况和接受救助的情况

表6-18　对农村社会救助制度的了解情况

	频率	百分比
非常了解	20	1.7
部分了解	669	58.5
完全不了解	454	39.7
合计	1143	100.0

正因为多数受访者并非农村社会救助的主要服务对象,所以他们对社会救助制度仅有有限的了解。多数人(58.5%)对社会救助制度只有部分了解,非常了解的仅占1.7%,还有39.7%的人对社会救助制度完全不了解。

表 6-19 享受社会救助的情况

	频率	百分比
未回答	2	0.2
最低生活保障	117	10.3
医疗救助	124	10.9
自然灾害救助	30	2.6
五保供养	18	1.6
临时救助	17	1.5
流浪乞讨人员救助	1	0.1
都没享受到	814	71.3
其他	18	1.6
合计	1141	100.0

也正因为多数受访者家庭并非生存困难的贫困家庭,所以高达 71.3%的受访者从未享受到任何社会救助,在所有受访者中,各有 10.3%、10.9%的受访者分别享受到了最低生活保障和医疗救助。

3. 对农村社会救助制度的评价

(1)确定低保户的方式

表 6-20 确定低保户的方式

	频率	百分比
由镇政府决定	109	9.5
由村委会决定	531	46.5
村民代表决定	135	11.8
由全体村民大会表决决定	38	3.3
不清楚	329	28.8
合计	1142	100.0

表 6-21　确定低保户的方式是否合理

	频率	百分比
未回答	1	0.1
合理	301	26.4
不合理	296	25.9
说不清	543	47.6
合计	1141	100.0

多数受访者所在村的低保户,是由村委会决定的。认为由村委会确定低保户人员的受访者占46.5%。这种确定低保户的方式是否合理呢?多数受访者(47.6%)选择"说不清",而选择"合理"或"不合理"的分别占受访者总体的26.4%和25.9%。说明多数村民由于并非低保户,所以对低保户的确认方式也不大了解。了解的人,对低保标准确定是否合理这一问题的回答也呈明显的两极分化局面。

(2)低保标准是否合理

表 6-22　低保标准是否合理

	频率	百分比
过高	61	5.4
差不多	419	36.8
过低	204	17.9
说不清	456	40.0
合计	1140	100.0

对于目前低保标准是否合理这一问题的回答,也与上一道题目的回答情况类似,多数人(40%)选择了"说不清",其次是"差不多",选择后一答案的占36.8%。两类人群加总后占受访者的大多数,说明多数受访者对于低保标准也并不了解,所以给出的答案也是模棱两可。

（3）低保存在的最突出问题

表6-23　目前农村低保存在的最突出问题

	频率	百分比
未回答	12	1.1
低保待遇低	377	33.1
低保覆盖面小	419	36.8
低保对象的确定不透明	249	21.8
低保发放不及时	29	2.5
其他	54	4.7
合计	1140	100.0

调查员询问了受访者"您认为目前农村低保存在的最突出问题是什么?",按照选择人数多寡由多到少排列依次是:"低保覆盖面小"（36.8%）、"低保待遇低"（33.1%）,以及"低保对象的确定不透明"（21.8%）。

（4）政府工作人员的表现

表6-24　政府工作人员在实施救助工作中的表现

	频率	百分比
未回答	4	0.4
很好	87	7.6
较好	386	33.9
一般	541	47.5
比较不好	97	8.5
很不好	25	2.2
合计	1140	100.0

在政府实施救助工作的过程中,受访者对政府工作人员的表现作何

评价呢？调查结果显示，多数人（47.5%）选择了"一般"，还有33.9%的受访者选择了"较好"。选择"比较不好"或"很不好"的仅占受访者总体的10.7%，说明多数受访者对政府工作人员的表现是比较满意的。

（5）对农村社会救助制度的总评价

表6-25　对农村社会救助制度的总评价

	频率	百分比
未回答	1	0.1
非常满意	45	3.9
满意	335	29.4
一般	660	57.8
不满意	89	7.8
十分不满意	11	1.0
合计	1141	100.0

受访者对农村社会救助制度的总体评价如下：选择"一般"的占绝大多数（57.8%），选择"满意"的占29.4%，选择"不满意"或"十分不满意"的占8.8%。说明多数受访者对农村社会救助制度的评价总体比较满意。

二、湖北省农村社会保障建设的主要进展

湖北省农村社会保障制度的发展取得了很大成绩，尽管部分项目仍旧处在摸索阶段，可能效果还不尽如人意，但农民对社会保障制度的评价总体较好。湖北省农村社会保障制度近些年来取得的进展主要体现在以下几个方面。

（一）农村社会保障体系基本建立

改革开放以来，湖北省农村社会保障事业的发展取得很大的成绩，农

村社会保障体系基本建立,经办服务体系更加健全,参保人群持续扩大,统筹层次不断提高,保障水平稳步提升。目前的农村社会保障体系的主要项目包括:农村社会养老保险,新型农村合作医疗,最低生活保障和社会救助,等等。由于篇幅限制,调查问卷涉及农村社会养老保险、新型农村合作医疗、农村社会救助三个部分,这是农村社会保障的主体内容。根据问卷调查和实地调研的情况来看,农村社会保障体系已经形成,为以后发展农村社会保障事业,提高农民的社会保障水平奠定了坚实的基础。农村社会保障体系在以后的发展过程中无需进行重大调整,只需在此基础上完善即可。

(二)农村社会养老保险的参保率较高

在农村社会养老保险方面,参加养老保险的占调查对象总体的66.5%,可见养老保险的参保率还是挺高的,在所有参加了养老保险的受访者中,对养老保险非常满意或满意的占52%,觉得一般的占43.4%,仅有4.3%的受访者选择了"不满意"或"非常不满意"。这说明多数受访者对社会养老保险持一种积极评价的态度。国家在发展和完善养老保障制度时,对城市养老问题的重视程度远远超过了对农村养老问题的重视程度,对城市养老的投入也大大超过对农村养老的投入。然而,一方面随着老年化进程的加快,我国的老年人口急剧增加;另一方面随着工业发展,农村大部分年轻人外出打工,"空巢老人"越来越多,农村养老问题日益突出。根据调查,目前只有66.5%农民参加了农村社会养老保险,没有实现全部农民参加社会养老保险。

(三)新型农村合作医疗制度成效显著

新型农村合作医疗制度是为解决农民"看病难、看病贵"而实施的一项民心工程,制度运行良好,效果明显,为保障农民的医疗和健康水平作出了贡献。在新型农村合作医疗方面,绝大多数人(77.5%)选择了"每年都参加",新农合的参保率非常高,接近一半(46.7%)的受访者对新农合的评价为"一般",38.1%的受访者对新农合的总体评价为"满意",选择"不满意"或"非常不满意"的仅占8.5%。可以说,受访者对新农合的评价在总体上是较好的。统计结果显示,多数受访者(68.8%)认为新农合的缴费额度的设定比较合理,56.6%的人认为报销新农合医疗费用很方便,还有24.5%的人认为比较方便。受访者中,较多人(35.4%)认为乡级医院的报销水平高,认为其报销水平一般的占29.7%,说明他们对乡级医院的报销水平是比较满意的。与此不同,较多人(37.1%)认为县级医院的报销水平一般,认为其报销水平高的仅占24.3%。由此可以得出结论,级别越低的医院,报销水平越高,人民群众对报销水平就较为满意;级别越高的医院,报销水平越低,老百姓生病也较少前去治疗,对其报销水平也不大满意。

(四)最低生活保障和社会救助制度效果较好

受访者对农村社会救助制度的总体评价如下:选择"一般"的占绝大多数(57.8%),选择"满意"的占29.4%,两者加起来达到87.2%,选择"不满意"或"十分不满意"的占8.8%。总体看,农民对社会救助还是满意的。在最低生活保障和社会救助方面,在政府实施救助工作的过程中,受访者对政府工作人员表现的评价,调查结果显示,多数人(47.5%)选择了"一般",还有33.9%的受访者选择了"较好"。选择"比较不好"或"很不好"的仅占受访者总体的10.7%,说明多数受访者对政府工作人员的表现是比较满意的。

三、湖北省农村社会保障存在的主要问题

湖北省覆盖城乡居民的社会保障体系基本建立,取得了很大成绩,但是仍然存在不少的问题,在今后的发展过程中,必须正视和解决这些

问题。

（一）未能实现全覆盖，保障水平低

湖北省农村社会保障制度存在的突出问题就是社会保障未能实现全覆盖，保障水平不够高。参加农村社会养老保险的占调查对象总体的66.5%，参加新型农村合作医疗占调查对象总体的77.5%。我们询问了没有参加养老保险的受访者不参加的主要原因如下：一是家里没有余钱参加；二是不信任养老保险；三是认为待遇太低；四是选择能够自我养老；五是有人担心寿命不长或过早去世，领的钱还没有交的多。

关于没有参加新农合的受访者不参加的主要原因如下：一是不理解新农合具体内容；二是怕不生病钱就白交了；三是认为除了报销，自己还要掏很多钱；四是因为付不起参加的费用；五是还有极少数投机分子，一人买了新农合，父子或母女共用。对于参加过新农合，后来又退出的人，他们是出于什么原因而中途退出呢？我们让受访者列举出中途退出的主要原因如下：首先，认为新农合对病种的覆盖面有限或当事人认为自己不大生病不需购买医疗保险；其次，报销比例过低或报销手续过于复杂。

（二）制度不够完善，存在一些问题

由于农村社会保障制度还处于初步建设阶段，制度还不够完善，制度在运行过程中难免会出现诸多问题，这些问题有的是制度本身引起的，有的是由于没有按照制度设计的要求运行而出现的，有的是执行人员主观上的过错造成的，这些问题影响了农村社会保障制度实施的效果与可持续发展。

就农村社会养老保险制度而言，制度的规范性与完善程度就显得更加不足了，这也是这项制度陷入困境的主要原因之一。在涉及对养老保险不满意的问题时，统计结果显示，46.5%的受访者不满意的地方是"不知道今后能领多少钱"，还有12.7%的受访者担心养老金不能保证年老后的基本生活,另14.9%的受访者不满意的地方在于认为不划算。这些不满意的方面其实都可以归结为一点:在比较了参加养老保险的付出和收益后,担心投资报酬率过低。访谈时发现,由于担心寿命不长或过早去世,有的夫妻只为身体健康条件较好的一方买了养老保险。这些说明社会养老保险还存在不够规范与完善地方。

就新型农村合作医疗制度而言,绝大多数人(77.5%)每年都参加新型农村合作医疗制度,制度运行总体较好,但一些方面仍需完善。调查员询问了受访者"您认为当前新型农村合作医疗急需解决的问题有哪些?",让他们从一组答案中最多选出四项,并按照重要程度排序。结果显示,第一位的原因中,36.6%受访者选择"许多疾病都不能报销";第二位的原因中,20.7%受访者选择"医药费价格过高";第三位的原因中,18.4%的受访者选择"看病不自由,必须到定点医院";第四位的原因中,8.2%受访者选择"出了县报销比例太低"。

就最低生活保障制度和社会救助来看,主要存在低保与救助标准的确定、低保与救助对象的选择、家庭收入的核定、低保金的发放、救助项目体系等方面问题。调查员询问了受访者"您认为目前农村低保存在的最突出问题是什么?",按照选择人数多寡由多到少排列依次是:低保覆盖面小(36.8%),低保待遇低(33.1%)难以保障低保对象的基本生活,低保对象的确定不透明(21.8%),还有调查对象认为村里有的不符合条件的享受了低保,应享受低保的人得不到应有的保障,存在"人情保""错保"的问题。就社会救助情况来看,救助体系还不够完善,在"五保"与弱势群体的照顾面也存在问题。

(三)经济基础薄弱,农村社会保障筹资难

经济是发展农村社会保障的基础。改革开放以来,农村经济取得了长足发展,农民生活水平大幅提高,但是湖北地处中西部,城乡发展不平衡,农村经济还很落后,农民收入增长缓慢,江汉平原地区发展较好,而西

北部的秦巴山连片特困地区、西南部的武陵山贫困地区、东北部的大别山连片特困地区和东南部的幕阜山连片特困地区经济发展比较落后。在农村社会养老保险方面,从缴费所得的养老金不能解决老年人的基本生活。在新农村合作医疗方面,个人筹资的数量还比较少,不利于保障水平的提高。在没有参加社会养老保险和合作医疗的受访者中,没有参加的主要原因是没钱参加。经济问题是发展农村社会保障的基础问题,要解决农村社会保障的筹资难题,就要大力发展农村经济,壮大集体经济,改变乡村经济落后的面貌。

（四）主体责任落实不够到位,责任分担机制不健全

政府、集体与个人是农村社会保障的三个重要主体。从目前来看,政府、集体与个人三者在农村社会保障中的责任落实不够到位,责任不清导致诸多问题,特别是在筹资、管理与相关义务的履行方面。

就政府的责任来说,政府是农村社会保障最重要的主体,在筹资、管理、实施、监督、立法等方面发挥重要作用。首先,要明确政府在社会保障中的财政责任,细分不同层级政府在不同类型社会保障项目中的财政责任,并将这种责任及其分工固定化、法制化。在社会保险制度中,中央政府应对基本养老保险制度负责,其他社会保险制度则宜追求自我平衡、自我发展。在最低生活保障与社会救助方面,各级政府应负起全部或绝大部分的筹资责任。在农村合作医疗方面,政府的筹资水平还存在欠缺,影响补偿额度。地方政府的筹资责任较为欠缺,只是口头上的政策支持。在管理、监督等方面也未完全履行责任,导致一些问题的出现。其中,在最低生活保障与社会救助方面出现社保局、民政局多头管理,是政府责任不够明确的体现。

就集体的责任来说,集体主要指村民委员会,其在农村社会保障的作用也较为重要,是农村社会保障的执行主体之一,在具体执行社会保障事务方面的作用不可缺少。村民委员会应该在宣传解释、执行、筹资、监督

等方面发挥重要作用。虽然村集体组织在社会保障事务的执行方面做了较多的工作，但集体经济薄弱，在筹资方面能力不足，在监督方面还缺乏力度。

就个人的责任来说，个人要想享受社会保障的权利和利益，就得先履行责任和义务。个人的责任主要是缴纳有关社会保障费用，如实提供相关信息，遵守相关规定，等等。从调查中反映的情况来看，很多农民既想享受社会保障的权利和利益，又不想承担相应责任和义务。

（五）农民对制度了解程度不够深，满意度有待提高

从调查情况看，农民对农村社会保障制度有所了解，但认识和理解程度还不够；农民对农村社会保障的评价总体较好，但满意度还不太高，需要进一步提高。在新型农村合作医疗方面，调查员询问了没有参加新农合的受访者不参加的原因，有35.6%的受访者不参加是因为"不知道新农合是干啥的"，许多受访者不知道农村医疗救助。受访者对可报销的药品目录、诊疗目录、医疗服务设施目录的了解情况，调查结果显示多数人（75%）是不了解的。对新农合的总评价，接近一半（46.7%）的受访者对新农合的评价为"一般"，选择"不满意"或"非常不满意"的仅占8.5%。

在农村养老保险方面，在所有参加了养老保险的受访者中，对养老保险总体评价"非常满意"或"满意"的占52%，觉得"一般"的占43.4%，仅有4.3%的受访者选择了"不满意"或"非常不满意"，这说明社会养老保险满意度有待提高。那么受访者对养老保险不满意的地方主要在哪里呢？统计结果显示，46.5%的受访者不满意的地方是"不了解今后能领多少钱"，还有12.7%的受访者担心养老金不能保证年老后的基本生活，另14.9%的受访者不满意的地方在于认为不够划算。这些不满意的方面其实都可以归结为一点：在比较了参加养老保险的付出和收益后，担心投资报酬率过低。

对农村社会救助制度的了解情况,多数人(58.5%)对社会救助制度只有部分了解,非常了解的仅占 1.7%,还有 39.7% 的人对社会救助制度完全不了解。受访者对农村社会救助制度的总体评价如下:选择"一般"的占绝大多数(57.8%),选择"满意"的占 29.4%。选择"不满意"或"十分不满意"的占 8.8%。

四、湖北省农村社会保障未来发展的思考和建议

(一)发挥政府主导作用,实现农村基本社会保障全覆盖

农村社会保障的成败很大程度取决于各级政府的重视程度。政府应该发挥主导作用,实施全民参保登记计划,基本实现法定人员全覆盖。建立全面、完整、准确的社会保险参保基础数据库,确立以全国统一的社会保障号码为每个参保人唯一社保标识,多方筹集资金,协调各方关系,发展经济,加强监督管理等。从目前调查情况看,湖北省参加农村社会养老保险的占调查对象总体的 66.5%,参加新型农村合作医疗的占调查对象总体的 77.5%。关于农村低保存在的最突出问题,我们询问了受访者"您认为目前农村低保存在的最突出问题是什么?",按照选择人数多寡由多到少排列依次是:低保覆盖面小(36.8%)、低保待遇低(33.1%),以及低保对象的确定不透明(21.8%)。因此,政府应发挥政府主导作用,建立全民参保登记制度,明确政府、集体与个人三个农村社会保障的重要主体的责任在筹资、管理方面的责任,切实落实农村基本养老保险制度、合作医疗制度全覆盖,扩大低保覆盖面,提高财政对农村基本医保和养老保险的补助资金,落实贫困人员参保缴费由县级财政为其代缴全部最低标准的养老保险费,提高养老保险和低保标准,扩大报销目录,提高医疗报销水平,扩大大病保险病种。在资金筹集方面,政府要发挥组织、领导、协调作用,政府除加大财政资金投入外,还要拓宽渠道筹集农村社会保障

资金。对于参加农村养老保险的农民,由于多种原因过早去世,几乎没有或者很少享受养老金的,应该让这类人按比例提取个人上交的部分基金。

健全养老保险医疗保险跨省异地转移接续、报销的体制。虽然国家已经明确规定养老保险医疗保险跨省异地转移接续、报销,但是有的地方推诿,程序、证件繁琐,应简化利用信息技术、大数据,简化程序证件,实现一站式网上办理,跨省异地转移接续、报销。扩大跨省异地就医直接结算覆盖面,像职工长期在外地工作就医者、职工退休后回乡养老者,简化重病人和经本地定点医疗机构长期治疗效果不明显的病人转外就医手续,提高异地医保报销比例,让人们更加公平地享有医疗资源,维护健康权益,助力健康中国建设。

(二)加强社会保障制度的宣传引导,提高农民的满意度

建立覆盖城乡、惠及全民的社会保障体系是党中央、国家的战略决策,也是新时代满足人民美好生活需要的重要保证。要想这些民生政策惠及百姓,就必须让百姓知道熟悉这些政策,这样才能用好这些政策。这就需要我们做好扎实、细致的宣传工作。从调查情况看,社会各界虽然对农村社会保障有一定的认识,但认识还很肤浅,理解还不到位。在基本养老保险方面,有46.5%的受访者对养老保险不满意的地方主要是“不知道今后能领多少钱”,在新型农村合作医疗方面,有接近一半(47.7%)的受访者不了解市级医院的报销水平,绝大多数的受访者并不了解省级或省外医院的报销水平,多数受访者(75.0%)不了解可报销的药品目录、诊疗目录、医疗服务设施目录。各级政府应该进一步加强发展农村社会保障的宣传引导,营造农村社会保障发展的良好氛围。特别是基层政府应该更加重视宣传引导作用,让农民正确认识和深入了解农村社会保障的重要性、农村社会保障的项目、各项目的具体政策、缴费受益情况、监督管理情况、自身的权利与责任等。通过宣传引导、营造氛围,可以加深了解,消除误会,让全体农民和其他人士都来积极支持发展农村社会保障。

同时政府应提高对农村基本养老财政补助比例,简化医疗报销手续和报销比例,增强确定低保人员的透明度,提高农民对社会保障的满意度。

(三)大力发展农村教育,促进农村经济发展

百年大计,教育为本。农村经济基础薄弱的一个重要原因就是农民受教育程度、技能的低下。问卷调查显示,农民的受教育程度越低,家庭收入越低。农民受教育程度是影响制约农民收入提高与农村经济发展的一个重要原因,也是不利于农村社会保障发展的因素之一。因此,要优先发展农村教育事业,提高农民素质。要把发展农村教育作为社会保障的内容,也是进一步推动农村社会保障发展的基础与动力。建立健全义务教育城乡均衡发展保障机制,切实缩小城乡之间、校际之间的差距,推进义务教育学校标准化建设,均衡配置教师、校舍、设备、图书等资源,加强寄宿制学校建设,尽快推进十二年义务教育。大力发展农村学前教育,多种方式扩大学前教育资源,多种途径加强幼儿教师队伍建设。实施农村义务教育学生营养改善计划。推进农村普及高中阶段教育,支持教育基础薄弱县普通高中建设,加强职业教育,逐步分类推进中等职业教育免除学杂费。健全学生资助制度,使绝大多数农村新增劳动力接受高中阶段教育、更多接受高等教育。以市县为单位,推动优质学校辐射农村薄弱学校常态化。统筹配置城乡师资,并向乡村倾斜,建好建强乡村教师队伍。

实施乡村振兴战略,促进发展农村经济。发展农村经济,一是可以在一定程度上减少对农村社会保障的需求;二是可以增加农民的收入,扩大筹资的来源,增加农村社会保障的供给。发展农村经济,要巩固和完善农村基本经营制度,深化农村土地制度改革,完善承包地"三权"分置制度。保持土地承包关系稳定并长久不变,深化农村集体产权制度改革,保障农民财产权益,壮大集体经济。构建现代农业产业体系、生产体系、经营体系,完善农业支持保护制度,发展多种形式适度规模经营,培育新型农业经营主体,健全农业社会化服务体系,实现小农户和现代农业发展有机衔

接。促进农村一二三产业融合发展,支持和鼓励农民就业创业,拓宽增收渠道。

(四)坚持整体推进重点突破,分类指导的方针

建立覆盖城乡的社会保障体系是党和国家的重要目标之一。社会保障体系是包括社会保险、社会福利、社会救助、社会优抚和安置等在内的系统工程,各方面的制度建设需要整体推进。农村社会保障体系的发展,不可能一蹴而就,需要分清主次先后,突出重点。农村社会保障发展的重点应包括项目发展的重点,覆盖人群的重点以及需要重点支持的地区。

农村社会保障发展的重点项目主要包括:新型农村合作医疗、以最低生活保障为核心的农村社会救助、农村社会养老保险三项,这三项制度构成了农村社会保障的主体部分。从湖北省调查情况看,这三项中,目前发展相对较好的是新型农村合作医疗制度,但是仍然存在多方面的欠缺,在今后的发展过程中,要重点加强筹资与监管,扩大报销范围,提高补偿水平,加大大病救助,从而进一步提高制度发展的可持续性。在农村居民最低生活保障方面,应加大财政投入,扩大最低生活保障覆盖面和提高最低生活保障标准。调查结果显示,湖北参加农村社会养老保险的占调查对象总体 66.5%,农村社会养老保险的发展还有很多的事情要做,首先要对发展经验教训进行总结,在资金筹集和保障水平方面进行合理设计,确保制度实施的效果。

明确农村社会保障覆盖的重点人群。农村社会保障发展的重点人群因保障项目的不同而有所区别,但主要是这么几类:"五保户"、孤寡老人、体弱多病的人、无生活来源、无劳动能力、无法定抚养义务人员或者其法定赡养、抚养义务人无赡养、抚养能力的人,以及残疾人、因病致贫人员、非自身原因而不能就业的人员。农村社会保障在具体实施的过程中,应该注意向这几类人重点倾斜。

要明确农村社会保障发展需要重点支持的地区。农村社会保障的发

展要重点支持革命老区、少数民族自治地区、边疆地区、贫困地区、偏远山区、环境恶劣地区、老年化程度较高地区。对湖北省而言,重点支持大别山的红安县、英山县、大悟县、孝昌县,秦巴山的郧西县、竹溪县,武陵山的巴东县、五峰县,幕阜山的崇阳县、通山县,等等。

(五)加强城乡统筹,推进社会保障城乡一体化

要建立起覆盖全民的社会保障体系,城乡一体化发展是重要目标,也是农村社会保障发展的最终目标。由于户籍制度、二元结构以及经济发展水平的影响,我国城市与农村的发展一直以来都是各自为阵,分立进行。这样既不利于农村的发展,也不利于城市的发展。按照党的十九大精神,兜底线、织密网、建机制的要求,全面建成覆盖全民、城乡统筹、权责清晰、保障适度、可持续的多层次社会保障体系。完善城乡居民基本养老保险制度,尽快实现基本养老保险全国统筹。完善城乡居民医疗保险筹资机制,巩固完善城乡居民大病保险制度。健全重特大疾病保障机制,减轻重特大疾病参保患者的医疗费用负担。完善医疗保险缴费参保政策,推进医疗保险省级统筹。理顺管理体制,建立城乡统筹的基本医疗保险制度和城乡一体化的管理体制。统筹城乡社会救助体系,完善最低生活保障制度。完善社会救助、社会福利、慈善事业、优抚安置等制度,健全农村留守儿童和妇女、老年人关爱服务体系。当然,由于城乡经济发展水平的差异,农村社会保障向城乡一体化方向发展,并不是说要求农民与市民取得完全同等的社会保障待遇,而是在遵循城乡平等原则的基础上做到相对公平。

参考文献

《马克思恩格斯文集》第 1—10 卷,人民出版社 2009 年版。

《马克思恩格斯选集》第 1—4 卷,人民出版社 1995 年版。

《习近平谈治国理政》第 1—3 卷,外文出版社 2014、2017、2020 年版。

国务院发展研究中心课题组编:《农民工市民化制度创新与顶层政策设计》,中国发展出版社 2011 年版。

中华人民共和国民政部编:《中国民政统计年鉴 2009》,中国统计出版社 2009 年版。

中华人民共和国国家统计局编:《中国统计摘要—2014》,中国统计出版社 2014 年版。

全国干部培训教材编审指导委员会:《民生保障与公共服务》,人民出版社、党建读物出版社 2011 年版。

郑治:《党的十九大报告辅导读本》,人民出版社 2017 年版。

郑功成:《中国社会保障改革与发展战略》(总论卷),人民出版社 2011 年版。

郑功成:《中国社会保障发展报告 2017》,中国劳动社会保障出版社 2018 年版。

郑功成:《中国社会保障制度变迁与评估》,中国人民大学出版社 2002 年版。

郑功成:《中国社会保障改革与发展战略》(救助与福利卷),人民出版社 2011 年版。

郑功成:《中国社会保障改革与发展战略——理念、目标与行动方案》,人民出版社 2008 年版。

邓大松:《新农村社会保障体系研究》,人民出版社 2007 年版。

邓大松：《中国社会保障改革与发展报告2015》，北京大学出版社2017年版。

王增文：《农村社会救助制度的可持续性研究：基于对中国10省份33县市农村居民的调查》，经济科学出版社2012年版。

赵曼、吕国营：《城乡养老保障模式比较研究》，中国劳动社会保障出版社2010年版。

王国军：《中国社会保障制度一体化研究》，科学出版社2011年版。

丁士军：《中国农村家庭养老问题分析》，中国农业出版社2003年版。

丁士军：《贫困动态性：理论与实证》，武汉大学出版社2013年版。

孙永勇：《2014年基本养老保险基金运行状况评估——中国养老金发展报告2015》，经济管理出版社2015年版。

张奎力：《农村基层医疗卫生机构运行机制研究》，经济管理出版社2014年版。

孙光德、董克用：《社会保障概论》，中国人民大学出版社2016年版。

袁文全：《社会保障体系覆盖城乡居民的理论与实践》，重庆大学出版社2012年版。

郑造桓：《社会保障：问题与对策》，浙江大学出版社2008年版。

王延中：《中国社会保障发展报告（2017）No.8：社会保障反贫困》，社会科学文献出版社2017年版。

邹东涛：《中国经济发展和体制改革报告No.1：中国改革开放30年（1978—2008）》，社会科学文献出版社2008年版。

沈开艳：《中国社会保障》，清华大学出版社2018年版。

张卓元：《当代中国经济学理论研究（1949—2009）》，中国社会科学出版社2009年版。

张卓元：《新中国经济学史纲：1949—2011》，中国社会科学出版社2012年版。

吴敬琏：《当代中国经济改革教程》，上海远东出版社2010年版。

石国亮：《服务型政府——中国政府治理新思维》，研究出版社2008年版。

秦立建：《社会保障学：理论·制度·实践》，高等教育出版社2016年版。

胡晓义：《社会保障概论》，中国劳动社会保障出版社2012年版。

潘锦棠：《社会保障学》，东北财经大学出版社2010年版。

潘锦棠：《社会保障学概论》，北京师范大学出版社2012年版。

谢冰：《社会保障概论》，武汉大学出版社2011年版。

华迎放:《社会保障》,中国劳动社会保障出版社 2006 年版。

梁君林、汪朝霞:《社会保障理论》,合肥工业大学出版社 2011 年版。

崔卓兰:《我国农村社会保障法律问题研究》,中国法制出版社 2010 年版。

李磊:《社会保障法律问题研究——基于社会保障权视角》,中国民主法制出版社 2011 年版。

蔡昉、高文书:《中国劳动与社会保障体制完善与发展道路》,经济管理出版社 2013 年版。

严峻:《中国农村社会保障政策研究》,人民出版社 2009 年版。

周云祥:《中国失地农民发展模式研究》,知识产权出版社 2012 年版。

柏骏:《失地农民问题——成因、风险、政策、含义》,南京大学出版社 2012 年版。

国家行政学院进修部编:《中国城镇化建设读本》,国家行政学院出版社 2012 年版。

申文杰:《我国农民利益保障制度及其现实政治分析》,河北人民出版社 2012 年版。

林重庚(Edwin Lim)、迈克尔·斯宾塞(Michael Spence):《中国经济中长期发展和转型国际视角的思考与建议》,中信出版社 2011 年版。

李晓西、胡必亮:《中国经济新转型》,中国大百科全书出版社 2011 年版。

王蒙徽:《广州城市发展中失地农民城市化的问题研究》,中国建筑工业出版社 2011 年版。

郭爱妹、张戌凡:《多学科视野下的农村社会保障研究》,中山大学出版社 2011 年版。

宋晓梧:《"十三五"时期我国社会保障制度重大问题研究》,中国劳动社会保障出版社 2016 年版。

高鉴国:《中国农村公共物品的社区供给机制》,山东人民出版社 2009 年版。

卢国显:《农民工:社会距离与制度分析》,社会科学文献出版社 2010 年版。

陈绍军:《失地农民和社会保障水平分析与模式重构》,社会科学文献出版社 2010 年版。

严新明:《失地农民的就业和社会保障研究》,中国劳动社会保障出版社 2008 年版。

黄传会:《中国新生代农民工》,人民大学出版社 2011 年版。

刘德洁:《社会保障公共服务体系构建:基于服务型政府的分析视角》,中国经济出版社 2012 年版。

高兴民:《人口流动与社会保障制度困境》,中国经济出版社 2012 年版。

胡舒立、王烁:《中国 2013 年关键问题》,线装书局 2013 年版。

李涛、李真:《农民工流动在边缘》,当代中国出版社 2006 年版。

胡勇:《新农村社会保障体系建设》,金盾出版社 2010 年版。

王兰坤、刘瀛纪:《农村社会学教程》,中国环境科学出版社 2010 年版。

仇晓洁:《中国农村社会保障财政支出问题研究》,中国社会科学出版社 2012 年版。

宋承先:《现代西方经济学(宏观经济学)》,复旦大学出版社 1997 年版。

李磊:《中外社会保障制度漫谈》,上海人民出版社 2011 年版。

朱光磊:《中国的贫富差距与政府控制》,上海三联书店 2001 年版。

宋士云:《中国农村社会保障制度结构与变迁》,人民出版社 2006 年版。

郭小东:《社会保障:理论与实践》,广东经济出版社 2014 年版。

张彪:《风险管理与保险》,中国财政经济出版社 2016 年版。

田雪原:《人口老龄化与"中等收入陷阱"》,社会科学文献出版社 2013 年版。

姚玲珍:《德国社会保障制度》,上海人民出版社 2011 年版。

和春雷:《当代德国社会保障制度》,法律出版社 2001 年版。

萨瓦斯:《民营化与公司部门的伙伴关系》,中国人民大学出版社 2002 年版。

孟卫军:《社会保障国际比较》,清华大学出版社 2013 年版。

金钟范:《韩国社会保障制度》,上海人民出版社 2011 年版。

林闽钢:《社会保障国际比较(第二版)》,科学出版社 2015 年版。

穆怀中:《发展中国家社会保障制度的建立和完善》,人民出版社 2008 年版。

高际香:《俄罗斯民生制度重构与完善北京》,科学文献出版社 2014 年版。

许艳丽:《俄罗斯社会保障制度》,中国劳动社会保障出版社 2017 年版。

宋士云:《中国农村社会保障制度结构与变迁》,人民出版社 2006 年版。

丁建定:《中国社会保障与社会服务研究》,华中科技大学出版社 2017 年版。

多吉才让:《中国最低生活保障制度研究与实践》,人民出版社 2001 年版。

崔乃夫:《当代中国的民政》(下),当代中国出版社 1994 年版。

郝时远、王延中:《中国农村社会保障调查报告》,方志出版社 2009 年版。

蔡禾:《城市化进程中的农民工:来自珠江三角洲的研究》,社会科学文献出版社 2009 年版。

李本工、姜力:《救灾救济》,中国社会出版社 1996 年版。

杨立雄、刘喜堂:《当代中国社会救助制度回顾与展望》,人民出版社 2012
年版。

林闽钢、刘喜堂:《当代中国社会救助制度完善与创新》,人民出版社 2012
年版。

黄宗智:《长江三角洲小农家庭与乡村发展》,中华书局 1992 年版。

薄一波:《若干重大决策与事件的回顾》(修订本)下,人民出版社 1997 年版。

吕学静:《中国农民工社会保障理论与实证研究》,中国劳动社会保障出版社
2008 年版。

邹东涛、李欣欣:《社会保障:体系完善与制度创新》,社会科学文献出版社
2011 年版。

童星、林闵钢:《中国农村社会保障》,人民出版社 2011 年版。

李超民:《美国社会保障制度》,上海人民出版社 2009 年版。

宋健敏:《日本社会保障制度》,上海人民出版社 2012 年版。

杨翠迎、郭光芝:《澳大利亚社会保障制度》,上海人民出版社 2012 年版。

小盐隆士:《社会保障的经济学》,日本评论社 2005 年版。

广井良典、山崎泰彦:《社会保障论》,米乃路巴书店 2007 年版。

西村健一郎:《社会保障法》,有斐阁 2003 年版。

KamWing Chan, Li Zhang, "The Hukou System and Rural-Urban Migration in Chi-
na: Processes and Changes", Journal of Child & Adolescent Substance Abuse, 2015.

Noritaka Maebayashi, "Public Capital, Public Pension, And Growth", Int Tax
Public Finance, 2013.

Tim Buyse, Freddy Heylen, Renaat Van de Kerckhove, "Pension reform,
employment by age, and long-run growth", J Popul Econ, 2013.

Hua Zhang. "Research on Issues Concerning Social Security for Migrant Workers in
Harmonious Society", Asian Agricultural Research, 2013.

Elizabeth M. Caucutt, Thomas F. Cooley, Nezih Guner. "The Farm, the City, and the
Emergence of Social Security", Journal of Economic Growth, March 2013.

ISSA. Social Security Programs Throughout the World, the Americas 2012.

OECD. Less income inequality and more growth—are they compatible?: Part3 Income redistribution via taxes and transfers across OECD countries, Jan 2012.

Christine Wamsler, Nigel Lawson. "The Role of Formal and Informal Insurance Mechanisms For Reducing Urban Disaster Risk: A South-North Comparison", Housing Studies, 2011, Vol.26, No.2, pp.197-223.

Qu Xiao-juan. "Land-losing Farmers Citizenization in the Process of Urbanization", Asian Agricultural Research, 2011.

Cai Fang, Yang Du. "Wages Increase, Wages Convergence, and Lewia Turning Point in China", China Econimic Review, 2011, Vol.22, No.4, pp.601-610.

Michael Hurd & Susann Rohwedder. "Trends In Labor Force Participation: How Much Is Due ToChanges In Pensions?", Population Ageing, 2011, pp.81-96.

Anja De Waegenaere, Bertrand Melenberg, Ralph Stevens. "Longevity Risk", De Economist, 2010, pp.151-192.

Christophe Hachon. "Do Beveridgian Pension Systems Increase Growth", J Popul Ean, 2010, pp.825-831.

Prased, Gerecke. "Social Security Speding in Times of Crisis", Global Social policy, 2010.

Richard Herd. "A Pause in the Growth of Inequality in China?", Economics Department Working Papers, 2010, No.748, OECD, Paris.

附录 农村社会保障状况调查问卷

Ⅰ.请回答一下您的家庭成员的一些基本情况:(注:家庭成员是指与您同生活、与您共享家庭财产与收入的成员)

家庭成员代码	a. 与被访者关系 1.配偶 2.子女 3.父母 4.岳父母/公婆 5.祖父母 6.儿媳/女婿 7.孙辈子女 8.兄弟姐妹 9.其他	b. 性别 1.男 2.女	c. 年龄	d. 民族 1.汉族 2.土家族 3.回族 4.其他	e. 教育程度 1.不识字 2.小学 3.初中 4.普通高中 5.职高/技校 6.中专 7.成人高等教育 8.大专 9.本科及以上	f. 婚姻状况 1.未婚 2.已婚 3.离婚 4.丧偶 5.再婚	g. 健康状况 1.健康 2.体弱 3.残疾 4.有慢性病 5.严重疾病 6.其他	h. 目前主要活动状况 1.劳动或求工作 2.上学 3.无业/失业 4.课持家务 5.离退休 6.被人照看(年幼、生病、年迈等) 7.其他	i. 活动状况为"劳动或工作"者填写 目前职业 1.在家务农 2.企业职工 3.乡村医生 4.村干部 5.教师 6.个体户 7.外出打工 8.在校读书 9.私营企业主 10.其他	j. 年收入(元)	k. 目前是否与您生活在一起 1.是 2.不是
01 0.被访者											
02											
03											
04											
05											

调查对象:农村农业户籍　调查地点:　省　县(市)　时间:　年　月　日

266

新型农村社会养老保险

B1. 您参加了农村社会养老保险吗?

1. 参加了

2. 没有参加【跳答 B7 题】

B2. 当时您参加养老保险的原因是:

1. 有利于未来养老

2. 子女认为应该参加

3. 周围很多人都参加了

4. 其他(请注明_____)

B3. 当时您家有几个人参加?

B4. 目前您家缴纳养老保险费的情况是:

1. 每年都缴费   2. 缴过几次费

3. 缴过一次费   4. 其他(请注明_____)

B5. 您对农村社会养老保险总的评价是:

1. 非常满意   2. 满意   3. 一般   4. 不满意   5. 非常不满意

B6. 您对养老保险不满意的地方在哪里?

1. 不划算

2. 不知道今后能领多少钱

3. 手续太繁琐

4. 政府没有补贴

5. 养老金不能保证年老后的基本生活

6. 其他(请注明_____)

B7. 如果您没有参加,主要原因是:

1. 当时没钱参加   2. 缴费太高

3. 待遇太低   4. 不信任养老保险

5. 能够自我养老   6. 其他(请注明_____)

以下【B8 题—B10 题】只针对于 60 岁以上的老年人询问

B8. 您的生活自理情况：

1. 完全能自理   2. 部分能自理   3. 完全不能自理

B9. 您上个月生活费大概_____元,主要来自：

1. 子女所给生活费   2. 劳动收入

3. 个人储蓄   4. 养老保险金

5. 政府救济   6. 商业养老保险

7. 其他(请注明_____)

B10. 当您需要照料时,主要由谁来提供：

1. 配偶   2. 儿子媳妇

3. 女儿女婿   4. 其他家庭成员

5. 邻里朋友   6. 其他(请注明_____)

新型农村合作医疗

C1. 您参加过新型农村合作医疗吗？

1. 打制度建立起,每年都参加

2. 从未参加【跳答 C11 题】

3. 曾经参加过,后来退出来了【跳答 C12 题】

4. 参加了,但中间有间断

C2. 当时您为什么参加新型农村合作医疗？【可多选】

1. 响应国家号召   2. 干部强制参加

3. 周围多数人都参加了   4. 可以报销或减免医疗费用

5. 给自己健康买个保险   6. 其他(请注明_____)

C3. 您觉得新型农村合作医疗个人缴费金额是高了还是低了？

1. 太高了   2. 差不多   3. 太低了   4. 说不清

C4. 2014 年,您和家人向新型农村合作医疗结构报销过医疗费吗?

1 报销过

2. 没有报销过【跳答 C7 题】

C5. 您觉得报销新型农村合作医疗费用方便吗?

1. 很方便　2. 还行　3. 比较麻烦　4. 不清楚

C6. 您对以下定点医疗机构住院费用的报销水平的评价:【在相应的数字上画圈"○"】

	1. 很低	2. 较低	3. 一般	4. 较高	5. 很高	6. 不清楚
乡级医院	1	2	3	4	5	6
县级医院	1	2	3	4	5	6
市级医院	1	2	3	4	5	6
省级医院	1	2	3	4	5	6
省外医院	1	2	3	4	5	6

C7. 您对新型农村合作医疗可报销药品的目录、诊疗目录、医疗服务设施目录了解吗?

1. 非常了解

2. 大概了解

3. 不了解【跳答 C9】

C8. 您认为报销的范围(目录、可报销的疾病的类型)合理吗?

1. 非常合理　2. 比较合理　3. 一般　4. 不太合理　5. 很不合理

C9. 您认为报销的封顶线合理吗?(封顶线每人每年 10 万元,不分医疗结构,全年累计计算)

1. 非常合理　2. 比较合理　3. 一般　4. 不太合理　5. 很不合理

C10. 您认为当前新型农村合作医疗急需解决的问题有哪些?【最多选四项】

　　1. 缴费水平太高　　　　　　　2. 许多疾病都不能报销

3. 报销手续太繁琐　　　　　　4. 报销比例太低

5. 医药费价格太高　　　　　　6. 看病不自由,必须到的定点医院
　　　　　　　　　　　　　　　　看病才能报销

7. 出了县报销比例太低　　　　8. 可能有挪用合作医疗基金的情况

9. 转诊手续麻烦　　　　　　　10. 其他(请注明_____)

C11. 您没有参加新型农村合作医疗的原因是:

1. 不知道新型农村合作医疗是干啥的　　2. 付不起参加的费用

3. 不生病就亏了　　　　　　　　　　　4. 报销太麻烦

5. 除了报销,自己还要掏很多钱　　　　6. 其他(请注明_____)

C12. 当时您家为什么要退出新型农村合作医疗?【最多选四项】

1. 付不起参加的费用　　　　　　2. 很多病不能报销

3. 没生病,没享受到报销　　　　4. 报销比例太低

5. 报销太麻烦　　　　　　　　　6. 除了报销,自己还要掏很多钱

7. 出现资金挪用情况,对合作医疗不放心

8. 其他(请注明_____)

C13. 您对新型农村合作医疗的总的评价是:

1. 非常满意　2. 满意　3. 一般　4. 不满意　5. 非常不满意

6. 说不清

农村社会救助

D1. 您家目前面临的最大困难是?

1. 吃不饱、穿不暖　2. 住房紧张　3. 子女上学难

4. 交通不便　5. 看病难　6. 结婚困难

7. 缺少劳动力　8. 缺少技术　9. 缺乏生产工具(包括牲畜)

10. 缺乏农产品市场供求信息　11. 其他(请注明)

D2. 您是否了解农村社会救助制度?

1. 非常了解　2. 部分了解　3. 完全不了解

D3. 您享受到了以下哪些社会救助?

1. 最低生活保障　2. 医疗救助　3. 自然灾害救助

4. 五保供养　5. 临时救助　6. 流浪乞讨人员救助

7. 都没享受到　8. 其他(请注明)

D4. 您所在村的低保户是怎么确定的?

1. 由镇政府决定　　　　　　2. 由村委会决定

3. 村民代表决定　　　　　　4. 由全体村民大会表决决定

5. 不清楚

D5. 您认为目前确定低保户的方式合理吗?

1. 合理　2. 不合理　3. 说不清

D6. 您认为目前的低保标准合理吗?

1. 过高　2. 差不多　3. 过低　4. 说不清

D7. 您认为目前农村低保存在的最突出问题是什么?

1. 低保待遇低　2. 低保覆盖面小　3. 低保对象的确定不透明

4. 低保发放不及时　5. 其他(请注明)

D8. 您认为政府采取哪些救助措施效果最好?(可多选项)

1. 现金或实物救助　　　　　　2. 教育救助

3. 减免医疗费　　　　　　　　4. 提供工作机会

5. 提供技能培训　　　　　　　6. 提供低息贷款

7. 其他(请注明)_____

D9. 您认为在政府实施救助工作的过程中,政府工作人员的表现如何?

1. 很好　2. 较好　3. 一般　4. 比较不好　5. 很不好

D10. 您对农村社会救助制度的总体满意度如何?

1. 非常满意　2. 满意　3. 一般　4. 不满意　5. 十分不满意

问卷填写结束,再次感谢您的合作!

后　记

　　该书系湖北省社科基金重大项目"我国社会保障城乡一体化制度创新研究"、湖北省重点马克思主义学院建设项目、中国地质大学(武汉)马克思主义研究工程项目"新时代改革开放的动力机制研究"的研究成果。在撰写过程中得到中国地质大学(武汉)有关专家帮助、支持和指导。武汉工程科技学院汪玲丽撰写第一章,研究生姚晟、朱娟、娄琳琳参加了第二章的撰写。徐昊晴参加了第五章的撰写。特别感谢马洪杰博士在调查问卷设计、统计分析中付出的辛勤劳动。

责任编辑:忽晓萌

图书在版编目(CIP)数据

我国社会保障城乡一体化制度创新研究/汪宗田 著. —北京:人民出版社,
　2021.10
ISBN 978－7－01－023220－1

Ⅰ.①我…　Ⅱ.①汪…　Ⅲ.①城乡一体化-社会保障制度-研究-中国
　Ⅳ.①D632.1

中国版本图书馆 CIP 数据核字(2021)第 039402 号

我国社会保障城乡一体化制度创新研究

WOGUO SHEHUI BAOZHANG CHENGXIANG YITIHUA ZHIDU CHUANGXIN YANJIU

汪宗田　著

人民出版社 出版发行
(100706　北京市东城区隆福寺街 99 号)

北京建宏印刷有限公司印刷　新华书店经销

2021 年 10 月第 1 版　2021 年 10 月北京第 1 次印刷
开本:710 毫米×1000 毫米 1/16　印张:17.5
字数:239 千字

ISBN 978－7－01－023220－1　定价:68.00 元

邮购地址 100706　北京市东城区隆福寺街 99 号
人民东方图书销售中心　电话 (010)65250042　65289539